# 커런트 [ˈkʌrənt]

프로젝트 바다에서 표류하지 않는 6가지 항해술

김동욱 · 김상현 · 도성룡
박현수 · 정준우 · 조원양

박영사

1장 삽화를 그려주신 블루치즈버거님께 깊은 감사를 표합니다.

# 서문

찰리 채플린의 '인생은 가까이서 보면 비극이지만 멀리서 보면 희극이다'라는 말이 있습니다.

하루하루를 프로젝트와 사투하는 평범한 월급쟁이들의 삶이 그러하지 아니할까 싶다. 매일 아침 붐비는 지하철과 버스를 타고, 자리가 생기면 자리에 앉아 잠깐의 숙면을 취한다. 하지만, 자리가 생기지 않으면 사람들 사이에서 밀리지 않기 위해 발버둥치다가 내린다. 회사에 도착하면, 지난 날 쌓인 E-mail을 보면서 To-Do List를 추가하고, 주간 회의, 프로젝트 회의 등에 참여했다가 또 To-Do List를 추가하고, 팀장님 지시를 받아서 또 To-Do List를 추가한다. 그렇게 쌓은 To-Do List를 계획하고, 처리하다 보면 잠깐의 여유도 없이 일할 때가 많다. 그렇게 오늘 할 일을 끝내고 나면 다시 숨막히는 지옥철과 만원 버스를 타고 집으로 향한다. 그래도 집에 있는 가족들을 생각하며 즐겁게 퇴근하려고 애쓴다. 이렇게 하루가 지나간다. 또 내일도 반복이지만…

이 글을 읽는 독자들도 비슷한 삶을 살고 있지 않을까 생각됩니다. 저자들도 매일매일 프로젝트와 사투하는 일상을 살아가면서 무언가 가치 있는 일을 해보고자 이렇게 Book Project를 시작하였습니다. 『커런트: 프로젝트 바다에서 표류하지 않는 6가지 항해술』은 1탄인 『열정은 혁신을 만든다』의 후속 작품으로, 각자의 현장에서 그동안 쌓아온 프로젝트 경험과 노하우를 옴니버스식으로 구성하였습니다.

특히, 딱딱할 수 있는 프로젝트 관리 이론과 기법 내용을 일부는 수필처럼, 일부는 소설처럼 구성해서 독자들이 편안하게 읽어 내려갈 수 있게 하였습니다. 책의 제목처럼 지금도 프로젝트 바다를 표류 중인 독자들에게 작은 등대가 되길 소망합니다.

마지막으로 이 책을 위해 도움 주신 (사)PMI한국챕터 및 박영사 관계자 분들께도 깊은 감사를 표합니다.

2020년 3월
오늘도 프로젝트 바다에서 표류 중인 평범한 작가
김동욱, 김상현, 도성룡, 박헌수, 정준우, 조원양 씀.

# 추천사

과연 프로젝트의 고비마다 어떻게 결정을 내리는 것이 정답일까요? 이것에 대한 궁극적인 해답은 존재할까요? 상황과 환경에 따라 우리는 그 조건에 맞는 의사결정을 거의 매일 내리며 살아가고 있습니다. 그 결과에 책임을 지면서 말입니다.

이 책에서 각 저자들은 그 순간에 맞는 결정을 하면서 프로젝트를 진행해가고 있습니다. 진정한 프로젝트의 요구사항과 성공조건은 이해관계자별로 다르다는 것을 느끼며, 이해관계자의 시각에서 프로젝트가 일정을 벗어날 때 지연을 어떻게 만회하며, 우리가 지켜야 하는 프로세스와 의사소통의 중요성, Risk—Issue & Problem의 차이점과 함께 Plan Driven(계획주도)과 Value Driven(가치주도)의 차이점에 대한 이야기를 하고 있습니다.

프로젝트를 바라보는 눈이 이해관계자의 시각에 따라 상이하지만 프로젝트가 가지고 있는 특성(Temporary & Unique)과 삼중제약(범위, 일정 및 원가)으로 인해 본연의 특징(Trade—off: 한 가지를 좋게 하려면 다른 것들에 희생이 일어나는 것)을 망각하고 수행하고 있지 않나 하는 느낌을 지워버릴 수 없습니다. 우리는 항상 "주어진 시간 내에 정해진 예산으로 요구사항대로 종료하는 것"이 과연 프로젝트의 성공일까요?

상기와 같이 "프로젝트를 내부적으로 종료하였으나 고객이 만족하지 못하고 프로젝트 결과에 이한 가치가 일어나지 않는다면 과연 프로젝트는 성공한 것일까요?"에 대한 답을 이 책에서 나름대로 제시하고 있습니다.

PMI한국챕터에서 두 번째로 내놓는 프로젝트에 대한 경험적 이야기가 계속 연이어지어 나름대로의 시리즈를 이루는 계기가 되었으면 하는 바람이 있고, 본인의 경험을 기꺼이 내놓는 저자들에게 감사의 마음을 표합니다.

최광호(PMI한국챕터 회장)

2019년 북 프로젝트를 통한 소설 『열정은 혁신을 만든다』의 성공적인 출간에 이어 2019년 북 프로젝트의 결실을 맺게 되어 PMI한국챕터 번역 및 출판 담당이사로서 자부심을 느끼면서 이번 북 프로젝트에 저자로서 참가하신 모든 분들에게 감사드립니다. 협업을 통해 책을 쓴다는 것은 그리 쉬운 일이 아닐 것입니다. 저자간의 집필방향의 균형을 조정하고, 품질을 높이고자 고심한 흔적을 책 내용을 읽으면서 많이 보았습니다.

이번 책을 출간하면서 개인적으로는 삶의 의미를 되새기는 시간이 되었을 것입니다. 자기만의 색깔로 소설을 쓴다는 것은 마치 한편의 영화를 만들고, 한편의 드라마를 만드는 것만큼 창작의 고통이 있었을 것입니다. 이번 계기로 더 성숙된 저자로서 또 다른 출간의 도전을 하시는 분들도 생기리라 봅니다. 무한한 도전만큼 아름다운 것은 없습니다.

PMI한국챕터의 이름으로 두 번째 소설을 접하면서 그동안 약 9개월 동안 고생하신 저자 분들에게 다시 한 번 감사를 드립니다. 이번 소설의 주인공은 바로 여러분들입니다. 대단하고 훌륭한 일을 하셨습니다. 앞으로 이번 기회를 통해 인생의 가치와 의미가 더 마음 깊이 새겨질 겁니다.

이두표(PMI한국챕터 번역출판 담당이사)

· · · · · · · · · · ·

**프로젝트 성공의 혜안을 볼 수 있는 책**

상생과 조화의 정신으로 갈등과 반목을 넘어 화합하는 정신이 필요한 시대입니다. 서로의 차이를 인정하고 존중하며 서로에게 이익이 되는 합리적 의사결정을 통해 보다 풍요롭고 넉넉한 세상을 만들어 가야 할 것입니다.

이런 즈음에 갈등해소를 체계적으로 풀어내는 귀한 책이 출판되게 되어 축하드립니다. 저자들의 글속에는 연속적인 갈등해결이 내재되어 있습니다. 불통과 불신을 넘어서 협업과 갈등해결을 통한 프로젝트 관리가 글속에 오롯이 녹아 있습니다. 이 책이 널리 알려지고 보다 많은 사람들에게 읽혀져 공감대를 만들어내길 기대해 봅니다.

목적을 이루어내기 위해서는 방향성이 무엇보다 중요합니다. 다양한 성격을 가진 사람들이 프로젝트 성공이라는 목표를 가지고 나가지만 때론

위기에 봉착하기도 합니다. 이를 슬기롭게 위기를 극복하고 지속 발전 가능한 지혜가 필요합니다. 이 책이 혜안을 얻는 좋은 통로가 되길 바랍니다.

　저자 분들의 수고와 심혈을 다한 글에 아낌없는 격려를 드립니다. 독자들의 마음에 남는 귀한 책이 되길 기원합니다.

송석준(자유한국당 경기도당 이천시 국회의원)

∙ ∙ ∙ ∙ ∙ ∙ ∙ ∙ ∙ ∙ ∙

　환상의 협력 순환고리를 구축하려는 시도는 인간의 역사와 함께 했다. 끊임없는 변화가 존재한다는 사실만이 유일하게 변하지 않는 진리이자 인간이 마주한 숙명이다. 4차 산업혁명이라 불리는 초연결 시대는 네트워크를 통한 기계들의 협력을 강화하고 있다. 그 결과는 인간의 상상력을 뛰어넘고, 막대한 연산능력은 복잡성을 양산하고 있다.

　인간은 이 변화에 대응하기 위해 끊임없는 사고혁신을 추구하고, 지속적인 변화관리 대책을 수립해 오고 있다. 초연결도 인간이 디자인하는 것이다. 변화에 대응하는 애자일은 더 높은 수준의 사고력, 실행력, 경쟁보다 협력을 통한 산출물을 창의적으로 생산해 낸다. 우리가 만들어 온 초연결 시대가 지속 발전할 수 있는 이유는 애자일과 같은 혁신 사고를 끊임없이 시도하고 노력하는 인간 문명의 노력이 있기 때문이다.

　애자일의 적용 범위는 소프트웨어 개발분야에서 시작하여 지금은 경영전반으로 확장되고 있다. 애자일이 갖고 있는 혁신 사고는 사업과 개발이란 기업 활동의 얼라인먼트(alignment)를 강화하는 개념을 포함한다. 목표에 대한 역할과 책임을 이해하고, 일사불란하게 움직이는 조직은 강하다. 애자일 혁신 사고 본질은, 다양한 변화에 적시 대책을 수립을 통해 성과를 달성하도록 끊임없이 사고하고 성찰하도록 인간을 유도한다. 인간의 불완전성을 반복, 확인, 회고, 성찰을 통해서 스스로 발전하도록 유도한다. 더 큰 의미는 자신의 개선을 협소한 경쟁의 수단이 아니라 타인에 대한 공헌을 통해서 더 높은 환상의 협력 순환고리를 만들기 때문이다. 피터 드러커는 인적자원은 유일하게 입력(input)보다 더 많은 산출물(output)을 생산하는 자원으로 정의하고 있다. 애자일 프로세스 과정은 탁월한 시선을 가진 훌륭한 리더를 만드는 과정과도 일맥상통한다.

모든 산업의 고도화는 서비스, 서비스가 탑재된 제품과 솔루션으로 구현된다. 애자일은 개발 기법상으로도 고도화된 산업과 프로젝트 단위로 운영되는 치열한 기업환경에도 부합한다. 경쟁환경에서는 고객이 반드시 해결해야 하는 문제를 아는 것은 중요하다. 그 문제를 해결할 가치 있는 산출물이 솔루션이다. 솔루션의 대가는 해결한 기업의 자원획득 문제를 해결한다. 목표와 장애물을 파악하고 백로그를 작성하는 스크럼처럼 사업도 동일한 방식으로 운영된다. 경영환경에 지속적으로 환경분석, 전략수립, 실행, 피드백, 조정, 재실행을 끊임없이 하고 있다. 그 결과 기업내부에 다양한 개발과 프로젝트가 시작된다. 초연결 시대의 변화에 대응하는 애자일은 개발환경과 경영환경이 연결된 관점에서도 동일하게 적용 가능하다.

애자일의 혁신적 사고가 뛰어난 이유는 프로세스와 기술적 방법론 때문만은 아니다. 각 프로세스와 기법의 배경에 인간에 대한 깊은 이해가 존재한다. 혁신적 사고를 위한 결핍과 문제의 정확한 파악, 모순의 발견, 익숙한 것을 새롭게 바라보는 개인의 노력뿐만 아니라 협력적인 집단지성도 요구한다. 이 과정을 통해서 우리가 현장에서 직면하는 하고 싶은 것, 해야만 하는 것, 할 수 있는 것, 하지 말아야 할 것을 분류하고 상황에 맞는 올바른 의사결정을 돕는다. 특히 더하기에 익숙한 방식에서 뺄셈의 미학을 깊이 있게 이해하는 과정은 현장을 장악하는 힘을 더해준다.

책속의 다양한 사례와 도전, 그 도전에 숨어 있는 애자일 기법과 사고방식은 독자들의 현장을 더욱 활기차고 풍부하게 만들어 준다고 생각한다.

김경훈(하이트론 씨스템즈 해외사업본부 본부장)

∙∙∙∙∙∙∙∙∙∙∙

"어쩌면 개인의 인생이 그 자체로 하나의 긴 프로젝트이고 우리 모두가 그 프로젝트의 PM이라고 볼 수 있습니다. 주변 환경의 어려움을 극복하고 목표달성을 위해 최선을 다하고자 하는 독자들에게 이 책에 소개된 다양한 사례와 경험담들은 당장의 현장업무뿐 아니라 인생이라는 프로젝트의 어느 순간에 귀중한 조언이 되어 줄 것이라 믿습니다.

이동훈(SK건설 hynix Project Management Team 조달팀장)

Project management 관련하여 일반적인 학습서 또는 Hand book 같이 요약된 기존의 자료는 많고 방대하다. 그러나 Project management를 실제로 수행하는 실무자나 갈망하는 지원자들은 이러한 학습서와 요약본과 별개로, 실제 사례(가능하면 실무자의 경험과 기록)에 더 갈망하고 있을 것이라고 생각된다. 그런 점에서 이 책은 이론을 가지고 실제는 대입(代入)이 쉽지 않은 실무자와 지원자에게 추천하고 싶은 책이다. 저자는 실제 사례를 통해, 거미줄 같이 얽혀 있는 Owner vs EPC Contractor vs Vendor 간의 관행과 타성을 완전히 깨뜨리지 않으면서도 Project Management의 이론을 어떻게 적용해가는지 설명하고 있다. 한 줄씩 읽어가다 보면 마치 긴박한 현장 속에 영화 '아바타'처럼 들어와 버린 느낌이 들기도 한다. 저자의 크고 작은 Know-how가 전해질 수 있기를 기대한다.

이상준(현대엔지니어링 플랜트회전기계설계팀 과장)

. . . . . . . . . . .

실제 경험하기 어려운 대규모 프로젝트에 대한 노하우를 실제 사례를 통하여 간접 경험하게 만들어 주는 책입니다. 현장 경험이 부족하거나, 해당 분야에 관심을 갖고 계신 분의 궁금증을 해소해 줄 것이라 믿어 의심치 않습니다.

주영환(SK hynix SCM 본부, 상생협력팀 Technical Leader)

. . . . . . . . . . .

작가의 경험에 기반한 내용과 구성이 EPC를 경험해본 사람들은 누구나 한 번씩은 고민하고 겪어 봄직한 애잔하고 때론 경쾌한 문장으로 진솔하게 표현한 글이라 편안하고 유쾌한 기분으로 읽어볼 수 있습니다. 누구나 원하는 길을 갈 수 없다는, 때로는 타협도 필요하다는 삶의 단순하지만 명료한 명제들을 잘 풀어낸 책이라 생각합니다. 아무쪼록 작가들의 지금과 같은 고뇌와 성찰을 바탕으로, 반듯한 멋과 여유가 함께 하기를 소망합니다.

이상택(벽산엔지니어링 구매팀 부장)

저자들이 극심한 경쟁의 좁은 세상에서 벗어나 자신의 능력을 마음껏 펼칠 수 있는 넓은 세상으로 나아가기를 희망한다. 이 책은 독자들에게 날개를 달아줄 내용을 담고 있다. 개인의 혁신이 곧 기업의 혁신으로 이동하는 방법론을 제시하고 있다. 전망하기 어려운 기회와 불확실한 경제 환경 사이에서 고민하는 젊은이들에게 신선한 통찰력을 제공하며 문제해결의 능력을 창출하게끔 도와주는 현명하고도 체계적인 단계를 제시한다.

김인태(주한몽골명예영사, 몽골상공회의소 한국대표, 금강스틸 대표이사)

∙∙∙∙∙∙∙∙∙∙∙

이 책을 읽을 독자들에게 자신만의 인생 WBS(Work Breakdown Structure)를 작성해 보라고 권유하고 싶습니다. 프로젝트 매니지먼트는 Job에서 뿐만 아니라 인생에서도 필수불가결한 가치 있는 도구이자 기법입니다. 즉흥적이기 보다는 계획된 삶이 더욱 빛을 발하고 강력한 에너지를 발산할 수 있도록 만들어줄 것이라 생각합니다.

권오주(지메이코리아 회장)

∙∙∙∙∙∙∙∙∙∙∙

전 세계의 각 산업이 복잡해지고 고객의 요구도 다양해짐과 동시에, 첨단기술들도 서로 융합되고 확산되며 그 트렌드를 예측하기란 어렵다. 이러한 다양한 발전의 흐름 속에서 프로젝트 관리에 대한 부문 역시, 이 책에서도 고전적인 개념뿐만 아니라 흐름의 트렌드에 맞는 개념과 방법에 대한 필요성을 내포하고 있는 것 같다. 내용을 살펴보면, 자동차나 건설, 소프트웨어뿐만이 아닌 많은 분야에 적용하고 있다는 것을 보여주고 있다. 끊임없이 진행되는 프로젝트와 다양한 산업의 홍수 속에서 조력자처럼 우리에게 다가오는 이 책을 통해 그 모습을 확인할 수 있을 것이다.

백재원((사)한국첨단자동차기술협회 회장)

내가 함께 진행하고 있는 ISO 26262(기능안전) 관련 업무 속에서도, 고객의 다양한 요구와 예측할 수 없는 개발환경이 존재한다. 표준에서도 실제 경험에서도 프로젝트의 환경과 상황 그리고 방안은 한 가지라고만 말하지 않는다. 결국 그 프로젝트의 성패는 답이 없는 다양한 기준과 프로젝트 리더, 프로젝트 팀에 의해 달라질 수 있는 것이다. 답이 없고 수많은 흐름 속에서, 우리 주변에서 볼 수 있는 다양한 해답의 범위를 넓힐 수 있도록 공감대를 주는 이 책에 한 표를 던진다.

이덕규(한국 SGS 기능안전팀장 부장)

• • • • • • • • • •

이 책을 통해 새로운 분야 속에서 정형화된 규칙과 실무적 내재화의 어려움과 조화를, 프로젝트의 다양한 "흐름"속에서 "항해"해보는 좋은 경험을 선사해준다. 그러니 프로젝트 관리이론뿐만 아니라 이 책에서 소개하는 끝없는 경험의 흐름에 우선 몸을 맡겨보자. 이 책의 제목처럼.

김상률((주)배울학 콘텐츠개발 연구소장)

• • • • • • • • • •

분야를 막론하고 목적을 달성하기 위해서는 조직적인 작업이 이루어진다. 행사나 광고 기획 또한 긱 건마다 고객이 다르고 제품이 따라 진행하는 팀들이 다르기 때문에 독립적인 성격의 조직적인 작업 즉, 프로젝트로 운영된다. 각 분야마다 프로젝트를 운영하는 방법이나 형태는 다르겠지만 '어떻게 하면 성공적인 프로젝트가 될 수 있을까?'라는 원초적인 고민을 가지고 있는 공통점이 있다. 그런 면에서 이 책은 프로젝트 성공의 지혜를 배울 수 있는 좋은 기회를 제공한다. 아울러 프로젝트 처음 시작이나 진행 도중에 고려해야 할 문제점은 무엇인지 막연했던 고민을 해결해 줄 것이다.

윤태교((주)딥코리아 대표)

인생은 끝도 없는 선택과 매번 같지 않은 결과들의 집합으로 이루어진다. 여기서 말하는 프로젝트라는 것도 그러한 인생의 사이클을 보여주는 것으로 보인다. 유사한 상황, 동일한 조건 내에서도 회사의 방침을 기반으로 한 담당자와 리더의 선택과 환경에 따라 완전 반대의 상황이 나올 수 있으니 말이다. 이를 기반으로 본다면, 같은 분야든 다른 분야든 프로젝트의 결과가 얼마나 다를지 예측할 수조차 없을 정도로 불확실한 흐름 속에 존재하는 것 같다. 이 책은 그러한 답 없고 끊임없이 변화하는 모습을 몸소 경험해보게 하는 책으로써 다양한 경험을 공유할 수 있게 해주며, 이제 막 사회에 발을 디딘 사람들에게도 권고할 만한 가치가 있다고 보여진다.

김주연(한화케미칼 사업개발실 대리)

• • • • • • • • • •

나는 국가 R&D 과제에서 IT 분야 알고리즘 및 SW 개발을 주로 수행하는데, 프로젝트 개발 일정 지연과 목표 및 비전 제시에서 계속적인 어려움을 겪은 바 있다. 본서는 "수렁에 빠진 프로젝트 구출하기"라는 제목 그대로 이러한 프로젝트 진행 과정의 어려움을 극복하는 한 가지 방법으로 애자일 방법론을 추천하고 있다. 애자일 방법론은 실제 산업계에서 점차 확산되고 있지만, 본서에서는 방법론을 적용하기 위한 실제 사례를 제시함으로써, 애자일 방법론 적용에 도움을 받을 수 있다. 여러 산업계 프로젝트 리더들에게 본서를 추천한다.

김용환(전자부품연구원 수석연구원)

• • • • • • • • • •

프로젝트 실무를 기획하고, 진행하고, 좌절하고, 다시 일어서고, 재조정하고, 끝내 성과를 만들어낸 풍부한 현장 경험을 가진 각 분야 프로젝트 전문가들의 현실 응용력 높은, 뜻 깊은 책이 출간되어, 매우 기쁘게 생각합니다. 이 책은 21세기 대한민국에서 부끄러운 줄 모르고 널리 횡행하고 있는 '나쁜 프로젝트'의 실체를 되짚어보고 냉정하게 분석하는 것으로 만족하지 않고, 진정한 의미에서의 '좋은 프로젝트'를 깊이 있게 고민한 전문가들의 진한 땀 냄새가 배어있는 책입니다. 이 책이, 이 땅의 모든 프로젝트 담당자들께 꼭 필요한 나침반으로서의 역할을 충실히 해 줄 것으로 기대합니다.

황만기(서초구한의사회 회장, 한의학박사,
아이누리 한의원 전국 네트워크 설립자 겸 대표원장)

• • • • • • • • • • •

지식을 정리하고 전달하는 것보다 현장에서의 경험을 글로 전달해서 이해시키는 것이 훨씬 어려움을 잘 알고 있습니다. 오케스트라의 지휘자처럼 프로젝트를 하나의 종합예술로 승화시키는 것은 단순히 프로젝트 관리 기술과 지식을 아는 것만으로는 충분하지 않습니다. 그간 이러한 지식을 전달하는 것에 치중했던 관련 분야에 현장에서의 소중한 경험을 생생하게 전달하고자 하는 저자분들의 노력에 감사의 박수를 보냅니다. 현장에서 프로젝트 관리자의 다양한 경험을 접해보고자 하시는 분들께 추천드립니다.

김용회((주)씨에스피아이 애자일마스터 부장)

• • • • • • • • • • •

PMP를 취득한 지도 근 5년째로, 신제품 개발팀의 소프트웨어 개발부서의 Manager역할을 하고 있는데, 수십 년 간 해오던 Waterfall개발방식에서, 근간에는 프로젝트 성격에 따른 유연한 관리가 필요한 시기에 와 있는 것 같다. 본 서는 개발요건과 성과물이 명확한 전통적인 Waterfall방식에서의 개발방식과 스폰서와 이해관계자들의 요구사항수집에 많은 투자를 하고 반복적인 구현과 검증을 해야 하는 Agile개발방식의 프로젝트의 생생한 이야기가, 마치 술자리에서 들을 법한 친구 회사 이야기처럼 머리보다는 가슴으로 다가온다. 지속적인 성과창출의 압박 속에서 PM역량향상을 위해 항상 노력하는 많은 PM들과 미래의 PM들에게 프로젝트의 바다에서 지남철이 되어줄 것으로 기대한다.

오기석(PMI한국챕터 번역출판위원회 1팀, 캐논코리아비즈니스솔루션)

30여년 군 생활을 하면서, 수없이 많은 전술 훈련, 재난, 환경 등 프로 젝트를 수행해 왔다. 과업을 성공적으로 마치기 위해 밤낮을 가리지 않고, 치밀한 계획을 수립하고, 통제했던 기억이 난다. 『커런트』를 전역하기 전에 읽을 수 있었더라면 얼마나 좋았을까? 전역하기 전에 『커런트』에서 소개한 유용한 프로젝트 관리 기법을 적용해 보지 못 했던 부분이 아쉬움으로 남는 다. 지금이라도 후배들에게 『커런트』를 추천해 주고 싶은 마음이다.

박수명(전(前) 육군 대령)

•••••••••••

프로젝트 관리자와 팀원으로써 프로젝트를 수행하다보면 망망한 바다 에서 작은 배를 타고 가는 것 같습니다. 초반에 계획했던 항로는 고객사와 내부 이슈로 인해서 수시로 변경해야 하고, 막바지에 이르면 겨우 목적에 도착했다는 안타까움이 듭니다. 매번 프로젝트를 마치면 어떻게 하면 더 잘할 수 있을까 하는 아쉬움이 있습니다. 이 책은 이러한 분들에게 실제 프 로젝트를 경험하면서 체험한 경험들을 공유할 수 있는 좋은 사례가 될 것 입니다. 이 책을 통해서 프로젝트의 험한 바다에서 더 이상 표류하지 않고 목적지까지 안전하게 갈 수 있는 방법을 찾으시길 바랍니다.

노경현(VWAY 대표)

•••••••••••

최근 대학교에서는 실무형 교육을 위한 프로젝트 과제를 수행할 기회 가 많은데, 대부분의 학생들은 개발만을 너무 중시하는 경향이 크다. 실제 로 프로젝트를 성공적으로 완수하기 위해서는 개발뿐만 아니라 계획수립, 일정관리, 형상관리, 리스크 완화 등의 관리 활동이 필요하다. 『커런트』는 이와 같은 프로젝트 관리 활동을 '에피소드'라는 형태로 재미있게 소개한 도서이다. 학생들에게 프로젝트 관리 개념과 중요성을 인식시키기 위해 꼭 추천해 주고 싶다.

전준헌(한양대학교 교수)

프로젝트에서 발생한 모든 이슈를 다 기록한다면 얼마나 많을까? 우리는 매일 이러한 프로젝트 이슈를 처리하며 험난한 바다를 항해하고 있다. 『커런트』는 누구나 공감할 만한 프로젝트 이슈들을 에피소드 형태로 작성한 도서이다. 프로젝트에서 살아남는 여섯 가지 전략이라고 해야 할까? 프로젝트라는 무거운 주제를 쉽고 재미있게 읽을 수 있는 도서라고 생각한다.

강현구(현대오트론(현대차그룹) 책임)

# 목차

01

# (A)broad Project
# Management
## Working in Social Development

_김동욱

이 글은 해외(abroad) 개발협력 현장에서 일하고 있는 유진(PM)과 그의 경험들에 관한 이야기이다. 비정부기구들을 비롯한 공여단체들에 의해 수행되는 무수한 프로젝트들은 프로젝트라는 전체집합(U) 중 일부를 구성하는 부분집합에 해당한다고 볼 수 있다. 본 장에서는, 언급된 특정 개발협력 프로젝트의 사례를 일반 프로젝트 관리의 틀(frame)로 이해해 보고자 노력하였다. 아직도 프로젝트 매니저(이하 'PM')처럼 말하고 PM처럼 사고하고 PM처럼 행동하는 데 노련하지 않은 저자이지만, 개성 있는 프로젝트를 관리하면서 PM이 경험할 수 있는 고민과 회의한계들을 독자들과 함께 나누고자 한다.

위성영상지도에도 표시되지 않는 비포장 산비탈길을 달리는 차안. 좌우로 차량이 심하게 흔들리는 와중에도 유진(Eugne)은 조수석에서 졸았다 깼다를 반복하고 있다.

'어떻게 차만 타면 이렇게 졸린 걸까? 구제 불능이군 나란 인간.'

드라이버인 프란시스(francis)는 에어컨 냉 바람이 싫었던지 운전석 창문을 반쯤 열어놓은 상태였다. 그 덕분에 후텁지근한 바깥공기가 섞여 차내에는 시원한 느낌이 좀처럼 들지 않았다. 차량 전자 계기판에 표시된 외부기온은 섭씨 30도. 그나마 건기라 습기가 없어 한국의 한여름 날씨처럼 불쾌감이 높지는 않았다.

울퉁불퉁한 오르막길을 마치 곡예 부리듯이 갈지(之)자를 그리며 주행하던 중 결국 유진은 머리를 유리 창문에 '쿵'하고 심하게 부딪혔다.

"아우."

본인도 모르게 한줄기 외마디 비명이 흘러나왔다.

그러자 프란시스는 미안한 표정으로 '미안하다(I'm sorry)'를 연발했다.

'네 잘못도 아닌데 뭘.'

그림 1-1 사업장 가는 길 비포장 도로(untarmaced road)

시간을 보니 벌써 출발한지 한 시간이나 흘러버린 상황이었다. 평상시라면 40분 정도 걸리는 거리였다. 그가 시계를 보자 이내 눈치를 살피더니 '트라픽 잠 (traffic jam)' 때문이었다고 프란시스가 정면을 응시한 채 알려줬다. 갑작스런 때아 닌 비로 강물이 불어나서 다리가 잠긴 탓에 우회도로(bypass)를 찾느라고 지체되었 다는 설명도 덧붙였다. 언덕을 올라가는 길에 몸이 어찌나 들썩거렸는지 손목시계 에 내장된 만보계는 벌써 '10,000 걸음' 목표치를 달성했다고 알려왔다.

그는 정신을 차리더니 아무 일도 없었다는 듯이 수첩을 열어 연설문(speech)과 발표 내용을 검토하기 시작했다. 잠시 뒤면 사업지역주민대표, 지역 사회복지사, 협 력 학교 교사 그리고 청년 풀뿌리 조직 회원들을 상대로 기관 및 프로젝트에 대한 소개를 하는 중요한 자리에 참석할 차였다. 발표는 영어로 진행되고 현지어를 구사 하는 로컬 스태프인 스티븐(Stephen)이 통역을 맡았다. '착수 회의(induction meeting)'

4

는 기관을 처음 소개하고 친밀한 관계(rapport)를 형성하는 상견례 자리기도 하지만 무엇보다 프로젝트와 직·간접적으로 연관되어 있는 이해관계자들의 동의와 협조, 지지(commitment)를 구하는 시금석이 된다. 'P-I(power-interest)' 차트<그림 1-2>의 사분면을 떠올려보면 미팅에서 만나기로 예정된 참석자들은 우측 하단 '지속적인 정보제공(keep informed)'에 해당하는 이해관계자(stakeholder) 그룹으로 분류할 수 있을 것이다(물론 사실 이해관계자들의 관심과 영향력을 정량적으로 측정할 수는 없다).

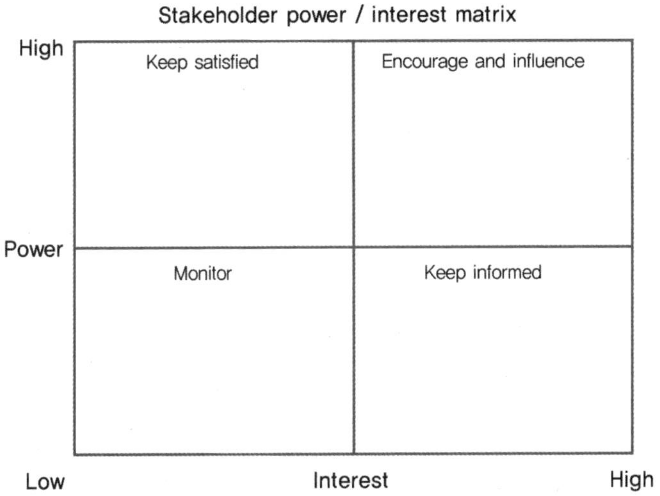

### Stakeholder power / interest matrix

| | Interest Low | Interest High |
|---|---|---|
| **Power High** | Keep satisfied | Encourage and influence |
| **Power** | Monitor | Keep informed |

그림 1-2 P-I chart

(출처: Project Management Institute, pmi.org)

여기서 구분은 어디까지나 상대적인 개념으로 파악하면 된다. 개발도상국의 경우 특히 커뮤니티를 관할하는 지방정부의 영향력, 입김이 워낙 강하다 보니(사소한 걸로 트집 잡기 시작하면 그때부터 골치 아프다. 없는 규제도 만들어내는 공무원들의 창의력과 뻔뻔함이란. 우대까지는 바라지도 않는다. 그래도 성가신 'red tape'이 최대한 없어야 한다.) 지역 관계자들이 상대적으로 후 순위로 밀려 '지속적 정보제공'이 필요한 집단이라는 말이지, 역시 개발협력 프로젝트의 핵심 고객은 프로젝트의 수혜자(beneficiaries) 혹은 참여자(participants)라 불리는 사람들이다.

그의 노트 한 켠에는 프로젝트 이해관계자들과 이들 행위자들 간의 관계(web

of relationship)가 그려져 있었다.

(회상) "지역주민들이 프로젝트를 주어진 것(given)이 아니라 힘을 모아 함께 만들어 나가는 작업(work)으로 인식하게 계속 소통하고 참여를 독려하는 것이 중요합니다. 이를 위해서 지역의 핵심이해관계자들의 역할이 중요하죠. 다음 세션에는 이런 행위자들과 이들의 관계를 시각화 하는데 유용한 도구(tool)인 커뮤니티 매핑(community mapping) 연습을 해보겠습니다. 10분 후 시작합시다."

불과 몇 주 전, 수도에서 몇 킬로 떨어진 기타라마(Gitarama)라는 곳에서 프로젝트 사무소의 설립목적과 조직의 핵심가치가 어떻게 개별 단위 프로젝트와 유기적으로 조화를 이룰 수 있을지 합의를 도출하기 위해 직원 워크숍을 주최하였다. 그 당시 직원들과 함께 작업했던 도표가 압축되어 수첩 한권에 정리되어 있었다.
프란시스가 속도를 줄이더니 차를 세웠다.

"Eugene, nous sommes arrives (유진, 도착했어)."

그림 1-3 많이 긴장하고 걱정했던 프로젝트 지역 주민들과의 만남

## 사명관리:
### 선택과 집중의 아름다움

발표의 첫 순서는 기관의 사명과 비전, 핵심가치로 잡았다. 신생 사무소의 총 책임자 겸 프로젝트 관리자로 부임하고 보니, 그야 말로 무(無, scratch)에서 시작하는 상황이었다. 사소한 기관 로고 창안부터 시작해서 기관(팀)의 목표 수립과 프로젝트 스폰서의 요구에 부응하는 전략을 수립하고 이와 자연스럽게 연동되는 프로젝트를 설계·집행하는 것이 그에게 떨어진 과제였다.

'맥가이버(MacGyver)가 되란 거야 뭐야.'

트랙이 없는 공터 한 쪽에 그어진 출발선 앞에서 선 채 프로젝트 시계는 속절없이 째깍째깍 멈추지 않고 흘러가고 있었다. 속도가 아니라 방향이 중요하다는 문장이 일종의 정언적 명제가 되어버렸다지만, 이를 프로젝트와 관계된 모든 사람들이 수용하고 실제 행동에 반영하는 건 아니었다. 경로를 설정하는 해야 할 책임자들이 뒷짐지고 방관하게 되면 골치가 아프다. 심지어 무엇을 해야 할지 모르는 경우도 비일비재하다.

"유진 PM이 유(有) 경험자잖아. 한번 로드맵(road map)과 비전을 알아서 만들어보게. 답은 항상 현장에 있는 거지. 안 그래요?"

그렇다. 답을 현장에서 찾을 수 있는 것은 맞다. 그러나 안을 올리면 의사결정자 본인들 입맛대로 각색하도록 요청할게 뻔한데 처음부터 확실한 방향과 구체적인 달성목표 등을 주문하지 않는 방임적 태도가 간혹 실망스러울 때가 있다.

통합비전과 사명수립은 프로젝트 팀 내에 우호적인 분위기 조성, 소속감 고취라는 순기능 외에도 수행될 프로젝트의 고유성과 독자성과도 결코 무관하지 않다.

"그래서 이 프로젝트를 귀 단체가 꼭 수행해야 하는 이유가 무엇입니까? 단순히 기관 명칭 때문인가요? 전에 유사한 프로젝트를 이 지역에서 수행한 다른 기관과 무슨 차이점이 있는지 설명해주실 수 있으십니까?"

사업(프로젝트)지역에서 물론 이렇게 대놓고 질문하는 경우는 흔히 발생되지는 않지만 개발협력 프로젝트를 진행하는 PM이라면 항상 이런 질문에 준비된 대답을 내놓을 수 있어야 한다고 그는 생각했다. 왜냐하면 틀에 박힌 식상한 프로젝트는 주민들의 감동과 동기를 불러일으키기 힘들다는 걸 수년간의 공익 NGO 개발협력 프로젝트 경험을 통해 그는 알고 있었기 때문이다.

독립된 사명과 비전 그리고 이와 불가분의 관계에 놓여 있는 프로젝트는 주변 사람들과 PM 자신 스스로를 설득할 수 있는 가장 강력한 무기라고 그는 굳건히 믿고 있다. 그리고 기관의 핵심가치 및 행동강령은 프로젝트가 예상치 못한 위기(issues)들을 만나 격랑의 파고에 출렁일 때 기관과 프로젝트가 나아가야 할 진로를 PM에게 제시하는 나침반 역할을 담당한다. 여러 개의 선택지가 주어지고 이들 사이에 존재하는 힘의 균형이 팽팽하여 의사결정이 어려워 질 때 판단에 도움을 주는 하나의 잣대가 되는 것이다.

사명은 또한 기관과 프로젝트의 얼굴이다. 사회개발(social development) 분야의 프로젝트는 주민들의 삶, 태도, 조건, 행동의 변화(値)를 궁극적으로 지향하기 때문에 참여자들의 자발적인 동참 그리고 이를 가능하게 하는 효시(precursor) 역할을 담당하게 된다. 그리고 주민들이 기관의 사명과 프로젝트의 취지에 공감하고 적절한 동기부여 및 지속적인 관심이 확보될 때 비로소 프로젝트 효과의 지탱가능성(sustainability)을 논할 수 있게 된다. 즉, 주민들이 프로젝트의 시작부터 종료까지, 전(全) 과정의 동태적 변화를 멀리서 그저 관조(觀照) 하지 않고 적극적인 행위자(actor)로 참여하도록 유도하기 위해서는 주민에게 적절한 역할과 권한부여가 필요하다. 종국에는 프로젝트가 쓸모가 있다고 스스로 지각하는 것이 중요하다.

개발협력 프로젝트가 여타 일반적인 프로젝트와는 다르게 유독 신경 쓰는 대목이 이점이다. 흔히 말하는 '이것이 내 것이다'라는 일종의 주인의식 형성. 다른 기관들이 앞서 만들어 놓고 간 프로젝트들을 참고하여 유사 프로젝트를 기획하고 수행하게 되면 수행자 입장에선 일단 리스크에 대한 부담은 줄일 수 있다. 그러나 기관의 사명과 맞지 않은 프로젝트를 자칫 무리하게 기획하고 수행하다 보면 본인에게 맞지 않은 옷을 입었을 때처럼 어색하고 불편할 수 있으며 주민들로부터 신뢰와 지지를 얻는데도 장애가 될 수 있다.

"우리 기관(만)이 잘 할 수 있는 사업들이 뭘까요?"

"우리의 색, 장점, 가치를 찾고 프로젝트로 이를 잘 녹여낼 수 있다면 꼭 다른 사람이 아니라 우리 자신부터도 일할 때 신이 나지 않겠어요?"

---

**In [85]:** project #*Shift+Enter*
**Out [85]:** change

"특별히 이 일을 하시게 된 동기가 있으신 가요?"

학교 교사들(in-service teachers)을 대상으로 한 역량강화 트레이닝 첫 세션에서, 한 참석자가 유진 PM에게 질문했다. 만다지(밀가루 반죽을 튀긴 도넛)와 차이(차)를 들이키던 중 뜻하지 않은 질문을 받고 그는 잠시 생각에 잠겼다.

'대체 어떻게 답해야 하나?!'
'변화를 촉진하는 촉매자(catalyst)가 되고 싶었어요.' 라고 말하면 그럴 듯 하려나?

단순한 질문이지만 명쾌한 답을 제공하는 일이 유진에게는 퍽 쉽지 않은 일이다. 초조함은 없었지만 다만 이런 순간이 닥칠 때마다 무언가 준비된 매뉴얼 같은 답변집이 있으면 좋겠다는 답답함은 들었다. 이미 그에게 친숙한 일상이 되어버린 직업. 익숙함을 참신함으로 끌어올리는 작업은 어려운 일이다. 그리고 그의 세심한 성격상 두서없이 서투른 대답은 싫었다.

경험과정에서 생각하고 고민했던 부분들, 자신이 이미 하고 있는 일의 의미를 객관적이고 일반화 가능한 언어로 변형하고 재구조화 할 여유와 시간이 없었기도 했다. 문득 일기를 틈틈이 쓰지 않았던 게으름을 자책하기 시작했다.

'일기 좀 쓸 걸.'

새로운 국가에서 신규 프로젝트를 맡을 때마다 뱉는 후회의 한마디이다. 과거의 기억을 끄집어내기 위해 이내 몸부림치기 시작했다.

그는 현장이 좋았다. 한국에서는 볼 수 없는 밤하늘을 수놓은 수많은 별들,

그리고 민들레 씨처럼 흩날리는 아이들의 순수하고 때묻지 않은 미소. 주저앉고 싶은 순간이 올 때마다 그를 분연히 다시 일으켜 세우는 원동력은 이런 사소하지만 소중한 힘들이 현장엔 있다.

한번은 박사과정에 있는 한 연구자가 국제개발협력 NGO들의 활동을 조사하고 싶은데 인터뷰가 가능한지 그에게 타진해왔다. 요청에 응했고, 대화의 서막은 역시나 그의 진로 선택 동기였다. 그는 다음과 같이 답변했던 게 기억났다.

"저는 사회 문제, 예를 들면 갈등, 빈곤, 저개발, 인권 같은 주제들에 관심이 많았어요. 그러다보니 자연스레 학부때부터 관련된 과목들을 들었고, 졸업하면 배운 것을 활용해서 사회를 변화하는 데 기여하는 사람이 되고 싶었죠. 배워서 남 주냐?라는 말이 있는데 저는 배워서 남 주고 싶었거든요."

"그런데 또 가만히 컴퓨터 책상에 앉아 뜬 구름 잡는 일을 하긴 또 싫었어요. 막연함과 싸우긴(fighting with vagueness) 싫고 그러다 보니 실제 사업을 수행하는 '실행자'가 되고 싶더라구요. 자연스레 변화를 직접 관찰할 수 있는 NGO 개발협력 프로젝트에 관심을 가지게 되었어요."

한편, 이 일을 하고 있으면 종종 아래와 같은 얘기를 듣는다.

"좋은 일 하시네요?!" "보람된 일을 하십니다." "저도 봉사하는 삶을 살고 싶네요."

솔직히 이런 류의 격려성(?) 말들이 유진에게는 썩 달갑지 않다. NGO 프로젝트도 하나의 전문화되고 체계적으로 분화(역할분리)된 업무영역인데, 그저 '봉사하는 일'로 치부되는 게 적절한 평가가 아니다 라는 문제의식을 늘 가지고 있었기 때문이다. 수많은 국제개발 프로젝트가 세계도처에서 들숨처럼 생성되었다가 또한 날숨처럼 사라지는 세상이다. 그러다보니 유진 PM이 겪어보았던 프로젝트도 그 많고 복잡다양한 전체 중 일부에 국한될 수밖에 없다. 따라서 '자원봉사', '고생', '어려운 사람들을 돕는 일'이라는 단어들로 단순화 시키기에는 그 양상이 복잡하고 다양하다고 볼 수 있다. 그리고 또한 열정과 헌신, 선의(善意) 만으로 현장에서 발견되는 문제와 도전들을 손쉽게 해결할 수 있는 게 아니라 결코 녹록한 분야가 아니라는 것도 경험으로써 확인한 사실이다.

그가 속한 직장을 부르는 이름도 참 많다. 구호복지단체, 공익단체, 비영리기관(NPO), 비정부기구(NGO), 시민사회단체 등 명칭은 제각각이지만, 유진은 이중에 가장 대중적인 명칭이 편하다고 생각했는지 '개발NGO'라는 단어를 소개에 자주 쓰고 있다. 가령 현지어로 자기 소개할 때

*"니트와 유진. 은투루카 오엔제(ONG, 'NGO'의 프랑스식 표기)*
*니시미에쿠바메냐."*

(제 이름은 유진입니다. 저는 NGO에서 왔습니다(일하고 있습니다).
만나서 반갑습니다.)

사실 개발 NGO의 프로젝트 관리라고 해서 다른 업종, 타 직업세계에서 보편적으로 사용되는 일반 프로젝트 관리기법과 원칙에서 그 내용상 크게 벗어나지는 않는다. 계획된 목표(planned)가 있고 이에 대한 실제 실행(actuals)을 확인하며 이때 '실행'은 프로젝트의 활동이 될 수가 있고, 산출물(인도물)이 될 수도 있다.

차이가 있다면 1970년대 Baum 등이 주장한 프로젝트 순환주기 관리(project cycle management: PCM)라는 단어가 (아직까지) 유행하고 있는 정도일까? ('사실 고정불변한 것이 있을까? 트렌드는 바뀌니 말이다.') 그리고 몇몇 기관, 협회에서 국제개발 프로젝트 관리에 관한 인증자격제도와 이수과정 프로그램을 만든 정도이다. 물론 프로젝트 관리 표준 지식체계의 양대 산맥이라고 할 수 있는 PMP와 PRINCE2에 비해 취득자 수는 적다. 한 단체의 경우 자신들이 개발한 자격증 취득자 수가 2019년 현재 20,000명 정도이며 161개 국가, 705개 기관에서 활동하고 있다고 홍보하고 있다.[1] PCM은 간단히 말해 프로젝트 전체 과정(공정)을 몇 개의 단계(phase)로 나누고 각 단계별로 서로 차별되는 접근을 적용하면서 프로젝트 시작과 종료, 다시 종료와 시작을 고리(loop)로 묶는 연결관리법이다. 개발협력업계에서 PCM을 하나의 도구로서 이해하고 접근하는 경향이 있는데, 사실 구체적인 기술이나 도구(tool)라기보다는 하나의 틀(frame) 정도로 이해하는 것이 타당할 것이다.

---

1  https://www.pm4ngos.org/pmdpro−statistics/

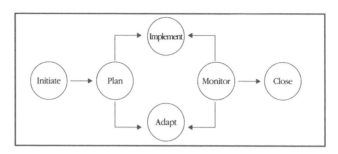

그림 1-4 end-to-end 프로젝트 관리기법으로서의 PCM

(출처: PM4Dev.org)

프로젝트는 종료시점이 분명하게 정해져 있고 독특한(고유한), 일련의 활동들의 집합체이며 그 프로젝트의 목적은 변화를 추구하는 것이다. 따라서 주어진 자원으로 최대의 서비스를 효율적으로 제공하는 것이 NGO 경영 및 프로젝트 관리의 주 관심 영역 중 하나라고 볼 수 있다. 특히 NGO의 개발협력 프로젝트에서 자원 제약은 늘 꼬리표처럼 PM을 따라다니는 고민거리 중 하나이다. 자원 제약(constraint)이 강한 소위 군소 NGO에서 일하게 되면 주어진 서비스를 제공하기 위해 자원이용 효율을 극대화시키는 검약정신을 배울 수 있을 것이고, 상대적으로 여유가 있는 NGO에서 일하면 좀 더 규모(scale)가 큰 단위의 프로젝트를 경험할 수 있지만 한편으론 방만함과 중첩성, 관료적인 색채를 경험할 수 있다. 그러나 공통적으로 후원자, 납세자의 돈을 헛되이 쓸 수 없다는 원칙은 공유하고 있다. (아니 해야 한다.) 유진 PM은 둘 다 일장일단이 있다고 생각한다.

그 역시 PM으로 상이한 규모와 개성을 가진 조직을 직·간접적으로 경험한 이력이 있다. 조직이 작을수록 의사결정의 신속성과 사업수요에 대한 적절한(기민한) 대응을 기대할 수 있었지만 영세성으로 인한 열악한 직원복지, 운영능력의 부족이 문제점으로 지목되었다. 한편 큰 규모의 NGO는 조직관리상의 경직성, 심지어 관료조직화 현상까지 종종 발견되곤 했다. 그럼에도 불구하고 NGO 프로젝트 관리의 공통적인 매력은 현실의 문제 즉, 우리 자신 그리고 이웃의 삶과 직결된 여러 의제들, 미시적(micro) 단위들의 변화, 동태를 직접 목격하고 접근할 수 있다는 점이다.

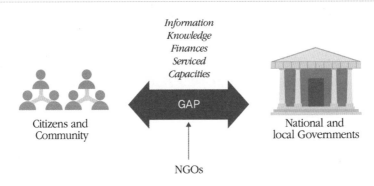

그림 1-5 민간부문과 공공부문 그리고 제3섹터(NGO)

개발협력 프로젝트를 수행하는 NGO들이 지금 이 순간에도 여러 국가나 지역(주로 농어촌 및 도시빈민지역과 같은 낙후, 취약 지역)에서 진행하는 프로젝트의 결과물인 변화는 동 단위의 작은 촌락의 변화일 수도 있고 중·소규모의 도시의 변화일 수도 있으며 또한 국가 전체가 변화 대상이 될 수도 있다. 사회개발(social development)에서 추구하는 변화는 기본적으로 빈곤감소나 인간 존엄성의 회복 또는 인권신장 그리고 교육이나 보건분야와 같이 사회 잠재력(potential)에 대한 투자를 통해 안정적 사회발전이 경제성장과 사회정의(social justice) 구현에, 기여하는 환경(enabling environment)조성이라고 볼 수 있으며, NGO는 이에 시금석을 놓거나 마중물을 대는 조력자 역할을 담당한다. 가령 교육 프로젝트를 진행한다고 하면 교육 서비스제공(크게 접근성 향상과 환경개선)을 통해 실력 있는 인재들이 양성되어 사회로 진출하게 되면 빈곤, 불평등, 환경파괴와 같은 문제 해결에 기여할 것이라는 가정(assumption)이 국제개발협력 추진 동력의 근간이 된다. 그리고 국제개발협력이란 유진 PM과 같은 이방인이 다른 나라의 마을이나 지역사회에 들어가서 그곳에 긍정적 변화가 일어나도록 돕고 지원하는 일이라 할 수 있다.

**소프트웨어 VS 하드웨어**

개발협력단체는 민간 비영리 부문의 기관으로 정부와 정부 정책으로부터 독립된 정체성을 지니고 있다. 흔히 일반적으로 사람들은 '서비스' 혹은 '프로젝트'라는 단어를 들으면 으레 학교나 보건소 혹은 담요나 식량 식수원과 같은 물질적 지원을 떠올린다. 그러나 실제 개발협력 현장에서 이러한 물질적 지원은 전체 분야 중 일부를 구성할 뿐이다. 그리고 실제 사람들의 행동에 영향을 주고 그들의 삶의 유의미한 변화를 주는 사업들은 그보다 훨씬 더 복잡한 현실 세계를 다루므로 물질적인 산출물만을 보고 프로젝트를 평가하는 것은 단순한 해석이라고 볼 수 있다. 개발도상국에서 진행되고 있는 NGO들의 개발협력 프로젝트는 크게 나누면 경성프로젝트(소위 'hard project' 하드 프로젝트)와 연성 프로젝트(소위 'soft project' 소프트 프로젝트)로 나눌 수 있다. (배타적인 분류법은 아니다) 실무에선 거의 사용되지 않는 표현이긴 하지만 이해를 돕기 위해 군이 나누자면 그렇다는 말이다. Crawford와 Pollak(2004) 역시 아래와 같이 그 특징들을 구분하고 있다.

표 1-1 경성 프로젝트와 연성 프로젝트 비교[2]

| 경성 프로젝트 | 기준 | 연성 프로젝트 |
|---|---|---|
| 유형 | 목표산출물 | 무형 |
| 양적 | 측정 | 질적 |
| 상대적으로 낮음 | 이해관계자 참여 | 상대적으로 높음 |
| 기술적 역량, 효율성, 기대 높음, 모니터링 보고 | 이해관계자 기대 | 가치, 관계, 문화, 의미에 대한 기대 높음, 협상, 토론 |

앞서 언급한 경성 프로젝트에서는 예산 제약으로 인한 프로젝트 downsizing과 지연이 큰 숙제였다. 개발도상국에서 진행되는 건축 프로젝트를 예로 들면 공기(construction period)가 지연됨으로 인해 초래되는 공사비용 상승 압박과 품질관리 이슈가 두드러지게 나타난다. 경성 프로젝트는 가시적 측정이 상대적으로 용이하나, 장기적 관점에서 목표(변화)와 수단간 논리연계가 어려울 때가 있다. 그리고 원조의 전용(diversion of aid)문제가 대두되기도 한다.

반면에 Soft Projects, 연성 프로젝트의 경우 숙련된 인적자원 확보가 힘들고 낮은 유인(incentives)으로 인한 저조한 참석률 및 이탈률(attrition rate)이 실행단계에서 문제가 될 수 있었다. 전달하고자 하는 메시지의 수위와 방식에 있어 문화적 종교적으로 민감한 요소가 존재하고 있으며 결과의 측정과 경험의 이론적 일반화

---

[2] 출처: Crawford, Lynn & Pollack, Julien. (2004). Hard and soft projects: A framework for analysis. International Journal of Project Management. 22. p.645-653.

과정이 힘들다. 일반적으로 말해 개발협력 프로젝트에서 순수하게 경성, 연성 프로젝트가 독립적으로 분리되어 시행되기도 하지만 많은 경우 서로 혼재되어 있고 하나의 패키지로서 상호보완적으로 제공되곤 한다.

유진 PM이 맡고 있는 프로젝트는 총 3개로 3년 동안 총 3개 지역에 영유아 교육시설을 신축하고 학교 교실들을 리모델링하여 현대화 하는 것, 그리고 교사들을 훈련하고 관련 모듈을 개발하는 것, 학부모들이 주축이 된 교육위원회를 구성하여 이들의 활동을 촉진하는 것 그리고 아동교육, 보호에 대한 관심을 고조시키고 인식을 개선하기 위한 캠페인/애드보커시 활동을 연중 기획하여 실시하는 것 등을 골자로 한다. 이를 통해 교육서비스 접근이 제한된 취약지역에서 조건과 환경을 개선하여 아이들이 건강하게 성장하고 발달할 수 있는 살고 싶은 고장, 지역의 발전(변화)을 목표로 한다. 이렇듯 한 프로젝트 안에 프로젝트의 경성적 요소와 연성적 요소들이 혼재되어 있는 것을 확인할 수 있다. 유진 PM은 7명의 프로젝트 팀원을 관리하고 있으며 다시 각각의 필드(현장)에는 자원봉사자, 협력 사회복지사(social workers)들이 합의한 프로젝트 성과목표를 달성하기 위해 헌신하고 있다.

수원국 정부 파트너들은 부족한 인프라 시설을 확충하는데 개발원조 프로젝트를 활용하고자 하는 유인이 강하다. 그러다 보니 프로젝트 기획안을 지방정부나 중앙정부 측에 제시하면 물질적 지원을 명시적으로 요구하는 경우가 빈번히 발생한다. 그러나 지역사회 공동체가 스스로를 돕고 성장하는데 필요한 체력을 기르도록 돕는데 소프트웨어적 접근이 결코 덜 중요하거나 등한시 되어서는 안 된다는 것을 유진 PM은 담당공무원들을 만날 때마다 언급했다. 그럴 때 그가 제안한 표어가 'SWITCH'였다.

소프트웨어 중심의 개발협력 프로젝트의 SWITCH
SW 소프트웨어(software)는
IT 그것(대상, 공동체, 사회)을
CH 바꾼다

15

**기획의 에센스:**
숨은 그림 찾기

유진 PM은 어느 날 고민에 빠졌다. 프로젝트 헌장에 비견되는 프로젝트 실천계획(Action Plan)과 지방정부와 맺은 양해각서 부속 실천 계획(Implementation Plan)을 보니 구체적인 산출물 지표가 표시되어 있지만 이를 정확히 어디에서 진행할지에 대해서는 고민이 있었다. 가령 한 섹터(행정단위: 구)의 교육접근성 개선 프로젝트의 경우 신축 학교의 위치를 어느 지역에 구체적으로 위치시킬지에 대해서는 지역주민, 지방정부와의 논의(consultation)가 필요한 상황이었다. 그런데 단순히 듣는다는 것이 모든 것을 해결해 주지는 않는다.

물론 서비스 제공자로서 서비스의 수혜를 입는 당사자 측의 의견이 무엇보다 소중하겠지만, 관련 행위자들의 역학관계나 이해관계에 따라 프로젝트의 성과가 의도하지 않은 전혀 엉뚱한 방향으로 향할 수 있기 때문이다. 공익 프로젝트가 선의(good will)만으로 진행하기 힘든 이유 중 하나가 여기에 있다. 학교의 수도 고민이었다. 유진 PM은 한국 도너(스폰서)들의 선호를 잘 파악하고 있었다. 가령 100의 예산으로 1기의 종합병원(general hospital)을 준공할 수 있다고 하자. 후원 측에서는 1기의 근사한 종합병원을 일반적으로 선호한다. 왜냐하면 거기서 근사한 완공식도 할 수 있고, 멋들어진 간판에 빛나는 후원기관 로고와 이름을 박을 수 있기 때문이다. 사실 시각성(publicity)과 홍보(promotion) 문제는 가벼이 여길 문제는 아니다. 수행 NGO 입장에서도 후원기관이 이를 통해 의도했던 목적을 달성하게 되면 추가 혹은 지속적인 펀딩(혹은 모금)으로 이어질 수 있을 것이며 안정적인 재원은 NGO의 생존과 성장에 필수적인 중차대 사안이다.

그러나 접근성(accessibility)의 문제만 놓고 본다면 어떨까? 만약 100의 예산으로 10기의 보건소 분원(health post)들을 설치할 수 있다면, 주민들의 보건시설 접근성은 훨씬 더 개선될 수 있다. 지리적으로 본인들이 살고 있는 집과 더 가까운 곳에서 진료를 받을 수 있을 것이고, 혹여 공개하기를 꺼리는 질환이나 병이 있을 경우 대기줄이 긴 종합병원보다 개인 사생활이 좀 더 보호될 수 있는 보건소가 편의 측면에서 더 낫다고 볼 수 있지 않을까?

유진 PM은 섹터 교육 담당관과 면접하고 교육 분야 이해관계자들과 초점집단인터뷰(focus group interview)를 실시했다. 여기서는 공부방(learning block) 설치보다는 학교(school)의 설치 의견이 약간 더 우세하게 나왔다. 물론 스폰서의 요구도 학교 및 학교를 둘러싼 캠퍼스의 구축이었다. 학교가 건축된다면 1차 수혜자는 학교가 위치하게 될 셀 주민들 및 아동들일 것이고 최종 수혜자는 학교를 둘러싼 인접 셀들의 학부모 아동들이 될 것이다. 사실 어떤 것도 이게 정답이라는 것은 없다.

다만 유진 PM은 '그동안 이렇게 해왔으니 앞으로도 이래야 해'라는 식의 관성적 접근을 평소 지양했다.

'절대적인, 하나의 접근법이 어디 있어? 그런 건 canon이고 신앙에나 존재하는 거지.'

물론 이러한 자세에 대해 탐탁지 않게 여기는 사람도 있었다. 특히 그의 스폰서 측 담당자이자 연락 담당인 디렉터 장비에르(Janvier)는 그에게 말한다.

"아무래도 후원자 개발도 그렇고. 대외적으로 보이기에 단독 건물을 크게 짓는 것이 낫죠."

그도 소위 말하는 모금−복지 선순환 구조의 중요성을 결코 모르지 않았다. 아무리 좋고 필요한 사업도 재원 없이는 할 수 없으니. 이에 유진 PM은

"네. 그 방안이 타당한지에 대해 현지와 검토할 수 있는 시간을 주십시오. 프로젝트가 좀 더 투명하고 증거기반(evidence−based)으로 프로세스가 관리될 수 있도록 양해해 주시면 좋을 것 같습니다."
"참 그리고 기준선 조사는 꼭 이번 분기에 실시해야 하는 것인가요? 수요 파악도 좋지만 일단 정부와 약속한 프로젝트 인도물이 제시간 안에 나와야 하니, 일단 착수부터 합시다."
"기준선 조사 없이는 성과를 산출해도 이를 측정할 수가 없습니다. 조금 더디더라도 기획 단계부터 차근차근 밟아가려고 합니다."
"…… (잠시 침묵) 네. 그럼 진행상황 다음에 보고하시죠. (심드렁한 목소리)"

그는 장비에르의 이 대답에 차라리 안도했다. 다혈질이면서 감정적인 그는 한번 격정에 휩싸이면 다시 주워 담기 힘든 말도 서슴지 않는 인사였다. 벌써 그

아래서 그만둔 직원이 수두룩하다는 게 내부 소문이었다. 물론 화통한 성격 탓에 외부에서는 마냥 그에 대해 호감을 가지는 부류도 있었다. 어쨌든 결과적으로 디렉터의 입장과 유진 PM의 결정은 합의점에 도달했다. (주민공청회 결과 1기 학교를 건축하는 것으로 결정 났기 때문에)

그림 1-6 커뮤니티 기준선 조사

개발협력 프로젝트 아니 가치재와 공공재를 공급하는 공익 프로젝트 전반에서 두드러지게 나타나는 경향은 전문가가 만족하는 즉 서비스 제공자가 보기에 효과적이라고 생각하는 서비스와 재화가 제공된다는 점이다. 그러나 수혜자 혹은 고객이 변화의 주체가 되고 그 고객이 변화를 지속시키고자 할 때 서비스는 진정한 효과가 있다고 할 수 있을 것이다.

이슈 로그(Issue Log)에 이러한 여러 입장에 대해서 기록하고 향후 이 지역 교육접근성 개선에 대한 로드맵을 구상하는 과정에 센터접근의 한계를 명시하고 이를 보완할 수 있는 방안들에 대해서 열거했다. 여기에는 교사나 자원봉사자들을 활용하여 학교에 오기 힘든 소외지역 아동들을 찾아가서 관리하는 아웃 리치(outreach) 활동이나 방과후 교실활동, 자녀교육에 관심 있는 가구(household)들을 묶어 아이들에게 교육서비스를 제공하는 가정교실 운영 등이 있다. 어느 방향이든 착수/기획 과정에서 이에 대한 명확한 입장과 의지 그리고 프로젝트 정당성 즉 정당화(justification)에 대한 약속이 분명히 서야 한다. 그리고 방향의 문제는 곧 범위의 문제와도 직결된다.

## 프로젝트를 어렵게 하는 도전들

### 너무 다른 성격의 이해관계자들

개발협력 프로젝트에선 스폰서를 통상 후원자(donor)로 칭하고 또 다른 용어로는 공여자

(단체)라고 부른다. 그리고 프로젝트의 성과물인 서비스(주로)의 혜택을 받는 고객은 통상 묶어서 수혜자(beneficiary)로 부른다. 우리가 소비자라고 했을 때에는 해당 상품을 직접 구매하거나 소득이 있으면서 구매할 의사 즉 수요가 있는 사람으로 한정되겠지만, 수혜자의 경우 혜택을 보는 그룹과 그렇지 않은 그룹을 구분하는 즉 경계를 확정 짓는 것이 용이하지 않다. 편의상 서비스의 최종이용자가 누구인지에 따라 직접, 간접 수혜자로 구분하고는 있지만 최종 이용자가 직·간접의 경계를 넘나드는 경우 역시 부지기수다. 왜냐하면 수혜자는 프로젝트로부터 편익을 취하지만 대가를 지불하지는 않는다. 공공재의 경우(국방이나 도로) 수요의 비-배제성으로 인한 이용자의 무임승차를 방지하기 위해 정부가 세금을 징수하는 하는 경우가 있지만, 개발협력 프로젝트는 그럴 권한이 없다.

한편 개발협력 프로젝트 수혜자는 프로젝트의 목표를 스스로 설정하지는 않는다. 여기서 근원적 배제, 소외의 문제가 발견된다. 또 수원국 정부(중앙, 지방)라는 주요 이해관계자가 존재한다. 따라서 그들의 목소리는 실상 결국 프로젝트를 기획하고 관리하는 몇몇 전문가의 손을 거쳐 결정되게 된다. 이러다 보니 PM이 관리해야 할 이해관계자가 한 둘이 아닐뿐더러 관련자들이 프로젝트에 대한 중층적 이해를 가지고 있다. 후원자들과 PMO역시 관심과 지원 역량은 갖추고 있지만 실제로는 근시안적이고 이벤트성 목표설정을 요청하는 경우도 더러 있었다. 무엇보다 이들 대부분의 행위자들이 실제 역할과 책임을 실천에 옮기는 모습을 보이지 않을 때 PM은 가장 고되다고 느낀다(맥이 빠지는 것이다). Yes we can 만으로는 부족하다. 'Yes. I and You will'이 현실에선 필요하다.

개발 NGO는 공통적으로 빈곤한 이들에게 서비스를 제공하고 정책적 변화를 위한 활동(대안 제시를 포함)들을 하기 때문에 정부 및 민간영역과의 협력을 통해 개발활동을 전개하는 파트너 중 일부를 구성한다. 실제로 유진 PM이 처음 지역에 가서 정부 관계자들로부터 협조를 구할 때였다.

"물론이죠. 귀하 단체를 적극 환영하고 앞으로 진행되는 일에 지원을 아끼지 않겠습니다. 필요한 일이 있을 때 언제든 담당관에게 연락하세요."
"네. 우리가 진행하고 있는 프로젝트가 디스트릭트의 중장기 개발목표와 비전에도 부합합니다. 저희가 유치원을 건축할 예정에는 있지만 재원이 한정적이고 프로젝트는 기간이 유한하기 때문에 전체를 지원할 수는 없습니다.

Ahsan and Gunawan(2010)

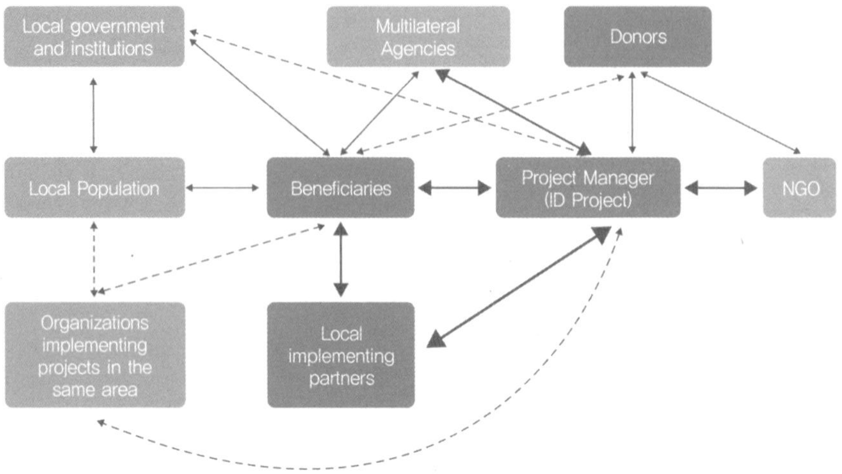

그림 1-7 NGO와 다양한 행위자들

공시된 플랜을 보니 ××까지 ○○지역에 공립 유치원을 설치하기로 되어 있던데 구체적인 Action Plan은 언제쯤 나올 지요?!"

"하하. 그 계획이요? 글쎄요. 예산이 내려오면 집행할 수 있겠죠."

담당 공무원의 표현을 빌리면 정확히는 "That plan is in picnic." 이었다. 실제로 계획과 계획 후단에 실천으로 이어지기 까지는 많은 정치적 의지와 노력(commitment)이 따른다. 유진 PM도 공식적인 계획과 유형의 지원, 실천 간의 간극 때문에 힘든 점이 많았다. 실제, 지방정부 그리고 커뮤니티가 사후관리 및 유지보수, 이용에 힘쓰지 않으면 프로젝트 기간 동안 들였던 노력들이 무위로 돌아 갈 수 있다.

그리고 부패(corruption) 역시 빠질 수 없는 문제이다. 원조는 후원자의 후원금으로 운영되고, 결국 자발적 복지수단인 기부든 강제적 수단인 세금이 투입되므로 투명하고 공정한 집행은 반드시 지켜져야 한다. 그러나 지방정부는 보통 곤궁한 상황에 놓여있고 노골적으로든 은연중으로든 개발협력 프로젝트에 개입하려고 한다. 규제라는 red tape는 개발 NGO에 속해있는 인적자원들에 대한 제약이 될 수 있다.

어떤 국가의 경우 NGO 비자를 제한한다든가 요건을 까다롭게 하여 외국인을 쫓아 내기도 한다. 그리고 사업장마다 고용해야 하는 현지직원 수를 할당하기도 한다. 혹은 비율을 사전에 정해, 외국인과 현지직원 간의 비를 정률로 맞추기를 요구한다. 어느 쪽이든 인위적인 개입은 시장왜곡과 효율적인 생산량 달성을 저해하게 된다.

개발 NGO 프로젝트는 두 가지 책무성을 진다고 볼 수 있는데 하나는 수혜자에 대한 책무성이 있고 또 다른 중요한 영역은 바로 후원자에 대한 책무성이다. 여기서 후원자는 사적 개인인 동시에 정부나 국제기구 배분사업의 경우 결과적으로 납세자들로 볼 수 있다. NGO는 안정적인 펀딩 없이는 생존과 성장을 할 수 없다는 제약이 있다. 따라서 수혜자들뿐만 아니라 후원자들을 감동시키는 역할도 프로젝트를 담당하는 PM에게 있다고 볼 수 있다. 한번은 유진 PM에게 후원자들이 프로젝트 지역을 방문하고 싶다는 연락이 PMO로부터 전달되었다.

발신자: ×××
수신자: eugene do pm

Dear Eugene,

Hello. Greetings from Seoul. As we chatted earlier, the sponsors are going to pay a visit next month. So please share the programme with me thereby we could discuss the details. I may be delegated to accompany the group for the trip. So we may meet again in ×××. I look forward to it. Should you have any enquiry, please do not hesitate to shout back.

Warm regards,

그림 1-8 교신 내용

결국 개발 NGO의 프로젝트들은 이들 후원자들의 재정적 지원을 통해 가능하다. 따라서 고객(후원자)의 요구를 잘 맞추는 게 중요하다고 볼 수 있다. 그러나 한편으론 후원자들이 개발협력의 우선순위라던가 성과의 임팩트와 이슈들을 오해 없이 잘 이해하고 현실과 동떨어진 요구를 하지 않도록 잘 유도하는 전략도 PM에게는 필요하다고 볼 수 있다. 일부 후원자들은 선행을 자랑 삼는 일부 과시욕에 사로잡힌 부류도 있다. 그러나 좋은 일을 했다는 명분아래 어떤 활동이든 다 옳은 일이 될 수 없다는 것을 PM과 후원자 모두 인식할 필요가 있다.

## 문화차이

지역사회의 원조 피로도, 즉 도움에 익숙해져 있어서 자립, 자활 의지가 저하되거나 이전 개발협력 NGO와의 부정적인 경험 등이 참여저하로 나오는 케이스도 있었다. 정말 이럴 때면 맨 땅에 헤딩하는 것과 같은 기분이 들기도 한다. 한번은 지역조사차 마을을 방문했는데 그들의 눈빛에서 복잡한 심경을 읽을 수 있었다.

'어차피 당신들 잠시 있다가 금방 갈 거잖아? 그리고 우리는 남겠지.'

다른 문화차이에서 마음을 얻고 그들의 삶의 내면을 만나고, 문제를 함께 풀어가는 과정이 다른 프로젝트에 비해 특히나 더 중요하다. 타 프로젝트에 비해 NGO 프로젝트가 가지는 차이점 중 하나가 바로 이러한 환경적 요인이다. 또 하나 특이점은 프로젝트의 경우 다양한 나라에서 진행되고 다른 국적의 사람들이 함께 공동체를 이루며 일을 하다보니 문화적 차이가 뚜렷하게 관찰된다. 따라서 PM은 다문화에 대해 적극적으로 이해하고 수용하는 자세가 필요하다. PMBOK을 예를 들면 PM에게 요구되는 개인적 자질(personal trait)중 하나로 문화적 인지(cultural awareness)를 들고 있는데, 개발협력 프로젝트 PM에게는 이 점이 특히나 중요하게 강조될 수 있다.

차이에 대해서 너무 민감할 필요는 없지만 우리 안에 있는 막연한 편견에 대해서도 경계해야 할 필요가 있다. 도 PM은 와칸다 부족 아이들의 중등학교 진학률이 떨어지는 것을 보고 당연히 그 원인을 학부모들의 저하된 인식에서 찾았다. 그러나 주민들과의 consultation 결과 답은 정작 다른 데 있었다.

"××× 부족 아이들이 초등학교까지만 다니고 중학교를 가지 않는 이유가 부모들의 의지부족이 아니라구요?"

"××× 부족 아이들 특히 남자아이들의 경우 13세에 성인식을 가져요. 즉 무리의 책임있는 일원으로 인정받는 의식을 치르는 거죠. 성인식이 지나면 그들은 성인이에요. 따라서 그들 입장에서는 성인이 된 후에 학교를 가는 게 일종의 수치내지는 불명예스러운 것일 수 있어요."

"아."

그는 한대 얻어맞은 기분이었다. 대부분 개발도상국에서 아이들의 학교진학률 저하 원인을 부모 혹은 사회적 제도에서 찾는다. 그러나 이 경우에는 문화적 요인이 강력하게 작용한 케이스였다. PM이 그동안의 경험을 통해 견고하게 구축한 신념체계가 창조적으로 파괴되지 않고 도전받지 않을 때 어떤 문제가 발생할 수 있는지 여실히 보여주는 사례가 아닐까 싶다.

그리고 한번은 유진 PM이 너무나도 한국 음식이 먹고 싶어서 수도에 있는 한 한식당을 찾았다. 메뉴를 고민하던 끝에 순두부찌개를 주문했고, 한참이 흐르더니 현지인 직원이 친숙한 검은 색 뚝배기를 가지고 왔다. 직사각형 식탁위에 외로이 순두부찌개 하나 달랑 올라왔는데, 반찬도 밥도 없이 그에게 주어진 것은 달랑 찌개와 수저뿐이었다.

"다른 음식은 없나요? 저는 순두부찌개를 시킨 건데…"
"수프는 가져왔습니다. 드시면 밥과 반찬을 드릴게요."

그는 한바탕 웃었다. 그렇다 현지문화에서 찌개, 국은 주로 전체 요리로 볼 수 있다. 밥과 국을 같이 곁들여먹는 우리네 문화권이 아니면 낯선 풍경일 수 있다. 그는 인내심을 가지고 얘기했다.

"한국에서는 찌개와 밥 그리고 반찬을 한 세트로 올립니다. 나머지도 같이 가져와주세요."

OECD(2016)는 "포용적 세계를 위한 글로벌 역량"보고서에서 글로벌 역량을 지식(knowledge), 기술(skill), 태도(attitude) 세 가지 차원에서 분석하고 있다. 그러면서 글로벌 역량이란 글로벌하고 이문화적인 이슈들을 다각적인 관점에서 비판적으로 분석할 수 있는 능력과 차이(differences)가 자신과 타인의 지각, 판단, 아이디어에 어떻게 영향을 미치는지 이해하는 능력, 인간의 존엄성에 관한 공유가치를 기반으로 다른 배경의 사람들과 개방적이고 적절하며 또 효과적으로 상호작용할 수 있는 능력이라고 정의하고 있다.[3] 글로벌 역량은 단순히 글로벌 혹은 세계화

---

3  양수경(2018), 개발협력 인재양성과 ODA 생태계 육성방향: NGOs, 국제개발협력, No.3, p.40.

관점뿐만 아니라 현지화 관점에서 현지 여건이나 사회 문화적 차이와 영향에 대한 이해를 강조하고 있다는 점이 주목할 점이다. 현지에 대한 철저한 분석과 이해 그리고 존중이 개발협력 PM에게 강조된다.

### 무형의 결과물

개발협력 프로젝트의 완성물로서의 결과물은 종종 손에 잡히지 않는 경우가 많다. 가령 빈곤퇴치라든가, 삶의 질을 개선한다든가, 인권이 신장된다는 등의 목표는 측정이 매우 어렵다. 이를 보완하기 위해 단·중기 측정지표들이 개발되어 왔지만 특히 이럴 경우 다른 변수들을 통제하였다는 가정을 세우기가 까다로운 경우가 많기 때문에 임팩트를 측정하기 어려울 때가 있다. 그렇기 때문에 다양한 질적 연구방법론, 스토리텔링이라든가 관찰, 면접 등의 방식을 사용한다.

Logical Framework는 1969년도에 Fry Associates and Practical Concepts Inc가 개발했고 USAID가 1980년대 말부터 본격 사용하기 시작했다(Solem R. R.(1987). The logical Framework approach). LF는 4×4행렬로 프로젝트의 목적과 목표 투입물과 산출물을 행 항목에 배치하고 열에는 지표와 가정들을 열거한다. LF의 장점은 프로젝트의 선명한 개괄(succinct picture)을 보여준다는 점에 있다. 그리고 이는 직·간접적으로 프로젝트와 연을 맺고 있는 관계자들과 공유하여 설계, 관리, 의사소통 과정에서 손쉽게 활용 변형가능하다는 것이 가장 큰 장점이다. 그러나 LF에 단점이 없는 것도 있다. 개념이 추상적이기 때문에 때로 해석을 달리하거나 불분명하고 모호한 용어를 사용했을 때 같은 팀원 내에서도 상이한 이해를 가지게 되는 경우도 왕왕 발생하게 된다.

### 인재전쟁

개발협력 NGO 프로젝트에서 사람의 중요성은 아무리 강조해도 지나침이 없다. 그러나 적합한 인적자원을 원하는 시기에 찾아 확보하는 일이란 물론 노력에 따라 정당한 결과가 따를 때도 있지만 많은 경우 마치 복권을 긁어 당첨을 바라는 것처럼 좌절과 기다림의 반복을 경험하기도 한다. 유진 PM이 처음 프로젝트를 맡아 이 나라에 왔을 때 그 옆에는 통역을 도와줄 계약직 현지인 컨설턴트 밖에 없었다.

'드라이버도 뽑아야 하고, 회계직원도 뽑아야 하고, 프로젝트 담당 직원도 뽑아야 하는데 언제 다하지?'

그에게 두려움과 공포, 초조함이 한동안 엄습했다. 사실 모든 제반 여건이 충족되어 있는 환경에서는 인사부서에서 채용공고를 띄우고 경쟁을 통해 인재를 선발하면 된다. 그러나 개발도상국이나 심지어 분쟁상황에 놓여 있는 국가, 지역에서는 원하는 인재를 찾기란 마치 모래사장에서 바늘을 찾는 것 같이 고되고 강한 인내심을 요구하는 작업이다. 그리고 대부분의 경우, 국제기구나 국제NGO에서 프로젝트 관리 경험이 있는 숙련인력들은 매우 높은 연봉조건을 요구하였고, 대학을 막 졸업한 새내기 사회경험자들의 경우에는 기본적인 직능역량이 많이 부족해 보였다.

한번은 유진 PM이 경리(회계직원)를 뽑기 위해 수도에 그래도 꽤 평판이 좋은 사립대학과 공립대학에서 학교장 추천을 받은 지원자들을 상대로 면접을 보게 되었다. 당시에는 한창 사무소 공사를 하던 중이어서 Hill Top이라는 카페에 한 공간을 빌려서 인터뷰를 가지게 되었다.

그는 가장 기본적인 문제를 해결할 수 있는지 알아보기 위해 직원급여지불과 관련된 퀴즈를 내었다.

"소득세(PAYE: Pay As You Earn)를 계산할 줄 아나요?"
"네. 물론이죠."

지원자 중 한명은 자신감에 가득 차 큰소리로 답하더니, 정작 계산 국면에 돌입해서는 난감한 표정을 보였다.

모든 면접자들이 마찬가지였다. 물론 계산 결과는 틀렸다.

'아니 그 나라에서 가장 우수한 재무회계 교육시설을 졸업했다면서 기본적인 연산이 안 되면 어떡하라는 거지?'

너무나 막막했다. 아무리 멀티태스킹 실력을 발휘한다 하더라도 유진 PM이 프로젝트 관리, 전표관리, 보급, 문서행정, 회계 부기 등 모든 문제를 다 총괄할 수는 없었다. 일주일 아니 한 달은 가능하겠지만, 프로젝트 기간 동안 그렇게 했다가는 아마 이내 탈진할 것이 분명했다.

고민을 거듭하던 와중에, 아주 우연한 기회에 솔루션을 찾았다. 사무소 후보지에서 얼마 멀지 않은 곳에 한 회계 컨설팅 펌 대표가 하루는 유진 PM을 찾아와 그에게 명함을 건넸다. 파스칼(pascal)이라는 이름을 쓰는 이 회계사는 작은 키에 다부진 체형의 유창한 스와힐리어를 구사하는 케냐인이었다. 그는 유진 PM의 고민을 듣더니 뜻밖의 제안을 했다.

> 파스칼: "사실 처음부터 우수한 인재를 확보하는 건 이 나라 현실에선 어렵습니다. 젊은이들에게 바로 실무에 적용할 수 있는 양질의 교육이 제공되어야 하는데 그렇지 못하죠. 한편 이미 사다리를 타고 올라간 인적자원들은 너무 높은 몸값을 부릅니다. 이렇게 양극화가 되다보니 수급의 불균형이 생길 수밖에 없죠."
>
> 유진: "맞습니다. 저도 이력서를 검토하고 면접전형을 거치면서 바로 그런 문제가 발견되더군요. 그러나 현실을 주어진 대로 받아들일 수밖에 없는 상황에서 선택지가 많이 제한되어 답답합니다. 그렇다고 해외사이트에 공고를 내어 외국인 직원을 고용하는 것도 여건(예산)상 불가능한 상황입니다."
>
> 파스칼: "아뇨 그럴 필요까지는 없을 것 같군요. 이건 어떨까요? 우리 업체랑 계약을 하시고 회계직원 견습생 선발 및 훈련에 대한 역할을 맡기십시오. 계약기간 동안 On the Job Training을 하면서 우리 쪽 회계사 직원이 수시로 사무실로 와서 영수증이나 결제 증빙서류 관리도 도와주면서 견습생을 책임지고 관리하겠습니다. 그리고 계약기간이 끝나고 나서는 그 직원이 전문회계사 도움 없이도 기본적인 회계업무는 스스로 하게 될 거구요."
>
> 유진: '아웃소싱이라 왜 이런 생각을 진작 못했던 것일까?!'

PM은 혼자가 아니다. 많은 분야를 폭넓게 이해하고 있어야 하지만 한 사람 홀로 모든 일을 처리하기란 사실상 불가능하고 가능하다 치더라도 극히 비효율적일 수밖에 없다. 도움이 필요하고 거기다 누구도 명확한 해답을 줄 수 없다면, 답이 나올 때까지 PM이 스스로 뛰어야 한다. 여기서 중요한 점은 결코 좌절하거나 불안에 떨지 말고 결국 답을 찾을 것이라는 확신이며 누군가 손을 내밀었을 때 이를 잡을 수 있어야 한다는 자세이다.

> *"전문성이 떨어진다고 판단하면 과감히 source out 하는 것도 PM의 능력이다. 특히 인재 확보 충원에 내부의 지원, 관심이 저조할 때는 더욱 그러하다."*

## 범위가 너무해:
이해관계자라는 변수를 만나 범위가 상수가 아니게 될 때

이해관계자들의 요구사항, 특히 변경요청은 인도물 산출에 필요한 자원과 소요되는 시간(일정) 그리고 산출물의 품질과 밀접하게 연관된 문제라서 여간 신경이 곤두서는 일이 아닐 수 없다. 정기 컨퍼런스 콜만 있는 날이면 오늘은 또 무슨 말이 튀어나올까 두려워 유진 PM은 긴장 모드로 변한다.

'샨탈(직원이름) 네가 한국어만 할 줄 알면 너를 대참시키고 싶다.'

한번은 현지 프로젝트 담당직원을 보며 속으로 이처럼 상상했다.

물론 요구(라고 쓰고 도전이라 읽는다)라고 해서 항상 스폰서 측으로부터만 제기되는 것은 아니었다. 그리고 변경요청이 타당하다면 검토한 뒤 수정하거나 기존안을 포기할 줄도 아는 용기가 PM에게는 필요하다고 유진은 평소 생각한다. 한편 NGO 프로젝트의 서비스 대상이자 주요 고객이라고 할 수 있는 수혜 그룹이나 관할 지방정부에서도 소위 면담 형식을 빌려 이런 '민원'이 들어오곤 한다.

한번은 유진 PM앞에 지방정부 행정장관의 수석자문관이란 사람이 찾아왔다.

"유진. 올레치미에리 초등학교에 새로 현재화된 교실 동을 구축한다고 들었습니다."

"네. 맞습니다."

"내가 생각해봤는데 앞으로 그 지역 인구가 늘 거예요. 그럼 그 수요를

감당해야 하니깐 그에 걸맞은 규모가 되어야 합니다. 그러니 도안을 바꾸어 G+1으로 해주시죠."

유진 PM은 검토해보겠다는 말로 대화를 마무리했지만 이내 복잡한 마음이 들었다. 그 자문관의 의도는 눈에 보일 정도로 뻔했다. 정부 회계연도 말 전에 실적을 올리고 싶은데 NGO가 사업장에서 학교를 지으니 그 규모를 늘려서 성과를 부풀려보겠다는 것이다. 문제는 그러나 결코 단순하지 않다.

그 전 프로젝트 연도에 진행되었던 기금사업을 통해 신규 화장실이 설치되었고 제한적이나마 중앙부에 노천 쉼터, 모임 공간이 조성되었다. 그리고 초등학교 정문 옆 공간을 활용하여 학교 도서관을 신축했다. 부지의 제약 때문에 초등학교 아이들에게 필요한 놀이터는 마련하지 못했으나 바로 옆에 축구장이 조성되어 있었다. 자문관의 요구대로 G+1 즉, ground floor 위에 한 층을 더 얹어 2층 구조물을 지으면 어떻게 될까? 협소한 용지에 그 많은 아이들이 수용되게 되면 안전사고 발생위험도 높아지고(낙상, 충돌) 또한 학생들의 편의와 복리가 희생될 가능성이 높아지게 된다. 더욱이 정부표준에 이용자 수, 화장실 수와 공간을 규정하고 있는데 이용자 수가 늘어나게 되면 추가로 화장실 설치가 불가피한 상황이 된다. 더군다나 인구가 늘 거라는 자문관의 관측도 근거가 불분명하다. 인구가 는다면 어디서 느는지, 인구전입을 유도할만한 요인이 단기간에 발생한다는 건지 아니면 자연출생인구가 급작스럽게 느는지 아무런 확인이 없고 그가 확인하여 줄 수 있을 거라곤 애초에 기대조차 들지 않았다. 이런 요청을 받을 때 PM이 가장 손쉽게 내밀 수 있는 변명, 사유는 '그럴 예산이 없다.'일 것이다. 그러나 유진 PM이 고민하게 된 데에는 단순히 그런 이유를 대기 힘든 사정이 있었다. 아니 사정이라기보다는 그런 이유를 대는 것이 온당한지에 대한 그만의 고민이 있었다.

'요구는 할 수 있지. 그러나 무엇이 직접 주민들에게 도움이 되는 결정인지에 대해 왜 간과할까?'

여러 연구물이나 언론보도에서는 국제개발 현장에서 공여단체들이 무분별하게 비효율, 비생산적인 사업을 전개하는 것을 두고 사업효과성과 유효성에 의혹의 눈길을 보이곤 한다. 물론 비판과 견제는 어디서나 필요하다. 기실 그렇게 방만하고 주먹구구로 진행된 사업에 대해서는 감시와 준엄한 평가가 필요하다. 하지만 간과해서는 안 될 것이 과연 파트너로서의 수혜자, 그리고 이들을 대표하는 현지 정부 사람들이 가지는 입장과 의도(때론 정치적이고 전략적인), 우선순위가 NGO 프로젝트 범위와 심지어 일정, 활동배치(sequencing)에 영향을 준다는 사실이다.

그림 1-9 Scope Creep

유진 PM은 현지문화에 친숙한 프로젝트 담당 현지 직원들과 논의해서 자문관을 설득하기로 정했다. 건축 프로젝트 자문 기술자이자 컨설턴트였던 주드(Jude)와 함께 구조적으로 2층 구조물 시공이 왜 어렵고 수요와 주민들의 욕구, 학교의 행정력 등 다양한 요인들을 고려할 때 왜 해당안이 현실적으로 타당하지 못한지에 대해서 설명했다. 자문관의 입장은 시종일관 강고한 것처럼 보이더니 상대적으로 열려있는 다른 지방정부공무원들을 만나 설득한 끝에 이들이 influencer가 되어 자문관도 결국 최초 시안에 OK 사인을 보냈다. 프로젝트를 부정적으로 보는 부류의 이해관계자가 주요 행위자라면 많은 경우 이들의 간섭과 방해로 프로젝트가 실패하기도 한다. 따라서 이들의 기대를 관리하는 것도 PM 본연의 업무이기도 하다. 논리 공방전에서 승리를 거둔 쪽은 유진 PM측이었지만 사실 제자리로 돌려놓은 것이기 때문에 피로와 한숨만 남는 피로스의 승리[4]였다.

**나키바조? 이키바조!:**
산 넘어 산인 건축 프로젝트

건축 프로젝트에서 단순히 기획단계 뿐만 아니라 공사모니터링에도 주민위원회가 참여할 수 있는 방안을 모색하려고 유진 PM은 노력했다. 그러나 실제 PM으로서 이런 결정을 내리는 것은 쉽지 않았으며 결과적으로 주민들의 참여는 기획보다는 제한적인 것이었다. 사실 사공이 많으면 배가 산으로 간다는 두려움보다, 현실을 현실 있는 그대로 인정하는 것이 유진 PM에게 필요했다.

무슨 말이냐면, 전술한 투입의 결과로서의 변화가 항상 모든 사람들에게 환호와 갈채를 받을 수 있는 건 아닐 것이다. 어떤 이는 "그걸 지금 왜 해야 해?"라고 볼멘소리를 할 수도 있고 "우리에게 시급한 건 다른 거야."라고 일갈 할 수도 있다. 그리고 "모르겠어."(가장 자주 듣는 말)

그렇다. 개발협력업계에서 '이걸 하면 저게 좋다.' 이런 방정식은 종종 공급자, 좀 나쁘게 표현하면 가진 자들이 밑그림을 그리고 구조를 설계한 경우가 대부분이다. 정작 현장에서 살고 있는 사람들은 그게 왜 좋은지 꼭 필요한지 "모르겠어"라고 갸우뚱한 경우가 많다. 그런 내색을 안 보이는 것 뿐일지도 모른다. 그냥 이대라고 행복한 사람들. 그런 사람들에게 "당신은 틀렸어."라고 감히 말할 수는 없을 것이다.

유진 PM은 그렇기 때문에 설득의 과성이 중요하다고 한다. 사실 캠페인에 참여하고 주민위원회모임에 참석하는게 주민들에겐 성가신 일일 수도 있을 것이다. 참여는 동원(정부)이나 계약에 의한 의무(기업)와는 다르기 때문이다.

"유진 PM! 사실 이 개발협력 프로젝트라는 게 어찌 보면 자칫 불편하고 성가실 수 있는 일에 기꺼이 동참하도록 유도하는게 아닐까 싶어. 그리고 그걸 가능케 하는 게 이쪽 PM에게 요구되는 소양이겠지."

그가 과거에 출장 갔던 옆 나라에서 우연히 만난 연구자는 그에게 이리 말했

---

4  승자 없는 승리

다. 그는 교육격차해소와 교육을 통한 빈곤퇴치에 관심을 가지고 연구하는 전문가였다. 유진 PM은 본래 수줍음이 많은지라 낯선 사람과 격 없이 대화하고 포용하는게 처음부터 익숙한 것은 아니었다. 다만 다른 국가에서 개발협력 프로젝트를 수행할 주니어 시절부터 선배 PM들과 함께 생활하고 일하며 경험한 것이 나름 알을 깨고 나오는 데 도움이 되었던 것 같다.

설득은 사실 민감한 대화 유형이다. 논리가 완벽하면 상대방이 넘어올 것이라 순진하게 믿지만 '그것이 문제야! 그러니 우리와 함께 해!'라고 말하게 되면 이 메시지에는 상당히 상대를 가르치려드는 일방적인 교훈주의(didacticism)적 메시지가 담겨져 있고 상대방을 자칫 불편하게 만들 수도 있다. 그러나 이런 과정을 거치지 않으면 주민들은 프로젝트를 내 삶의 변화를 줄 수 있는 계기 혹은 프로젝트 수행자를 그런 과정에 함께 할 수 있는 동반자, 파트너가 아니라 그저 돈으로 인식하게 된다. 사실 유진 PM도 이 부분을 잘 알고 있었다. 한번은 그가 착수(initiating)단계에서 커뮤니티(지역)를 방문했을 때다. 한 무리의 사람들 중에서 특정할 수는 없지만 반복되는 말이 들려왔다.

"리치 유진(Rich Eugene). 학교들을 유진이 지어 줄 거야."

유진은 솔직히 속으로 '그럴 돈이라도 있어봤으면 좋겠다.' 싶었다. "언감생심". 다시 시계바늘이 원점으로 돌아가는 느낌이 이내 들었다. 다시 원론적이지만 수혜자들에게 프로젝트 수행기관과 스폰서(도너) 그리고 프로젝트 도입취지와 주민들의 주인의식이 가지는 중요성에 대해 설명했다. 주민들은 끄덕였지만 과연 마음속으로 전달하고자 하는 메시지가 받아들여졌을까. 유진 PM은 자신이 없었다. 그가 프로젝트 착수 초기 우무간다(Umuganda)에 나와서 주민들을 직접 한 명 한 명 만나고 소통했었던 장면이 문득 떠올랐다.

우무간다(Umuganda)는 한 달에 한 번 진행되는 주민 집단 공동 작업 활동인데 매월 마지막 째 주 토요일에 실시된다. 유진 PM도 project manager로 부임한 첫 달에 바로 이 우무간다에 참석했다. 당시엔 직원이 한 명 정도에 불과했는지라, 현지어를 구사하는 직원 에바리스트(Evarist)와 PM 유진 씨 두 명만이 조촐하게 우무간다에 참석했다. 삽과 쟁기를 챙겨 들고 프로젝트 지역산간 깊숙이 자리 잡은 마을에서 지역주민들과 함께 짧은 시간이지만 땀 흘리고 우리의 의제를 전달하는 동시에 주민들의 목소리를 경청하였다. 물론 주민회의에서 나오는 안건들은 대부분 일상적(quotidian)인 내용들이었다. 그러나 맡은 프로젝트가 교육인지라 확실히 교육과 관련된 이슈들, 가령 아이들이 통학과정에서 겪는 어려움이나 집안사정으로 학교를 갈 수 없는 아이들, 하루종일 밭에 나가서 일을 하는 부모님들 때문에 집에 홀로 남겨진 아이들에 대한 걱정들이 안건으로 나올 때면 절로 귀가 쫑긋 세워졌다.

그림 1-10 프로젝트 지역주민들과 함께한 주말

건축이 진행되고 다행히 그 해에는 건기가 길고 우기가 예년보다 짧아 공사 진행에 속도가 붙었다(적어도 초기에는 붙는 듯 보였다). PM으로서는 반가운 일이었지만, 주민들 입장에서는 가뭄이 당연 반가울 리 없었다. 농사를 지으면서 동시에 지역 보건소에서 자원봉사활동을 하고 있던 에지드(Egide) 얼굴에는 그늘이 드리워져 있었다.

"건기가 예상보다 길어 무척 건조하네요. 더운 건 상관없는데, 물이 부족하니 농사가 걱정돼요. 그리고 용수가 부족하면 더러운 물을 길러다 쓸 수밖에 없고 그러다 보면 수인성질병에 노출될 수 있죠. 병원을 찾는 사람들이 늘까 걱정돼요."

주민들이 일상에서 마주하는 현실은 단순하지가 않다. 프로젝트는 직관적이고 간결하며 때로는 좌고우면(左顧右眄) 하지 않는 단호함이 묻어 나와야 선명하고 좋은 기획안이라는 평가를 받지만 프로젝트가 실제 진행(unfold)되는 현실은 복잡하기만 하다. PM의 감정선이 프로젝트의 부침 그리고 수혜자들의 만족, 불편 등과도 상호 반응하게 되면 침체(slump)를 맞을 수도 있다. 유진 PM도 다른 기관 PM들이나 직원들이 여러 이유로 힘들어 하는 것을 듣고 보아왔다. 그리고 이들 중 대부분은 풍토병이나 사고같은 물리적인 환경도 있겠지만 더 큰 부분은 심리적, 정신적인 요인이었다.

일을 마치고 집에 돌아와 양수기 스위치를 트니 요란한 작동소리가 울리기 시작했다. 그러나 샤워기 물줄기가 이내 가늘어지더니 결국 벽만 멀뚱멀뚱 바라보는 상황이 생겼다. 빨리 한인분께 연락하여 물탱크(water tank) 전화번호를 구해 간신히 전화를 걸었는데 불통이다. 이내 수소문 끝에 가까스로 현지 물탱크(water tank) 업체 전화번호를 구해 간신히 전화를 걸었는데 불통이다.

"오늘은 비싼 샤워를 해야 겠다. 생수샤워."

유진 PM에게 닥친 건축 프로젝트의 무게감은 본인이 상상했었던 것보다 컸다. 어느 누구 하나 건축 프로젝트가 어떤 것이고 무엇을 참고하면 좋을지 어떤 자원을 활용하고 어떤 리스크가 있는지에 대해 설명해주거나 알려주지 않았다. 심지어 건축전담 오피서와 상임 전문인력을 고용해야 한다는 건의에 돌아온 담당자(디렉터 장비에르)의 대답은 냉소적이다 못해 절망적이었다. 누군가 유진 PM에게 공감(empathy)의 조건에 대해 말한 적이 있다.

"유진. 공감에는 두 가지 조건이 있는 것 같아. 하나는 지식이고 또 다른 하나는 여유야. 지식은 경험을 통해서 그리고 간접적인 방식을 통해서 알게 되는 건데. 내가 알지 못하면 남을 이해하고 그 사람의 어려움에 온전히 공감할 수가 없어. 본국에서 탁상공론이나 하며 지시하기에만 급급한 경직된 (ossified) 사람들은 현장경험이 부족한 경우가 있어. 그리고 두 번째로는 여유인데 실제 경험이 있어도 심지어 없다하더라도 곤궁에 대해서 지식, 앎이 있는 사람도 마음의 여유가 없다면 상대를 공감하기 보다는 자신의 뜻을 관철시키는 데에만 몰두하게 되지. 양자를 다 갖춘 사람이 focal이라면 참 힘들겠지.”

그렇다. 유진 PM에게 디렉터 장비에르는 그 둘을 다 갖춘 완전체였다. 현실 가능성이 없는 솔루션은 접어두고 그가 할 수 있는 일은 ‘전문가 인터뷰’였다.

‘선택지가 왜 이리 많은 것일까?’
‘시공을 경쟁입찰로 할지, 아니면 일괄발주(turn-key)방식으로 할지, 학교 규모와 구성, 확장계획(expansion plan)은 어떤 기준을 준용할지, 낙찰 기준과 유찰기준을 어떻게 할지 등등등.’

‘~할지’ 타령의 연속이었다. PM으로서 내려야만 하는 결정은 너무 많은데 비해 sponsor로부터의 훈령이나 가이드, 지시는 너무나 빈약하고 그것마저도 피상적이거나 변죽을 울릴 때가 많았다. 대부분의 의사결정 상황에서 많은 대안들이 존재하지만 어떤 대안에 대해 다른 대안이 명백히 우월한 경우는 많지 않다. 따라서 선례나 기준 혹은 정무적 판단 등에 의존하게 되는데 책임을 지기 싫어한 디렉터 장비에르는 이 몫을 오로지 유진 PM에게 전가했다. 이 상황에서 프로젝트 관리자인 본인의 포지션상 특정 분야에 대한 혜안이나 안목은 부족할 수밖에 없는데 예산은 들어왔고 일정은 흘러가니 점차 자신감이 떨어지고 불안과 초조감은 커져만 갔다. 그 때 마침 알게 된 건축자문이 주드(Jude)였다. 주드 역시 같은 아프리카 국가 출신이지만 외국인이었으며 대학에서는 건축(토목)을 전공했다. 유진 PM은 그의 도움을 받기로 결정했다. 예산 항목에서 컨설턴트 용역을 계약할 수 있는 일부 예산을 발견하여 그를 파트타임 자문으로 고용한 것이다. 주드는 같은 아프리카 출신이었기에 현지 문화와 건축 관행, 여건 등에도 친숙했고, 또 외국인으로서 한발 짝 떨어진 입장에서 현지 사정에 대해 평가와 조언을 해줄 수 있었다. 어떤 PM도 만능 팔방미인일 수는 없다. 아쉬운 대목은 좀 더 자신에게 처해진 현실과 부족한 부분을 빨리 그리고 담담하게 받아들이고 이에 대해 필요한 Tools & Techniques을 찾아내지 못했던 것이다. 온갖 내적 갈등과 우여곡절 끝에서 전문가 판단(Expert Judgment)이라는 대답을 찾은 것이 돌아보니 안타까웠다.

"경험이란 모든 사람들이 자신의 실수에 붙이는 이름이다."

— 오스카 와일드(Oscar Wilde)

시공업체 측 현장사무소 담당자인 에릭은 그날도 어김없이 너무도 당당한 모습으로 감리 회의에 참석했다. 현재 남은 공사비로는 노임과 건축자재를 해결할 수 없을 것 같으니 원 계약에 명시된 공사비보다 금액을 인상하고 공기(공사기간)마저 인상해야 할 것 같다고 요구했다. 다음날 엔지니어인 주드와 설계, 감리업체 측 PM인 크리스와 사라, 유진 PM, 시공업체 대표인 빅터가 만나 도대체 어찌된 일인지에 대해서 논의했다.

> 빅터: 설계업체 잘못입니다. 설계업체가 그린 도면과 BOQ(bill of quantities: 견적서)의 내용이 달라요. 감리도 문제입니다. 대수롭지 않게 넘어가도 될 부분을 계속 트집 잡고 일을 끌다 보니 비가 오는 시즌이 되어버렸고 공사진행이나 자재조달(특히 벽돌 제조: 굽고 건조시키는 일정)도 지연됩니다.

> 크리스, 사라: 놀랍네요. 공사업체 측에서 견적서 품질요구 기준에 미치지 못하는 자재를 사용했고, 실제로 감리과정에서 이것이 적발되었습니다. 지난번 유진 씨가 보았던 부서진 창문손잡이가 단적인 예입니다(어찌 철제가 손으로 부서질 수가 있는지). 그리고 숙련된 인력이 아닌 기술자를 쓰다보니 도면의 지시사항을 숙지하지 않아 변경이 불가피하게 되었습니다. 입찰당시 제출한 보유 기술자 및 장비 목록도 실제와는 달랐고, 장비가 없다 보니 이를 타 업체에서 대여하는 상황까지 생겼습니다.

> 유진 PM, 주드: 지난 감리 회의록을 보면 여러 문제(snug)들이 반복적으로 제기되었고, 지금 언급한 사안들이 전혀 새로운 것이 아닙니다. 그렇다면 왜 그동안 시정조치가 제대로 이루어지지 않은 것인지 안 물을 수가 없습니다.

사실 PM 입장에서는 여러 가지로 덫(trap)에 걸린 심정이었다. 납기일자는 다 가오고 스폰서는 현장상황을 일일이 고려하여 준공식 일정을 잡지 않았다. 아니

스폰서가 아니더라도 발주처 입장에서 정해진 납기를 준수하고 합의한 예산제약 하에서 기대되는 품질의 산출물 인도를 요구하는 건 너무나도 당연했다. 그리고 산출물이 학교이다 보니 현지에서 정한 학사일정(academic calendar)을 준수해야 했다. 엉뚱하게 학기 중간에 개교하게 되는 상황이나 학교를 다음 개학 시점까지 방치하는 건 효율이 떨어지는 결정이고 수혜자들의 기대와도 부합하지 않을 것이니 말이다. 이 과정에서 더 큰 문제는 이해관계자 누구도 자신의 잘못을 인정하려고 하지 않은 점이다. 신중하고 꼼꼼하게 견적서와 도면을 제출하지 않고, 감리를 엄격하게 집행하지 않은 설계감리업체, 계약 사항을 밥 먹듯이 위반한 시공업체, 그리고 업체 선정과정에서 검열을 제대로 하지 못한(결과적이지만) 발주업체 그리고 PM의 삼위일체 종합 선물 세트였다.

결국 설계변경이 불가피했다. 학생들의 교육학습환경과 안전을 최우선으로 이런 사항들의 희생을 최소화하는 방향으로 일부 건축요소는 삭제, 축소하였고 자재도 변경되었다. 결과적으로 끝내는 모두 만족하는 시설이 나왔지만, 결정을 내리는 순간은 씁쓸함을 넘어 좌절감이 극에 달했다. 이 와중에 느긋하기로는 둘째 가라면 서러우면서 눈치없기로 정평이 난 빅터는 싱글벙글 웃으며 도 PM에게 다가왔다.

> 빅터: "유진. 나키바조(문제없어)."
> 유진: "이키바조(문제야)."

알고 있던 단어가 한정되다 보니 순간 유진 PM은 현시어로 강력한 경고의 메시지가 담긴 표현을 구사하지 못한 자신을 한 번 더 원망했다.

건축 프로젝트에서 인력, 장비, 자재를 적재적소에 배치해서 설계대로 시공하는 것이 절대 쉬운 일이 아니라고 느꼈다. 건물 하나 올리는 게 말은 쉽게 들리지, 전기, 소방, 조경, 실내디자인, 가구, 창호, 상하수도, 철근콘크리트, 환기, 기계설비 등 다양한 전문성이 한데 어우러져야 하고 각자의 목소리들이 서로 충돌하고 불협화음을 내지 않도록 프로젝트 매니저는 관리하고 협조를 이끌어 내도록 노력해야 한다.

> 빅터: "3주만 더 주면 공사를 끝낼 수 있어."

그는 프로젝트 관리에 관한 이론서를 학습할 때 알게 된 파킨슨의 법칙 (Parkinson's Law)을 떠올렸다. 파킨슨의 법칙은 이렇다. 작업의 양에 따라 기간이 늘고 주는 것이 아니라, 기간에 작업의 양이 맞춰진다는 것이다. 많은 경우 기간을 충분히 주게 되면 수행자는 기간 막판에 일을 몰아 처리하는 경향이 있다. 일정을 정확히 산정하는 것이 아니라 위 경우처럼 2주, 3주, 한 달 이렇게 막연한 직관에 근거해 일정을 맞춰 줄 경우, 결국 공기만 늘어나고 이는 비용의 문제와도 직결되게 된다. PM 입장에서 파킨슨의 법칙이 재현 되는 건 개인적인 찝찝함을 넘어 건전한 프로젝트 관리를 위해서 막아야 한다. 그 방법 중 하나가 데드라인(deadline)을 당기는 것이다.

빅터의 대책없이 느긋한 성향을 아는 탓에 컨설턴트인 주드와 의논해서 그는 추가 작업기간을 10일 주는데 동의했다.

유진: "빅터. 10일이야. 10일. 더 이상 지연되면 계약상 penalty를 발동할 수밖에 없어."

●●● 감리과정에서 배운 점

소소한 문제들은 바로 그 즉시 해결해야 한다. 그러나 동시에 다양한 프로젝트를 진행하고 있는 PM의 경우 특히나 인력 보충에 인색한 개발협력 NGO PM의 경우 동시에 여러 일을 수행하다 보니 중요한 일을 놓치게 되는 경우가 발생한다. 유진 PM의 패착도 여기에 있다고 할 수 있다. 일을 너무 벌인 것일까? 시간과 에너지의 제약조건을 간과한 것이다.
그리고 취약, 개발도상국에서 조달할 수 있는 자원(물적, 인적)은 한정적일 수밖에 없고 또한 조악 할 수 있다. 그리고 아무리 뛰어난 장비를 해외에서 가져와도 전기가 부족하거나 사회인프라가 갖춰져 있지 않아 무용지물이 되거나 망가지는 경우도 부지기수이다.

**리더십과 환경**

개발협력 프로젝트들 중 상당수는 프로젝트로 결성된 팀 (projectized team)에서 진행된다. 그러다 보니 몇 년 단위로 기관과 계약을 하면서 여러 개발도상국가 심지어 분쟁위험국가에서 프로젝트를 수행한다. 유진 PM도 그 수많은 PM중 한 명이다. 이러한 어떻게 보면 좁고 특수한 직업 생태계 그에게는 다양한 국적의 프로젝트 매니저와 알고 지냈다. 영국 출신의 셀레스틴(Celestine)은 S기관 서아프리카 사무소에서 일했을 때 힘든 점을 토로한 적이 있다.

"정말이지 하루도 편할 날이 없었던 것 같아. 각 지역사무소들은 젠더 전문가(gender specialist)인 나에게 서로 다른 메시지를 보내고 있었고 과제에 대한 기대도 달랐어. 전임자는 제대로 된 인수인계 자료를 남기지 않은 채 퇴직했고, 권역 책임자(director)는 투명인간이었지. 적기에 사람을 뽑을 수가 없었고, 이에 대한 승인을 받는데도 몇 개월이 흘러야 했어. 더 이상 일을 지속했다간 내가 못 견뎌 폭발할 것 같았어. 결국 사표를 내고 나왔어. 지금 돌아보면 잘 한 결정이었던 것 같아."

사실 이런 류의 사례를 흔히 들었던 그였던 터라, 최대한 동정하는 표정을 지으면서도 기계적인 반응을 보일 수밖에 없었다. 그 역시 전에 일했던 기관에서 프로젝트 매니저로 일하면서 프로그램 디렉터와 갈등을 겪었고 지금은 훈장 즘으로 여기는 상처 한둘을 간직하고 있기 때문이다. 그가 이를 그나마 교훈(lesson learned)으로 여기기까지 상당한 시간이 걸렸다.

## 최악의 리더십: 책임지지 않는 리더

최악의 리더십은 어떤 유형일까? 사실 극악의 리더 타입에 대해서 누구든 자신만의 이해와 시각, 관점이 있을 것이다. 배려하고 지지하기만 하는 유형도 그렇게 선뜻 지금으로서는 선호하지 않는다고 말한다. 그에게 있어서는 예전 케냐에서 같이 일했던 스테파니(Stephanie)가 그랬다. 필드사 사무소에 일했을 때 유진 PM은 열악한 현장사무소 사정과 사소한 사건사고들에 대해서 수도에 있는 본부와 교신했을 때 처음에는 안도감을 느꼈다.

"너무 안 되었다. 어쩜 그럴 수가. 빨리 회복할 수 있으면 좋겠다. 상황복구를 위해 모든 방안을 다 강구하겠다."

그녀의 어조와 매너(tone and manner)는 늘 나긋나긋하고 듣는 이로 하여금 사람에 대한 깊은 배려와 따뜻함이 느껴지게 만들었다. 그러나 정작 말이 행동으로 이어졌는가에 대해서는 지금도 의문이 든다. 그 당시 상황이 모두에게 너무 열악했고, 누군가를 특정해서 불평, 불만을 늘어놓는 것이 이기적인 것으로 간주될 수 있을 만큼 모두가 공히 힘든 상황이었기 때문에, 그녀의 시의 적절하지만 메아리(echo)없었던 피드백에 대해서 문제의식을 느끼지 못했던 것 같았다.

그녀가 사직하고, PMO 선임으로 온 산드라(Sandra)는 전혀 다른 캐릭터였다. 군인출신이자 변호사였던 그녀는 냉정하다 싶을 정도로 맺고 끝냄이 철두철미할 정도로 철저했다. 그래도 주변 사람들이 그녀의 운영관리방식에 크게 이의를 제기하지 않았던 것은 그녀가 주변에 엄격한 것 못지않게 본인에게 엄혹할 정도로 원칙과 신조를 지켰기 때문이었을 것 같다.

가장 최근까지 유진 PM이 어려움을 겪었던 관계는 바로 디렉터 장비에르와의 소통이었다. 일단 그에게는 권한의 위임과 분산, 책임이라는 개념이 없었다. 프로젝트 관리에서는 각 작업책임자가 활동과 산출물에 대해서 오너십과 책임감을 가지고 이를 성실히 진행하면서 관리자는 이에 대해 시의 적절하게 감독을 하는 것이 요구된다. 그러나 일단 그는 정보에 대한 독점소유욕이 너무 강했다.

"난 그것에 대해 들은 바 없어요. 어떻게 된거죠? 나한테 무슨 피드백을 바라는 건가요?"

"유진, 이 건에 대해선 이미 진행상황을 보고 드렸습니다. 그리고 이번 자리는 프로젝트 착수단계인 현 시점에서 이해관계자 의견을 경청하고 아이디어를 공유하는 자리로…"

"그런 건 미리 팀장이랑 얘기하고 오셨어야죠. 팀장 어떻게 된 거에요?"

매번 이런 식이었다. 그의 말에 따라서 그녀 직급 하위자들과 의논하여 안건을 올리면 왜 본인을 거치지 않았는지에 대한 타박이 이어졌다. 유진 PM은 본인으로 인해 해당 팀장이 고초를 겪는 것에 대한 부채의식이 나날이 쌓여져 갔다. 그러다 그를 논의과정에 포함시키면 왜 선택지만 가지고 왔는지, 충분에 사전 숙의과정이 없었는지에 대한 추궁을 하였다. 기껏 그의 심사가 덜 뒤틀어진 날에는 사소한 것을 트집 잡았다.

"이 단어는 좀 윗분들이 좋아할 용어가 아니네요. 이렇게 바꿔주시고. 뭐지 이건 부문장님한테 따로 한번 여쭤볼게요."

"이 그림표시는 여기 왜 있는 거지? 초록색 배경이랑 어울리지가 않는데? 바꾸는게 좋지 않을까?"

"이거 사진이 너무 노려보는 것 같다. 다른 사진 없어요?"

3년 프로젝트 수행기간동안 그와 접촉하는 순간마다 늘 이런 피상적인 피드백만 받다 보니 생산적인 의견, 코멘트에 대한 기대가 싹 사라졌다. 그러나 거기까진 억지로 참아볼 수 있었다. 그러나 유진 PM이 참을 수 없었던 것은 그의 책임을 방기, 회피하는 태도였다. 한 번은 프로젝트 인도물로 지역보건소가 몇 개월에 공사 끝에 지어졌는데 이에 대한 축하행사를 준비할 때였다. 조산소와 병동 그리고 자체 발전시설까지 같은 큰 규모의 프로젝트였고, 지역 주민들과 지방장관의 기대는 한껏 고조되어 있었다. 스폰서를 대표하여 디렉터와 후원모금 담당자가 서울에서 출장을 오기로 되어 있었다. 유진 PM은 프로그램을 대표해서 디렉터 장비에르에게 짧은 영문 연설을 부탁했다.

"그런 건 유진 PM이 하면 되지 않을까요? 굳이 디렉터가 스피치를 할 필요가 있나요?"

"네. 제 연사도 행사 식순에 들어가 있습니다. 다년도 프로젝트 산출물로 보건 클러스터가 지역에 첫 선을 보였고, 공사과정에서 많은 분들의 협조와 노고가 있었습니다. 따라서 프로그램을 대표하셔서 디렉터 님이 오셔서 축사를 해주는 것은 여러모로 큰 의미가 있을 것 같습니다."

(식순을 보더니) "부회장님도 연설하시고 행사가 너무 많아도 늘어질 것 같네요. 주민들도 지칠거고. 그냥 유진 PM이 하는 걸로 합시다. 참 그리고 부회장님 연설도 ××까지 국·영문 써서 보내시구요."

인플루언서(influencer)로서의 PM은 권력(power)과 이를 투사하는 사람들의 유형과 결코 무관하지 않다. 결국 관계는 PM이 프로젝트에서 임무를 수행하는 데 장애물이 되기도 윤활유가 되기도 마중물이 되기도 하는 것이다. 리더십의 유형은 그리고 권한을 가진 이가 행사하는 방식은 실제 다양하게 표출된다. PMBOK에서만 해도 다음과 같이 분류한다.

표 1-2 PM의 권한 행사 유형(PMBok Guide 6판에서 인용)[5]

| Positional | Informational | Referent | Situational |
|---|---|---|---|
| Personal or Charismatic | Relational | Expert | Reward-oriented |
| Punitive/coercive | Ingratiating | Pressure-based | Guilt-based |
| Persuasive | Avoiding | | |

글로벌 스탠다드를 지향한다는 국제NGO 치고 디렉터가 대중 전면에 나서서 강연하고 연설하는 것은 자연스러운 현상이다. 아래 직원들에게 엄격하고 까다로울 수는 있다. 그러나 적어도 리더라는 사람은 본인의 책임을 다하는데 망설여서는 안 되고, 먼저 모범을 보이는(set model) 실천이 중요하다고 생각했다. 그에게 있어 모든 공은 자기 차지였고, 모든 과는 아랫사람들의 몫이었다. 그의 지휘아래서 5, 6명의 직원들이 본인을 이유로 사직했음을 공공연하게 아는 사람들은 아는 사실이었다. 유진 PM은 프로젝트를 매개로 그 기관과 연계된 상황이었지만, 답답함과 안타까움을 숨길 수가 없었다.

'정말 많은 잠재력과 가능성을 갖춘 조직인데, 리더의 역할, 자세에 따라 정체하기도 하고 발전하기도 하는구나.'

그러나 한탄하고 불평만 해서는 PM으로서의 한계는 거기까지이다. PMBOK에서는 Top PM의 경우 권력관계에서 주도적(proactive)이고 주도면밀(intentional)하여야 한다고 권장한다. 비록 첫 번째 스태파니의 경우 Relational 타입에 가깝고 두 번째 산드라의 경우 Positional과, Charismatic에 가깝다. 가장 안 좋았던 디렉터 장비에르와의 경험에서 그는 Avoiding(책임회피 전가), Guilt-baed(의무감만 강조하는), Coercive의 유형이었다. 이를 반면교사 삼아 위를 줄이고, Informational Expert, Reward-Oriented를 지향하는 쪽으로 방향 설정하는 것이 유진 PM의 목표이다.

---

5  출처: PMI(2017), A Guide to the Project Management Body of Knowledge PMBok Guide, Sixth Edition, p.63.

　　창업을 하든 나라를 세우든 치열한 경쟁시장에서 경합을 벌이든 본질은 비슷하다. 우선 좋은 사람들이 모여야 한다. 인재 없이는 어떤 일도 이룰 수가 없다. 일을 잘하고, 덕망이 있으면서 올바른 판단을 하며 팀 분위기를 해치지 않고 긍정적인 조직문화형성에 이바지하는 부지런한 사람을 원한다. 누구든 그런 인재를 원하고 시중에는 어떻게 하면 그런 인재를 식별, 확보하거나 혹은 걸러낼지에 대해서만 고민하는 것 같다. 하지만 유진 PM은 정작 그런 이들이 오고 싶어 하는 조직을 만들지 못하는 본인들을 반성하는데 일말의 시간도 할애하지 않는 경영자들도 문제가 있다고 생각한다.

　　그가 면접을 봤을 당시의 에피소드다. 그는 한 보건 NGO 단체에 입사원서를 냈었다. 통신전기사정도 열악한 곳에서 시차를 고려해가면서 원서접수 마감을 충분히 남겨놓고 응시원서를 빠짐없이 제출하였다. 그러나 아무리 기다려도 회신이 오지 않았다. 피드백을 요청한 메일을 보내고서야 면접을 보러 오라는 답변이 왔다. 사무실 밖에 도착했는데, 그날 면접이 있는지 아무도 인지하지 못하는 상황이었다. 직원들은 어리둥절했으며 한참을 복도에 우두커니 서 있어야 했다. 담당자가 한참 있다 나오더니 뿌연 빛이 겨우 스며들 것 같은 칙칙한 사무실로 안내했다. 그곳에는 기관책임자로 보이는 한 남성이 앉아있었다. 퉁명스럽게 앉으라고 권하더니 그는 다음과 같이 말했다.

　　"유진씨 이력서를 검토해 보았습니다. 대부분 이런 기관 단체에 지원하는 사람들이 여기 있다가 큰 단체로 옮겨가기 위한 중간다리로 삼습니다. 개인적으로 그런 인사를 뽑고 싶지는 않군요."

　　회신이 늦은 데 대한 의례적인 사과까지 기대한 건 사치라 쳐도, 그에게서 어떤 경영자로서의 에너지나 마음가짐을 느낄 수가 없었다. 물론 실무를 담당하는 사람으로부터 업무에 대한 소개나 안내도 없었다. 그는 이런 불성실함과 경직된 사고, 현실을 인지하다 못해 긍정적인 마인드마저 스스로 봉쇄한 패배주의 이런 점들이 전문화된 영역으로서의 NGO 프로젝트 관리를 부정적으로 인지하게 만든다고 생각했다.

**에필로그:**

조금 먼저 온 미래

바람 잘 날이 없다. 사실 바람 잘 날이 없다는 게 꼭 나쁜 뜻만은 아닐 것이다.

'그래 아무리 일 잘해도 틈이 생기고 찬바람은 들어오더라.'

그냥 가만히 있어도 현장에선 이런 저런 일들이 쉴 새 없이 생겨난다. 항상 계획했던 일들만 할 수 없고. 수많은 workaround[6]가 요구된다. 한편 프로젝트의 결과값인 '변화'란 단어는 늘 많은 이들의 마음을 설레게 만드는 고상한 용어처럼 들린다.

그렇다면 사람들이 변화를 원하지 않을 때 어떻게 우리가 그들을 변화시킬 수 있는가? 사실 타인을 진정으로 변화시키지는 못한다. 누구도 다른 사람을 변화 시킬 수 없다. 흔히들 하는 얘기가 있다.

"아니 집에서 엄마 말도 잘 안 듣는데 밖에 나가서 남의 말 듣고 금방 변 할까?"

그러나 수혜자가 변화하고자 하고, 그리고 이해관계자들이 사회변화에 대한 의 지와 관심이 있다면 그들이 가장 관심 있다고 믿고 있는 방법에 영향을 줄 '수'는 있을 것이다. 그렇다면 개발협력 프로젝트 관리의 본령은 '인플루언싱'이라고 볼 수 있다.

그리고 변화에 대한 해답을 프로젝트 매니저가 독점하고 있지 않기 때문에 PM이 '잠정적으로' 내린 해답에 대해서 늘 회의하고 비판적으로 바라볼 수 있어야 하며 과실을 인정할 정도로 충분히 용감해야 하고 겸손해야 한다. PM은 변화에 대한 여건이 이미 조성되어 '주어져 있다'라고 생각하기 쉽지만 실상 현장에서 마 주치는 현실은 많은 사람들이 기존의 체제에 순응적이라는 사실이다. 그리고 언어 를 사용하여(그것도 모국어가 아닌 다른 나라의 언어를 영어로 번역되어 전달된 정보를 통해) 대화를 통해 변화의 삼라만상을 감지하고 포착하는 데에는 명백한 한계가 있다는 점을 인정해야 한다. 그리고 설사 변화를 갈망한다고 하더라도 이들에게 요구만을 해서는 변화가 따라오지 않는다는 점을 인지해야 한다.

---

6  PM 용어: workaround는 예상하지 못한 리스크가 발생할 때 즉시 대응이 개발되고 수행해야 하는데 이를 workaround라고 부른다.

　　개발협력 프로젝트를 수행하면서 가장 힘 빠지는 것은 감시의 눈이 없을 때는 다시 원래 상태로 돌아가고자 하는 놀라울 만한 회복력, 즉 관성이다. 이른바 'home-grown solution'이 강조되는 이유가 바로 여기에 있다. 따라서 상호작용 과정속에서 신뢰를 얻고 도움이 결코 헛되지 않다는 믿음을 지속적으로 심어 주어야 한다. 이때 유능한 PM은 변화가 오래 지속되도록 돕기 때문에 기대를 낮추는 반면, 자신을 무능하고 무기력하다고 여기는 PM은 심지어 수혜자들을 대할 때 그들을 무능한 무리로 여기기도 한다. PM 자신의 역할이 프로젝트 수행 과정 동안 지지와 교육 그리고 변화를 위한 동기부여라는 점을 인지하고 수혜자들이 받은 지원들이 최종 사용자에게 인도되는 시점에서 멈추는 것이 아니라 물품이나 복지시설 혹은 교육을 통해 알게 된 해결방법들을 본인들의 실정에 맞게 적용하고 활용해서 자신과 주변의 삶을 변화해나가도록 인내심을 가지고 지켜봐 주어야 한다.

　　변화의 정상적인 과정은 한 번에 한 걸음씩 그리고 아주 조금씩 혹은 두 걸음 진행했다가 다시 한 걸음 후퇴하는 식으로 일어날 수 있다. 사람들은 기본적으로 현 상태를 유지하고 싶고 제자리에 머무르면서 변화하려고 하지 않으니 말이다.

　　학습된 무기력(learned helplessness)이라는 개념이 있다. 피할 수 없거나 극복할 수 없는 환경에 반복적으로 그리고 지속적으로 노출된 경험으로 인하여 실제 자신에게 잠재된 능력으로 극복할 수 있음에도 자포자기하거나 할 일을 미루는 현상을 일컫는다.[7] 학습된 무기력은 실패에 대한 두려움에서 시작하고 이는 부정적인 생각을 불러일으킨다. 따라서 실현가능한 여건에서 성공의 경험이 쌓여 비로소 커뮤니티가 냉소와 회의에서 자립 자활에 대한 믿음으로 신념체계를 전환시키는데 개발협력 PM은 촉진자로서의 역할을 수행할 수 있다. 한번 유진 PM은 나른 개발협력 프로젝트 기관을 견학하면서 깜짝 놀란 적이 있다.

　　"우리나라에는 new town movement라는 프로젝트가 있었어요. 사실 빈곤은 의지의 문제입니다. 우리는 아무것도 없었어요. 전쟁도 있었죠. 난관은 극복할 수 있습니다. 의지가 없기 때문에 여기는 아직까지 빈곤을 탈출하지 못한 거예요."

---

7　출처: 나무위키, '학습된 무기력'.

사실 이는 무기력을 학습한 사람들에겐 오히려 독이 될 수 있는 말이다. 다시 말해 무기력의 요인이 내부에 있던 사람의 젠체하는 말일 뿐, 학습된 무기력은 그 요인이 외부에 있기 때문에 애초에 둘은 별개의 사안으로 다루어야 마땅하다.

그림 1-11 학습된 무기력

(출처: 위키피디아 "학습된 무기력")

개발협력 프로젝트는 우리와 전혀 상관없는 사람들의 이야기가 아니다. 우리는 가난한 나라의 농부, 광부, 어부, 공장노동자들과 생각보다 밀접하게 얽혀 있다. 세계는 이미 하나의 경제권이면서 생활권이 되었다. 물론 내가 잘 사는 만큼 다른 사람도 잘 살 수 있다는 견고한 믿음이 한때 흘러가는 유행일 수도 있다. 철학은 그 시대의 산물일 뿐이라고 헤겔(Hegel)은 언급한 적 있다.

개발협력 프로젝트는 다양한 사례와 경험들을 바탕으로 학습된 지식들과 함께 앞으로도 계속 체계적으로 진행되어야 한다. 그렇기 때문에 프로젝트 지식체계가 도움을 줄 수 있다. PMBOK Guide는 금과옥조와도 같은 지고지순한 전서가 아니지만 지침서로서의 역할을 훌륭하게 담당한다고 생각한다. 즉 지식체계로서 PMBOK이 담고 있는 투입물, 산출물과 툴과 기법이 모든 프로젝트에 일관적으로 적용될 수 있는 전천

후(one-size fits all) 해결책은 아니지만 프로젝트의 규모나 성격, 구성원들의 경험 등에 따라서 일부는 적용되고 또 다른 일부는 배제되거나 자유롭게 변형할 수 있다.

여러 조건과 제약, 주변환경, 이해관계자 등 복잡한 변수들이 서로 상호작용하므로 프로젝트는 착수, 계획부터 종료까지 변동없이 전개되는 것이 아니라 점진적 구체화(progressive elaboration)의 과정을 거쳐 가면서 소위 진화한다. 그 과정에서 구성원들의 참여와 관심이 고조될수록 프로젝트의 성공가능성과 지속가능성은 올라가는 것 같다.

특히 개발협력 프로젝트에서 더 그러한 것 같다. 개발협력 프로젝트를 통해 수많은 공장을 짓고 수많은 노동자를 고용하여 양질의 일자리를 줄 수는 없다. 다만 수혜자들이 문제를 스스로 해결하고 지역사회가 성장하고 성숙하는데 필요한 자양분과 기초를 제공해줄 수는 있다. 참여의 보상이 꼭 물질적인 혜택은 아니다 하더라도 그들의 보상유인체계를 발견하여 참여동기를 프로젝트 기간 동안 끌어올리는 것, 그것이 결국 PM의 역할이자 요구되는 소양이 아닐까 유진은 지금도 생각하고 지나간 행적들을 곱씹어 보곤 한다.

# EPC 건설 Project Management 이야기

_김상현

Project를 수행하면서 가장 중요하고 변하지 않는 Value의 중심에 자리 잡고 있는 Core Value는 "사람이 먼저다"라는 것을 잊지 말아야 할 것이다. 기존의 Technology를 익히기도 전에 더욱 복잡하고 다양한 기술이 발전하고 문명의 이기가 아무리 발전, 번창하더라도 그것을 개발해 내고 지속 가능하게 만들어 이용하는 것은 인간이 좀 더 편리하게 사용할 수 있는 "Devops"가 정의한 소통일 것이다. 일반적인 Project Management의 가장 중요한 가치는 성과지향과 이익창출일 것이지만 단언컨대 Project가 핵심경쟁력을 가지기 위해서는 각각의 구성원들이 남이 빼앗을 수 없는 무기를 갖추고 범접할 수 없는 지식과 실제의 깊이를 갖춘다면 최소한 Project의 성과가 마이너스로 가는 일은 결코 일어나지 않을 것이다.

우리는 늘 실수를 하면서 살고 있다. 직장에서 그리고 가정에서 끊임없는 실수를 저지르고 다시 또 같은 실수를 반복한다. 이것이 인간이다. 우수한 인재는 실수 속에서 성장하고 시행착오를 거쳐 값진 배움을 얻는다. Project도 마찬가지이다. Lesson & Learn을 통해 과거의 잘못된 관행을 바로잡고 문제가 발생할 수 있는 상황에서 어떤 방식으로 해결할 수 있을지 빅데이터를 통한 사례를 찾아낼 수 있다면 현 시대의 흐름에 맞는 Project Operation일 것이다. 그러나 그 실수를 인식 및 인정하지 않고 빠른 대처를 하지 않으며 체면만 차리고 있다면 나중에 큰 문제로 번질 위험이 있는 것이다. 이런 상황에서 Risk Management의 중요성노 강조된다.

귀를 열고 가슴을 열어야 한다. 수직적인 조직에서 수평적인 조직으로 탈바꿈되고 있는 현실을 받아들여야 한다. 소수의 의견이 존중되어야 하고 다양성을 인정해야 한다. 그래야만이 Project를 성공으로 이끄는 원동력을 얻을 수 있고 그것이 바로 Empowerment의 초석이 될 것이다.

직장생활 12년차로 접어든 지금 올해 마흔 살이 되었다. 삶이 무료하게 느껴지고 매일 반복되는 쳇바퀴처럼 돌아가는 인생에 가뭄의 단비처럼 다가온 글쓰기는 그나마 조금이라도 위로가 된다. 나의 경험을 글로써 표현하는 일은 어렵지 않으나 읽는 이로 하여금 어느 정도 쉽게 다가갈 수 있을지 의문이지만 그래도 무언가는 남겨야 한다고 생각했다. 퍼스널브랜딩, 1인 창업시대를 맞이하여 무엇이든 하지 않으면 안 될 것 같다는 강박에 나를 포함하여 많은 직장인들이 매일 불안해하며 살고 있는 것 같다. 월급날이 다가오면 각종 세금과 신용카드 청구서에 압박을 받고 있지만 그래도 오늘을 살아간다. 나와 같이 한 달 벌어 한 달 살아가고 있는 여느 직장인들을 모두 대변할 수는 없겠지만 대한민국에 살고 있는 평범한 직장인의 한 사람으로서 보통 평범한 일상에 대한 이야기를 풀어내 보고자 한다. 누군가에게는 지긋지긋한 나날들에 대한 단상일 수 있지만 또 다른 누군가에게는 신선한 활력소가 될 수도 있을 것이라는 희망을 걸어본다. 내 전공인 Project Management에 대한 Theory를 기반으로 수필처럼 또는 소설처럼 이야기를 풀어갈 것이다. 엘리 골드렛 박사의 소설 "The Goal"처럼 멋진 글이 될 수 있도록 나름대로 최선을 다하여 글을 써내려 갈 것이다. 중간중간에 필요하다고 판단되는 이론과 실제를 삽입하여 업무에 반영하여 쓸 수 있도록 하겠다. 그리고 완성된 글을 보며 에필로그를 쓸 즈음에는 스스로 뿌듯함을 느낄 수 있었으면 한다.

이 글을 읽는 독자들에게 하고 싶은 말이 있다. 세상 사람들은 성공과 최선을 다하는 것 그리고 미션에 대한 완성을 목표로 하고 겉으로는 열정을 외치며 살고 싶어 한다. 나름 열심히 살고 있다고 자부하는 사람들도 있고 매번 실패를 경험하는 사람들도 있다. 누구나 다 성공하면 이 세상이 과연 어떻게 돌아갈까? 혹자는 성공하지 못한 사람들은 무엇인가 덜 노력해서 일거라고 하고 또 누군가는 실력이 없어서 일 것이라고 치부하기도 한다. 과연 그럴까? 모든 고3 수험생들이 전부 SKY대학을 목표로 하고 졸업 이후에는 전부 대기업 같은 연봉 많이 주는 회사로 간다고 치면 이 세상이 온전히 돌아갈까? 사실상 그렇게 되진 않을 것이다. 현실은 태어나면서부터 평등한 선상에서 출발하지 않는다. 그것을 인지하기까지 그리 많은 시간이 걸리지 않는다. 태어나 산후 조리원을 시작으로 어린이집, 유치원, 초등학교, 중학교, 고등학교, 대학교를 거치면서 본인이 위치한 이 사회에 대한 불평등을 몸소 느끼면 살아왔을 것이다. 그런 불평등을 단지 금전적인 문제로 따진다면 이 세상을 살아가는데 있어 얼마나 짜증이 날까? 학창 시절 동안 그리고 사회에 진출해서도 마찬가지이다. 돈을 잘 버는 사람도 있고 그렇지 못한 사람도 있다. 그냥 인정하자. 그냥 인정하고 지금 내가 처한 상황을 하나하나 살펴보며 지나온 인생 대비하여 미래에는 더 나아질 무엇을 어떻게 할 것인지부터 고민하는 게 좋지 않을까 싶다. 그렇게 조목조목 생각하다 보면 돌파구가 생기지 않을까? 누군가가 늦었다고 생각할 때가 가장 빠를 수도 있다는 말을 했던 것이 어렴풋이 기억난다. 지금 본인이 하고 있는 일을 그만두고 새로운 일에 도전할 수도 있겠지만 가장 빠르고 접근하기 쉬운 것은 지금 내가 하는 일을 Process화 하고 개선안을 도출하고 역무를 재정립 할 수 있다면 그 조직에서 돋보이는 사람이 되지 않을까 싶다. 또한 작은 목표에 대하여 지점을 설정하여 성취감을 느끼면서 조금씩 목표를 점점 더 크게 잡거나 멀리 잡는 습관을 만든다면 어느 새 성장해 있는 자신을 보게 되지 않을까 하는 기대를 해본다.

## 아침부터 퇴근하고 싶다

매일 아침 출근해서 하는 생각은 이 노곤한 몸을 따뜻한 사우나 탕 속에 녹이고 싶다는 생각이 간절하다. 월/화/수/목/금 언제나 같은 생각을 하며 살기도 쉬운 것 같지는 않은 데 매일 그런 생각을 하는 것을 보니 나의 일상과 직장생활이 순탄치 만은 않은 것으로 보인다. 내 스스로 그렇게 느끼고 있는 데 남들 눈에는 어떻게 비춰질까 하는 잡다한 생각을 할 여유도 없었다. 출근하자마자 노트북 컴퓨터의 전원 버튼을 누르고 기계처럼 눈과 손가락은 화면을 따라 움직이고 있으며 누구에게 질문이랄 것도 없이 혼자서 일을 처리해 나간다. 굳이 PMT(사업관리팀, Project Management Team, 이하 PMT)의 다른 Section(부서)에 협업(Collaboration)을 하자고 말하는 것도 귀찮다. 일단 메일을 던지고 미끼를 물면 상태를 보고 대응하기로 한다. 그렇게 오전 내내 지난주 지연(Not Postpone, Delayed)되고 있는 사연 있는 Issue들을 점검하고 Reminding 시키며 해결될 기미가 보이지 않으면 공종(여기서 말하는 공종이란 설계 및 시공의 기계, 배관, 전기, 계장, 소방, 설비 등의 각 Part별로 업무 분장 된 것을 말한다)별로 싸움을 붙여서라도 해결해야 한다. 그것이 사업관리팀(Project Management Team, PMT)에서 하는 역할이다. 물론 공종별 담당자 들이 내가 맞네, 네가 틀리네 식으로 계속해서 너무 심하게 다툼이 벌어지면 불러다가 중재의 역할을 하는 것도 PMT 역할 중에 하나이다. 10년 넘도록 PMT 생활을 했지만 Project를 진행할 때마다 항상 비슷한 류의 것들로 싸우는 경우가 허다했다. 그 때마다 R&R(Role & Responsibility-역할과 책임 또는 Rule & Responsibility-규칙과 책임, Rule & Roll-임무와 역할) Sheet를 펼쳐놓고 이게 도대체 누가 Main(책임)이고 누가 Sub(보조)이며, 누가 Review(참고)인지를 따져서 R&R을 재정립 해주고 앞으로는 이렇게 하자 라고 결정을 지어주어야 한단 말인가? 회사 하루 이틀 다니는 것도 아니고 Project 한두 번 하는 것도 아닌 데 꼭 이렇게 까지 해야 한다 말인가?

나는 대형 EPC(Engineering, Procurement, Construction, 건설회사)에서 근무하고 있다. 보통 대형 EPC는 크게 경영지원부문(총무, 마케팅, 영업 등등), 해외사업부문, 국내사업부문으로 나뉘고, 공종으로 보면 토목, 건축, 인프라, 산업플랜트, 화공플랜트, 발전플랜트 등으로 구분한다. 여타 다른 회사에서도 있는 부서들도 있지만 대형 EPC건설사의 Main은 사업관리팀(Project Management Team, PMT)이다. 소규모 PMT에서는 PEM(Project Engineering Manager)이 PCM(Project Control Manager)을 겸직하여 한두 명의 PE(Project Engineer)를 Sourcing하여 팀을 꾸리는 데 대형 또는

51

Mega Project일 경우에는 PD(Project Director, 임원급)가 PM(Project Manager 임원급 또는 General Manager)을 직접 수행하거나 선정하여 PEM을 필두로 각 공종별(기계 −Mechanical, 설비−HVAC, 배관−Piping, 전기−Electrical, 계장−Instrument, 소방−Fire Fighting, 도서관리−Document Controller 등) PE를 한 명 이상 배치하여 Engineering 부문을 이끌어 간다. 조달부문은 PPM(Project Procurement Manager)이 이끄는 Team 으로서 PPE(Project Procurement Engineer), Expediting Coordinator, Inspection Coordinator, Logistic Coordinator, FMM(Field Materials Manager) 등이 있다. PMT 조직을 계속 말로 쓰면 한참을 써야 하기에 그냥 귀찮아서 Pass한다(글 중간에 반드시 필요한 상황이 생긴다면 그 때는 도표를 그려서라도 보여줄 예정이다).

　　프로젝트를 시작하려면 입찰을 먼저 준비해야 한다. 공사를 수주해야 회사의 일이 생기지 않겠는가? 그래서 Proposal Team을 TF(Task Force Team)로 Setting 작업을 진행하고(이 때 PM은 아무나 PMT에 Sourcing 하지 않는다. PMT를 잘못 꾸리면 Project 가 산으로 간다) 본격적으로 발주처 RFP(Request For Proposal, 제안요청서: 발주처가 특정 건설사업 수행에 대한 요구사항을 체계적으로 제시하고 건설사가 제안서 또는 견적서를 작성하는 데 도움을 주기 위한 문서)를 입수하면 발주처가 제시한 사업의 제안 요청에 응할 (For Bid) 것인가 아니면 거절(Decline) 할 것인지 판단하고 만약 입찰에 참여한다면 입찰 참여 의사를 밝히고 수개월간의 발주처 제안서 분석 및 입찰 준비를 진행하게 된다. 이 때 반드시 선행되어야 할 작업은 현장의 위치, 발주처 특성, 문화, 조달의 용이성 등 갖가지 살펴보아야 할 것들이 있다. 그 중에서 가장 중요한 것은 발주처의 과거 행적이다. 국내 발주처는 크게 상관없겠지만 해외 발주처의 경우 프로젝트를 수행하다가 도중에 Cancel(발주취소)하는 경우가 빈번하다. 이 때 Termination(계약 종료)을 해야 하는 데 제대로 돈을 못 받는 경우가 있을 수 있어서 만일의 사태에 대비하여 발주처의 대항마가 될 수 있는 로펌(Law Firm, 법률회사)을 선정하는 것도 매우 중요하다. 하나를 예로 들자면 10여 년 전 중동국가들이 Oil & Gas Market의 강자로 한참 동안 군림하고 있을 때(지금도 별반 다를 바는 없다) 국내 EPC건설사들이 중동국가의 발주처가 Project를 중단시켰을 때 제대로 대응하지 못하는 경우가 많았다. 안 그래도 저가 수주로 몸살을 앓고 있던 터라 힘들게 Project를 꾸려 나가고 있는데 중간에 발주취소 또는 공사 중단을 요구하고 나서면 국제법으로 소송을 해서 하나하나 따져 비용에 대한 청산 절차를 밟아야 하는 데 그 때마다 중동국가에 당하는 경우가 허다했다. 그러한 고통 속에 알아낸 것이 중동국가 들은 영국계 로펌에 약하다는 것을 발견했고 Project 시작부터 아니, 중동국가와의 계약 검토 단계부터 영국계 로펌을 참여시켜 꼼꼼히 계약을 진행하는 것을 권고했다. 특별한 이유가 있는 지는 모르겠으나, 중동 쪽 국가들이 영국인들에 대한 어떤 자격지심 비슷한 것들이 있는 것 같은 느낌을 받곤 했다. 물론 그런 소문이 진짜인지 거짓인지 모르겠으나 영국계 로펌이 일을 잘 하기는 했다. 조목조목 하나하나 잘 따져가며 받아내야 할 것들을 잘 수행하였다. 컨설팅 비용이 비싸긴 하지만 밥값을 톡톡히 해내는 맛이 있다고나 할까?

●●● 여기서 잠깐

대규모 해외건설 계약에 있어서는 FIDIC(Federation International Des Ingenieurs Conseils, 국제컨설팅엔지니어링연맹)의 표준계약서 양식을 참고하여 작성한다. 100년 이상 오랜 전통을 가지고 있고 우리나라에서도 엔지니어링 아카데미 등지에서 무료로 교육을 받을 수 있다. 보통 FIDIC에서 표준계약 조건을 책자로 출간할 때 표지색에 따라 Red Book, Pink Book, Yellow Book 등으로 통칭되고 있다. 이 책을 읽고 있는 독자들 중에 관심 있는 분들은 별도로 시간을 내어 한번쯤 교육 받아 보는 것을 권유한다.

또한 국제적인 물품 계약에 관해서는 우리가 잘 알고 있는 INCOTERMS International Commercial Terms, 국내 및 국제 거래조건의 사용에 관한 ICC-국제상업회의소 규칙)를 Base로 구매계약을 체결하게 된다. 현재는 7번째 개정판인 INCOTERMS 2010 Ver.을 사용하고 있으며, 정형무역거래에서는 거의 대부분 통용된다고 할 수 있다. 상거래 관습이 각기 다른 국가의 거래에서 계약서상에 명시된 조건으로만 거래에 필요한 모든 계약내용을 소화하기 어려워 필요에 의하여 각국 관습의 최대 공약수를 모아 거래에 공통된 부호로 표시하고 국제 규칙으로 제정한 것으로서 가장 보편화된 국제거래 관습이며 11개의 거래조건(EXW, FCA, CPT 등등)을 담고 있다.

나의 Job Position은 Project Management Team(이하 PMT 또는 사업관리팀)에서 PPE-Project Procurement Engineer & PEC-Project Expediting Coordinator 직책을 맡고 있다. (사실, Procurement 업무보다 Expediting 업무를 Main으로 하고 있다. 왜인지는 글의 내용을 읽어보면 알아차릴 것이다) 무엇을 하는 일인지 잠시 설명을 하자면, 한마디로 개잡부다. 조금 상스런 표현일 수 있지만 말 그대로 개잡부다. Project에서 일어나는 모든 Hot Issue에 깊숙이 관여하여 그 일이 해결될 때까지 지속적으로 그리고 계속적으로 Follow Up 되는 것을 Monitoring하고 Control 한다. 그러니까 Issue가 해결 될 때까지 각 Function Part(기능부서)간에 싸움을 붙이고 해결하라고 독촉하고 또한 독려하고 벼랑 끝까지 몰아세운다. 그리고 누구의 실수인지, 누가 해결해야 하는지도 명명백백히 가려주고 결자해지를 외친다. 이런 업무를 하려면 다년간의 Project 경험과 연륜이 필요하다. 그래서 아무나 할 수 없다. Sales를 아무나 할 수 없다고 하듯이 나의 업무 또한 마찬가지로 성격도 맞아야하고 Engineering & Technical Base Skill도 있어야 한다. 한마디로 Project Management에 잔뼈가 굵어야 한다. 원칙상으로 보면 전체 Coordination 하는 업무는 PM이 하는 것이 맞다. 그러나 PM은 PMT의 업무 보다는 對발주처 업무가더 많은 것이 현실이고 내부적으로 문제가 되는 일들을 하나하나 세세히 살피기는물리적으로 어렵다. 이런 이유로 PEC가 전 공종에 이르는 Issue 사항을 일목요연하게 정리하여 Weekly Base로 PM에게 보고한다. 그러니까 엄청 바쁘다. 진짜 바쁘다. 정말 바쁘다……

월요일 아침엔 출근 하자마자 지난 주 금요일에 퇴근하기 전까지 작성해 놓았던 각종 보고서들을 챙겨서 회의실로 향한다. 새벽같이 출근한 PM은 희끗희끗한 머리를 긁적이며 봉지커피 한잔 타오라고 손짓하는 데, 가히 얼굴이 좋지 않아보인다. 무슨 말을 하려고 저러나 싶다. 불현듯 지난 주 월요일 주간공정회의 시간이 생각난다. 월요일 아침에는 보통 PMT Member 들만 모여서 Short Meeting을하는데, 그날따라 웬일인지 계장LE(Instrument Lead Engineer, 자동제어부문 리드엔지니어)가 우리 PMT 미팅에 참석하였다. 왜 왔나 싶어서 옆에 앉아서 물어보니 대답이없었다. 표정이 좋아 보이지 않았다. 연세가 한 50쯤 되셨을까? 나와는 출장도 같이 다니시고 그래서 나름 친분이 있으신 분이다. 주위를 둘러보니 PMT 인원들이모두 들어왔다. 이윽고….

"야,"

PM이 누굴 부르는 건지 우리는 금세 알아챘다.

"너는 도대체 뭐하고 있는 거냐?"

몇 초의 침묵이 흘렀을까? 계장LE는 굳게 다문 입을 열었다.

"좀 늦게 해서 죄송합니다. 우리도 열심히 하고 있습니다. 시간을 좀 주세요."

PM은 시선을 돌려 날카로운 눈빛으로 PEM(Project Engineering Manager) 최 부장을 쏘아 보았다. 아무 말도 안 했지만 똑바로 하라는 무언의 압박으로 보였다. 성격 좋은 것으로 소문 난 PEM 최 부장은 월요일 아침부터 분위기가 엉망이라며 잘 하자고 마무리를 지으려 애썼다. PM과 PEM 최 부장은 과거 다른 Project에서 Process Engineer로 같이 근무했었고 나름 친분이 두터운 사이였기에 PM은 더 이상 아무 말도 하지 않았다. 그 후 우리는 원래 하던 대로 지난주 주요 Issue 사항에 대해 확인하고 금주 업무 계획을 잠시 Review한 후 미팅을 마쳤다.

뱃속에서 급똥 신호가 왔다. 주말에 집에서 먹기만 하고 뒹굴뒹굴 했더니 이제야 소화가 되는 중인가 보다. 회의실에서 나오자마자 화장실로 향했다. 내가 근무하고 있는 층에는 월요일 아침엔 언제나 만석이었다. 다른 층으로 엘리베이터를 기다리기에는 많이 급한 느낌이 들었다. 이럴 때는 위로 올라가지 말고 아래로 내려가야 한다. 그래야 이동이 빠르다. 내가 14층에 근무하고 있으니 25층 건물의 중간 어디쯤 되는 것이고 위보다는 아래에 기회(?)가 더 많을 것으로 판단했다. 그러나 예상은 빗나가고 슬픔예감은 틀린 적이 없다. 13층, 12층, 11층, 10층, 9층, 8층…. 모두 꽉 차 있었다. 도저히 참을 수 없는 지경에 이르렀는데 다행히 4층에 자리가 남아 있었다. 화장실에 들어가 바지를 내리는 그 짧은 순간이 어찌나 길게 느껴지는지 바지 단추가 엄청 느리게 풀어지는 느낌적인 느낌이랄까? 긴장감에 땀 범벅이 된 나의 미끌거리는 엉덩이를 부여잡고 4층까지 내려간 것도 기적인데 정말인지 잘못되었으면 바지에 큰 실례를 범할 뻔 했다. 꼭 월요일 아침마다 장사진을 펼치는 화장실에 난 무척이나 많은 불만을 가지고 있었다. 구조적인 문제가 있다고 생각했다. 한 층에 대변기 사로가 4개라는 것은 말도 안 된다 생각했다. 그에 반해서 여자 화장실은 남자 화장실 대변기 사로의 두 배 이상 많았다. 도대체 이 건물의 설비 설계는 어느 건축사 사무소에서 했는지 모르겠지만 전화해서 욕하고 싶을 지경이었다. 한번은 새벽같이 일어나서 7시에 출근한 적도 있지만 어처구니 없게도 꼭 같은 시간에(오전 9시 반에서 10시 사이) 신호가 터졌다. 이럴 때 마다 집이

55

회사 앞에 있었으면 좋겠다는 초등학생 같은 응석받이 생각을 하곤 했다. 출근하자마자 다시 퇴근하는 기분으로 말이다. 하하하……

아침에 PM이 계장LE를 불러다가 한마디 한 것을 두고 PMT에서는 대수롭지 않게 생각했다. 오후가 되어 내일 잡혀 있는 출장을 준비하며 동분서주 하고 있는데 느닷없이 PM 방에서 쌍욕하는 소리가 흘러나왔다. 무슨 일인가 싶어 귀를 쫑긋 세우고 듣고 있었는데 몇 분도 채 되지 않아 아침에 미팅에 참석했던 계장LE가 씩씩거리면서 빠른 걸음으로 PM을 향해 걸어왔다.

"형님! 왜 애들한테 욕을 하고 그래요? 애들이 Project 하나만 하는 것도 아니고 엄청 바빠 죽으려고 그러는 데 거기다가 왜 욕을 하냐고요!"

계장LE가 날카롭게 소리쳤다. 그러자 PM이,

"야, 니들 도대체 하는 게 뭐야? 제대로 하는 게 하나도 없어. 내가 하루 이틀 이야기 했냐? 왜 말 안 듣고 그래? 꼭 욕을 하고 싫은 소리를 해야겠냐!"

두 분은 얼굴을 붉히며 상대방에게 소리쳤다. 이 난리가 날 것을 이미 예상은 했는데, 그게 오늘이 될 줄은 몰랐다. 계장LE는 자기 새끼들(Project 담당 계장 Engineer) 보호차원에서 나서서 방어하고 있고 PM은 Project 관련 모든 E-mail을 참조로 받아서 놀아가는 상황을 예의주시하는 분이라 모든 Issue를 하나하나 Monitoring & Control하고 있는 예민 Body의 소유자였다. 나 또한 거의 대부분의 Data와 E-mail을 섭렵하고 있다고 자부하나 PM만큼 날카롭게 지적하는 것이 어려웠다. 그런 것이 진정한 경륜과 경험에서 나오는 것이다. (물론 한국적 사고 방식에 의해 직급이 낮은 후배가 선배에게 지적 질을 공개적으로 하는 것은 전통산업 조직인 건설회사에서는 어려운 일이다) 그러나 굳이 하지 않아도 될 욕을 하는 것은 좋지 않은 행동이라 이런 것은 Junior(사원, 대리급)들에게는 보이지 말아야 할 Leader의 모습이다. 그러나 현실은 이상과는 거리가 먼 법이다. 항상 일터지면 온갖 쌍욕이 난무하고 책임소재를 따져 물어서 시궁창으로 처박아 버리는 게 현실이다. 그래서 PMT에서는 문제가 발생하는 것을 사전에 감지하고 차단하기 위해 Risk Management 차원에서 각 기능부서의 Work Status를 Weekly Base로 Monitoring하고 진도관리를 지속적으로 실시한다. 그럼에도 불구하고 앞에서 결정되어야 할 타 공종의 지연으로 후속 공종의 Sch.(Schedule, 스케줄, 일정)에 Impact(영향)가 발생하는 것은 어쩔 수 없는 일이다. 예를 들어서 Process Engineer(공정계통설계 엔지니어)가 P&ID를 늦게 Issue 하면 후속 공종인 기계, 배관, 전기, 계장, 소방, 설비 등등 전 공종의 Sch.이 Delay(지연)된다. 이러한 지연으로 발생될 금전적인 손해는 Equipment(기계 장치 등)의 발주지연과 시공지연으로 이어지게 되고 결국 발주처로부터 Liquidated Damage(손해보상, 위약금) 요구를 당하게 된다.

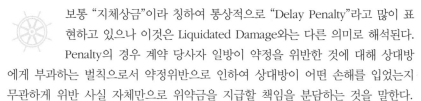

●●● 여기서 잠깐

보통 "지체상금"이라 칭하여 통상적으로 "Delay Penalty"라고 많이 표현하고 있으나 이것은 Liquidated Damage와는 다른 의미로 해석된다. Penalty의 경우 계약 당사자 일방이 약정을 위반한 것에 대해 상대방에게 부과하는 벌칙으로서 약정위반으로 인하여 상대방이 어떤 손해를 입었는지 무관하게 위반 사실 자체만으로 위약금을 지급할 책임을 분담하는 것을 말한다.

그러나, Liquidated Damage의 경우에는 "손해배상액의 예정"이라는 개념이며, Penalty와 동일하게 계약 당사자 일방이 계약을 위반하거나 불이행 하는 경우 적용 가능한 손해배상이다. 좀 더 구체적으로 표현하면, "손해배상의 예정"이라는 것은 "발생한 손해가 현재 시점에서 얼마가 될 지는 정확히 산정하기 어려우나 계약 당사자 합의에 의해 합리적인 수준에서 일정금액을 배상하겠다"라고 약정을 한 금액으로 "어떤 손해가 발생하면 얼마를 지급하겠다"라고 계약 당사자들이 현 시점에서 정하는 것이다. 그래서 발생한 손해배상액의 예정(Liquidated Damage)이 법적으로 유효한 지 따져보기 위해 아래 두 가지 사항을 고려한다.

1) 발생 예상되는 손해의 정도가 현재 시점에서 예측 및 산정 가능 여부
2) 예상 되는 손해의 정도 혹은 실제 입은 손해액과 비교 했을 시 그 금액이 합리적인지 여부

상기 1, 2항의 기준을 모두 만족하지 못하는 경우 위약금(Penalty)으로 간주되어 해당 조항은 무효가 된다. 이러한 내용은 영국, 호주, 아일랜드, 캐나다 등지의

대다수 국가의 영미법 사법체계를 갖춘 나라들이 유사한 법을 가지고 있다. 계약 시에는 개념 및 용어의 정의를 어떤 식으로 정립할지에 대한 의견을 양 당사자 간에 합의해야 하며, Penalty 또는 Liquidated Damage가 해당 계약 법률 하에서 약정이 무효가 아닌지 반드시 확인하여야 한다.

다른 산업 군에서도 마찬가지겠지만 특히 건설산업에서는 Sch.(일정)이 전부라도 해도 과언이 아닐 정도로 중요하다. PMT에서는 어떤 공종을 관리하기 위해 처음에 요구하는 것이 Plan(계획)이다. 그리고 Plan 대비 Actual이라는 성적표가 반드시 수반되며 이 성과품(Deliverables)으로 모든 역무를 평가한다. 역무를 평가함에 있어 먼저 일정대비 Delay(지연), Ahead(선행), Ongoing(일정준수) 인지를 확인하고 그 다음이 성과품에 대한 정성적 평가를 실시한다. 일단, Schedule Delay(일정지연)가 발생하면 변명 따윈 중요하지가 않다. 이것을 어떻게 만회할 것인지에 대한 Plan을 세우고 인력배치를 하여 최단시간에 원상복구 하는 것이 중요하다. 그리하여 Catch UP Plan 또는 Mitigation Plan을 작성하여 어떻게 기존 Sch.을 만회할 것인지에 대한 세부사항을 논의하고 문제 발생으로 인하여 Sch. Impact를 피해갈 수 없는 것이 불가피해 지면 내부 이해관계자 및 발주처에 요청하여 Sch. 변경에 대한 승인 여부를 확인해야 한다. 이 때, 공종별 담당자들은 Co-Work을 실시하여 Sch. Impact가 발생하지 않도록 작업순서를 바꾼다든지 또는 Fast Track기법을 활용하고 정 안되면 Cost Impact가 발생하더라도 Crashing Method를 이용하여 발주처로부터 Delay Penalty를 얻어맞는 상황이 오지 않도록 해야 한다. Project 특성 상 Project 초기(설계 단계)에는 Sch. 만회하는 데 비용과 시간이 적게 소요되시만 Project가 성숙기에 접어들면서부터는 시공 일정과 같이 맞물려 Big Issue로 부상할 수 있다. 실제 Project에서는 건설사의 Fault(문제)로 문제가 야기되면 발주처와 신뢰문제가 있기 때문에 정식으로 Sch. Impact를 Issue하는 경우는 드문 Case이며, PM의 Soft Skill로 발주처를 구워삶든지 해서라도 무마시켜야 하는 게 현실이다.

PMT에서의 월요일 아침은 언제나 동분서주하다. 새로운 한 주가 시작되는 시간이기도 하지만 지난주 미리 작성해 놓았던 발주처 보고용 Weekly Report를 수정해야 한다거나 새로운 Issue에 대해 대책방안을 구상해야만 하는 중요한 시간이기도 하다. 정신을 바짝 차리고 한 주 Sch.을 재점검하고 Smart하게 움직여야만 한다. PMT에서는 각 Division별 담당자(Cost & Control, Engineering, Procurement, Construction)

가 각 기능부서의 모든 메일을 참조로 전달 받기 때문에 Project 가 한창 진행 중일 때는 하루에 E-mail이 300통 이상 오는 경우가 허다하다. 그러면 흙 속에 진주를 찾아 보관해야 할 메일과 삭제 또는 잊어버려도 되는 메일을 구분하는 일도 경험이 없으면 쉬운 일이 아니다. (메일 제목만 보고도 대강 짐작하여 알 수 있어야 한다) 어떤 직원은 하루 종일 E-mail만 읽다가 집에 간다고 할 정도로 많이 온다. 특히 월요일 아침에 Outlook을 실행시키면 새로운 E-mail이 계속 쓸려 들어오는데 읽고 지워도 계속 새로운 E-mail이 접수되어 눈앞에 펼쳐진 새로운 메일 때문에 짜증이 밀려온다. 이건 뭐, 월요일 아침부터 퇴근하고 싶어진다. E-mail이 너무 많이 들어온다. 그러나 이런 것은 PMT에서 평범한 일상에 지나지 않는다.

E-mail을 언급하다 보니 문득 생각 난 것이 있다. PMT특성 상 출장이 잦아 언제 어디서든 업무를 할 수 있도록 Mobile Office를 개별적으로 구축해 놓고 수시로 E-mail을 확인해야만 한다. 본인의 경우에는 Notebook PC가 너무 무거워서 개인적으로 iPad를 구매하여 가지고 다녔었다. (휴대폰으로도 확인 할 수 있지만 화면이 너무 작아서 답답했다) 백팩(출장 다닐 때에는 상황이 어떻게 변할지 모르니 최소 1박을 할 수 있는 속옷과 물품들을 챙겨 다녀야만 하니 일반적인 서류가방이나 노트북 가방은 잘 안 들고 다닌다)이 한결 가벼워지고 이동 간에 부담이 없어서 선호하였으나 이마저 정보보안의 문제로 나중엔 사용할 수 없게 되어 아쉬움이 크다. 4차 산업 혁명이다 뭐다 해서 점점 Mobile 기반 업무가 가능해져 가는 추세인데, 정보보안의 문제로 외부에서 회사의 자료에 접근할 수 없다고 하면 이 얼마나 황당한 일인가? 이런 문제점은 시간이 지나면 차차 해결될 수 있을 것이라 생각되지만 중국이나 일본에 비해 현저히 업무효율성이 떨어지고 있음은 인정하지 않을 수 없다. 특히 Cloud 기반 업무환경을 구축하고 있는 현재의 트렌드를 따라가지 못하면 분명 머지않아 뒤쳐질 수밖에 없는 지경에 이를 것으로 예상된다. 개인적인 의견으로는 Mobile 기반 Internet 환경은 모두 갖추어져 있으니 각 개별 Project 마다 PMIS(Project Management Information System)를 구축하여 Cloud에 접속하는 것은 자유롭게 하고 정보의 접근 권한 수준을 부여하여 관리하는 것이 업무 환경에 대한 효율을 높이는 것이 좋은 방안이 아닐까 생각해본다. 사실 뭐 대단한 기술이 있는 것도 아닌데 뭘 그리 감추고 싶은 건지 모르겠다.

**분노의 화요일**

눈을 떠보니 어느새 사람들이 줄지어 내릴 채비를 하고 있다. 비행기 안에서 내릴 채비로 줄을 선다? 여긴 대한민국이며 울산공항이다. 어느 나라에 가도 항공기 문이 열리기 전까지는 승객들이 자리에서 안 일어서는 데 유독 성질 급한 한국인들만 자리에서 일어나 나갈 준비를 하고 있다. 사실 나도 처음에는 서둘러 내리고 싶어서 먼저 일어서 준비를 하곤 했지만, 예전 출장 때 독일 프랑크푸르트 행 루프트한자 항공 승무원이 나를 노려보며 던진 한마디에 주눅이 들어 그 이후엔 다시는 비행기 문이 열리고 나가라고 할 때까지 결코 자리에서 일어나지 않았다. 그 한마디는 바로 "Sit Down"이었다. 국적기 승무원의 경우 한국인들의 특성을 알고 있으니 먼저 일어서서 짐을 꺼내도 뭐라 하진 않았지만 외항사의 경우 중국계를 제외한 나머지 항공사 승무원은 단호한 목소리로 또렷하게 외쳐준다. 항공기 승무원은 우리가 생각하는 일종의 서비스를 제공하는 직원인과 동시에 기내 보안담당관이기에 말 안 들으면 항공법에 의해 바로 조치가 취해진다. 본인의 경우 아직까지는 승무원의 지시사항에 거역(?)한 적은 없지만 비행 중에는 냄새 나는 라면은 제발 안 끓여 줬으면 하는 작은 바람이 있다. 밀폐된 공간에서 라면냄새라니, 하하하……

어쨌든 졸린 눈을 비비면서 등에는 출장용 백팩, 한 손에는 휴대전화 다른 한 손에는 여행용 캐리어를 끌고 울산공항을 느릿느릿 빠져 나왔다. 눈앞에 가장 먼저 보이는 택시를 잡아타고 "삼산동 부산돼지국밥 가주세요" 짧게 한마디 한 후 다시 눈을 감았다. 가시님의 다 왔다는 소리에 카드 계산을 하고 시계를 보니 이제 아침 7시 30분이다. 졸린 눈을 비비며 택시에서 내려 식당 안으로 들어서자마자 아주머니와 눈이 마주쳤고 늘 그래왔던 것처럼 식당 한쪽 구석에 앉아 수육백반 하나를 주문했다.

●●● 여기서 잠깐

수육백반은 돼지국밥+수육 한 접시를 의미한다. 보통 순대국밥 식당에 가면 메뉴에 순대국, 수육, 모듬순대 …… 이런 식으로 메뉴가 구성되어 있는데, 경상도에서는 수육백반이라 하여 돼지 국밥집에만 유일하게 있는 메뉴가 있다. 국밥과 수육이 별도로 나오기 때문에 수육에 곁들여 먹을 수 있는 쌈채소가 나오는 것이 일반적이며, 특히 가격이 저렴하고 24시간 운영하는 식당이 많아 경상도 지방에서는 인기 있는 서민 음식 중에 하나이다. 해가 지날수록 가격이 살살 오르더니 지금은 10,000원으로 인상되었다. 선뜻 가볍게 사 먹을 수 없는 음식이 되어버렸다. 이제는 6,000원 하던 시절이 그립기만 하다.

김이 모락모락 나는 돼지국밥을 이제 막 한 수저 뜰 때 즈음 주머니 속의 휴대폰의 진동이 느껴졌다. 누군가 했더니 발주처 선임대리에게서 온 연락이다. 속으로 "아침부터 웬일이래?" 하며 전화를 받자, 휴대폰 너머에서 들려오는 반가운 목소리다.

"과장님, 울산 도착하셨습니까?"

선이 아주 굵고 진한 사투리가 울렸다.

"네, 선임대리님, 안녕하세요? 저 오는지 어떻게 알고 전화 하셨어요?"
"전에, 울산 오시면 밥 한 끼 하자 안했습니꺼? 어디 계십니까?"
"네, 여기 삼산동 부산돼지국밥 집에 와 있습니다."
"음마, 벌써 아침 묵었어예?"
"아뇨, 이제 막 한술 뜨려던 참이었습니다."
"그라믄 자시지 마시고 쪼매만 기다리이소, 제가 금방 갈께예."

정겨운 목소리에 반갑긴 했지만 막 식사를 시작할 참이어서 약간 곤란했다. 그러나 뭐 조금 있다가 먹는다 해서 달라질 건 없으니 기다리기로 했다. 식사를 받아 놓고 먹지는 않고 옆 테이블에 구깃구깃한 신문을 펼쳤다. 서빙 하시는 아주머니가 좀 이상한 눈빛으로 나를 스윽 쳐다보고 지나치시며 "왜 안 드세요?" 라고 했지만 나는 그냥 무시하기로 했다. 한 10분쯤 흘렀을까? 식당 문이 열리고 이내 반가운 목소리로 인사하는 선임대리의 목소리가 들려왔다. 2년 전에 현장에서 만난 이후로 꽤 오랜 시간이 흘러서인지 더욱 반가웠다. 개인적으로 친분이 있었던 터라 오랜만에 회포를 풀기엔 아침시간은 넉넉하지 않았지만 그래도 반가움이 차고 넘쳤다. 나는 다 식은 국밥을 다시 데워달라고 하고 선임대리는 새 국밥을 시켰다. 선임대리는 현장직이며 나이가 50살이 넘은 베테랑 근로자다. 과장직급으로 올라가면 노조에서 탈퇴해야 하니 선임대리로 남아 정년까지 계속 현장에서 근무하는 조건일 것이다. 날씨가 추웠지만 이런저런 사는 이야기를 하며 정신없이 국밥을 입 속으로 밀어 넣었더니 이마와 인중에 땀이 송골송골 맺혔다. 사실, 선임대리와 내가 친해질 수 있는 계기는 현장에서 공사 감독하시는 분들은 사무직이 하는 일을 잘 모르고 나처럼 본사 PMT에서 근무하는 인원들은 현장에서 돌아가는 일을 잘 모르니 서로 정보를 공유하는 Give & Take 관계로 맺어져 있다가 현장에서 자주 마주치다 보니 인사도 하게 되고 밥도 같이 먹다 보니 자연스레 친분이 쌓이게 된 것이다. 이번에도 마찬가지로 울산 Site에 New Project가 시작되었고 선임대리 입장에서는 누구든 자기편이 있어 정보를 얻고 싶었을 것이다. 발주처 PMT 내에서 어지간히 업무 공유가 안 되는 모양인 것을 이미 알고 있었고 나에게는 PMT 정보를 말로 풀어내는 것은 어렵지 않은 일이기에 PMT 돌아가는 상황에 대해서 이야기 하면서 알려드리는 것은 자연스러운 일이고 딱히 거절할 이유도 없었다. 그래서 이번 Project에서도 중간중간 오며 가며 Project가 진행되는 상황을 공유하기로 모종의 합의를 했다. 사실, 선임 대리는 발주처 PMT 내에서는 결정권이 있는 위치에 있긴 않지만 계속 Inform을 주면서 관리해야 할 대상에 해당되므로 나의 Management 영역에 포함시켜야 할 대상이다. 내가 나서서 Inform을 주지 않아도 알아서 궁금해 해주면 내 입장에서는 고마운 일이다. 발주처의 주요 관리 대상자는 발주처 PM을 비롯하여 EPC 조직과 비슷하게 꾸려져 있지만 PM 밑에 사업관리부장이란 직위가 있다. 마찬가지로 PM이 대외업무를 도맡아 한다면 사업관리부장은 EPC의 PCM(Project Control Manager)의 역할과 비슷한 업무를 수행한다. 그러나 EPC의 PCM은 PM의 Support 역할과 Cost Management에 충실하지만 발주처 사업관리 장은 미주알고주알 사사건건 모든 일에 간섭하여 사람을 미치게 한다. 내가 겪어본 한국 발주처 사업관리부장들은 대부분 비슷한 성향을 가진 인간들이었다. 나중에 알게 된 사실이지만 발주처 PMT 인물들 중에서 악성 중에 악성으로 정평이 나 있던 부류의 사람들은 대부분 사업관리부장을 역임한 사람들이었다. 그런데 그런 인간들이 포진해 있는 Project는 반드시 성공한다. 마른 수건을 짜서 물이 나올 때까지 쥐어짜대니…… 아무튼 그런 인간 군상들과 또 Project를 해야 한다니 좀 가슴이 쓰리지만 월급 받으려면 어쩔 수 없는 일 아닌가? Project를 내 맘대로 고를 수도 없는 일이고 Pick UP 당하는 입장이라 울며 겨자 먹기 식이다. Project를 잘 만나는 것도 복인데, 아무리 생각해 보아도 나는 박복하다. 모두가 꺼려하는 발주처를 상대로 고진감래 격으로 최소 2년은 살아가야 하니…… 살다 보면 좋은 날도 있겠지 하고 그러려니 생각해야 하는 데 그게 쉽지가 않다.

내 팔목에 전자시계는 오전 09:30을 가리키고 있고 발주처 그리고 Vendor

(Equipment-기계 제조사)와의 KOM(Kick Off Meeting)이 시작되었다. 늘 하던 대로 KOM을 진행하려 했지만, 발주처 PE(Project Engineer)가 회의실에 들어오자마자 조금 기다리란다. 아침부터 미팅이 있는 지 뭔가 바쁜 것 같았으며 업체 측 사람들과 커피 한 잔하며 업계 근황토크를 하다 보니 그렇게 1시간이 지나가고 소식이 없어 발주처 프로젝트팀 사무실로 찾아가 보았지만 아무도 없다. 그나마 조금 만만한(?) 발주처 Staff에게 전화하여 언제 KOM시작하냐고 물어보니 모르겠단다. 그렇게 12시가 다 되어가고 점심시간이 되었다. 어쩔 수 없이 제조사 분들과 점심을 먹고 다시 회의실로 돌어와 미팅대기 중에 문자로 기가 막힌 비보가 날아왔다.

"김 과장님, 오늘은 공장에 비상이 걸려서 KOM 진행이 어려울 것 같습니다. 내일 아침에 KOM 진행하는 것으로 일정 변경하시지요."

워매⋯ 속에서 열불이 난다. 사람 새벽같이 비행기 타게 만들더니만 이제는 내일 보잔다. 다행히 울산에서 이번 주 내내 업체 방문일정이 잡혀 있어서 무리는 없겠다 싶었지만, 이것은 비즈니스 매너가 아니다. 그러나 Owner(발주처)이기 때문에 참아야 하는 미약한 현실에 눈물이 앞을 가린다. 덕분에 내일부터 있을 업체 방문 일정이 다 틀어져서 난감한 상태가 되었다. 그래서 고민 끝에 Sch.을 다시 Re-Setting하고 오늘 첫 번째 공장에 사전 예고 없이 급습하기로 하고 업체 PM에게 연락을 취해본다.

"여보세요? 네, 안녕하세요 서 PM님!"

수화기 너머 반가운 목소리가 들려온다. 서 PM은 지난 번 Project에서도 Vendor로 참여했기에 안면이 있는 인물이다.

"아이고 마, 김 과장님! 내일 오신다고 들었습니다."
"네, 원래 계획은 그랬었죠. 오늘 발주처 미팅이 펑크 나는 바람에 내일 방문할 것을 지금 좀 가려 하는 데 공장에 계시나요?"

상대편에서는 잠시 머뭇거리는 듯 몇 초간 포즈(Pause)가 이어졌다.

"내일 오시면 안 될까요? 오늘 공장이 어수선하고 준비도 안 되어 있고……"

"그냥 있는 그대로 보여주시면 됩니다. Master Sch. Sub-Order Status, 자재입고현황, 제작현황 뭐 그런 거 보러 가는 거니까 너무 부담 안 가지셔도 되요."

말끝을 흐리는 것이 무언가 냄새가 났다. 공장에 무슨 일이 있는 걸까? 업체 측에서 오너(Owner- 발주사)의 방문을 두려워하는 이유는 무엇인가 숨기고 싶어 하는 것들이 있을 경우에 나오는 반응이다. 이럴 때는 우겨서 라도 가야 한다. 눈으로 보고 직접 확인해야 한다. 얼버무리는 말투 끝을 부여잡고 지금 갈 테니 Vendor Print(승인서류)를 준비해 놓으라고 요청했다. 지금 출발하면 30분 안에 도착 하니 아마도 공장 정문 앞에서 나를 기다릴 것이다. 왜냐면 내가 공장동으로 먼저 가지 못하게 하고 사무실로 들어가서 이야기를 나누는 동안 어떤 준비를 하거나 문제 발생한 것에 대해 이리저리 둘러대면서 위기를 모면 할 것이 분명하다. Big Issue가 있을 지도 모른다. 내 경험으로 비추어볼 때 이런 슬픔 예감은 틀린 적이 없다.

택시를 타고 업체 Shop(제작공장)으로 가는 길에 저 멀리 처용암이 눈에 들어왔다. 그 너머에는 S-OIL이 자리 잡고 있었고, 온산역을 지나가면 방문 업체에 가까워진다. 지난 Project 수행 할 때도 무척 자주 왔던 곳이기도 하고 익숙한 곳이다. 택시의 창문을 반쯤 열어 주변을 둘러보니 유황 특유의 매캐한 냄새가 코를 찌른다. 정유화학단지 특성 상 화학공정에서 내뿜는 유해가스와 매연이 온 동네를 뒤덮어 오랜 시간 야외에서 일할 경우 눈이 따갑거나 기침이 나며 속이 메스껍기까지 한다. 그런 곳에서 24시간 내내 교대 근무를 하는 작업자 분들이 여기에 상주하고 계신다. 나처럼 어쩌다 출장 오는 사람은 이 어마어마한 향기(?)에 기겁을 할 정도로 강하여 손사래를 치는데 여기서 계속 삶을 영위해야 하시는 분들은 오죽하겠는가? 간혹 체험을 하는 것이 좋을 일은 아니지만 Junior들이나 Oil & Gas Plant 현장을 직·간접적으로 피부로 느껴보는 것도 나쁘지 않다고 생각했다.

이윽고 방문 요청한 공장 정문에 도착했다. 아나나 다를까, 정문 수위실 앞에 나를 기다리고 있는 것은 서 PM이다. 반갑게 인사를 나누고 내가 지체 없이 공장동으로 향하자 내 팔을 잡고 사무동으로 이끌었다.

"과장님, 들어가서 커피 한 잔 하시지예? 거기 머 볼게 있다고 가십니꺼?"
"우리 기계 좀 먼저 보려 구요. 왜요? 뭐 잘못됐어요?"

그러자 서 PM은,

"그럴 리가 있겠습니까? 잘 돌아가고 있으니까 걱정 붙들어 매이소 마."

　눈빛이 영 맘에 들지 않지만 속는 셈 치고 사무동으로 발걸음을 돌리다가 이내 나는 마음을 고쳐먹었다. 이 시점에서는 Main Materials(주요 자재)가 입고되어 어느 정도 형태를 갖추고 있어야 한다. 이 공장에 발주된 Item은 소형 Tower 3기(30m 이내)와 Heat Exchanger(열 교환기) 12기이다. 열 교환기의 경우 일반 건축물 지하 기계실에 들어가는 작은 사이즈가 아니고 정유공정의 Utility(공장이 운영되기 위한 기본적인 공급 Material인 물, 공기, 스팀, 전기 등을 생산하는 설비) Process Line에 사용되는 Big Size 열 교환기다. 주요 자재는 Steel Plate, Flange, Seamless Tube, Baffle, Bolt & nut 등으로 구성되어 있으며, User의 사용목적에 따라 재질을 Carbon Steel, Titanium, Alloy 등으로 제작한다. 재질에 따라 가격의 폭이 매우 크며, 대부분 사용자 요구에 따라 Customizing되어 설계, 제작되기 때문에 Design 각 단계별로 발주처의 승인에 따라 제작이 진행된다. 대부분의 열 교환기의 사용목적은 폐열의 회수, 고온 측 유체의 냉각(Cooler 기능), 저온 측 유체의 가열(Heater 기능), 증기의 응축(Condenser의 기능), 저온 측 유체의 증발(Vaporator) 등이 있으며, 구조적으로는 다관식, 이중관식, 코일식 등이 있으며 유체는 Gas, Steam, Cooling Water, Hot Water 등 사용자의 요구에 따라 다르다. 복잡한 것 같지만 각 자재를 바닥에 늘어놓고 보면 별 것 아닌 데 특수한 재질의 자재들은 대부분 수입에 의존하고 있어 발주 후 Raw Material의 입고 기간이 매우 중요하다. 특수한 자재의 경우 해외 철강사에 발주 후 업체가 자금 회전력이 부실하여 대금 지급을 지연시켜 자재입고가 지연되는 것으로 이어져 제작 Sch.에 Impact를 주는 경우가 종종 발생한다. 이런 경우를 대비해 대규모 Project에서는 발주 전 업체평가의 일환으로 각 공종별 자재 업체의 신용평가서 접수 및 평가, 기업평판 등을 조회하기도 한다. 물론 업계에 떠돌고 있는 소문에도 귀를 기울여 문제가 발생할 여지가 있는지도 확인한다. 그러나 업체가 썩어가는 속을 숨기려 들면 그것을 발본색원하기가 여간 어려운 것이 아니다.

아무튼, 나는 서 PM의 손을 잡아 이끌고 공장동으로 향했다. 공장이 무척 넓어서 한참을 걸어가야 한다. 이동하는 중간에 계속 사무실로 가자고 떼를 썼지만 나는 서 PM의 팔짱을 껴서 꼭 붙잡고 안 놓아 주었다. 내가 "어디보자~ 어디보자~" 노래를 살살 부르며 한 걸음 한 걸음 걸어갈 때마다 귓가에는 한 숨소리가 들려왔다. 무엇인지 모르지만 문제가 있는 것이 분명했다. 작은 사이즈 문제가 아니라 빅사이즈 문제인 것 같았다. 대리 직급 시절에는 이럴 땐 무척 불안했는데 과장이 되고 나니 마음가짐이 바뀌어 그런지 좀 신이 났다. Project하는 데 문제가 없으면 재미가 없다. 업체가 사고를 쳐줘야 출장도 다니고 옥신각신 회의도 하고 할 일이 많이 생긴다. 그런 과정에서 사람이 크고 하나라도 배우게 된다. 훗날 내가 General Manager(한국식으로 '고참부장'이라고 해야 하나?)급이 되면 어떻게 변해 있을지도 궁금하다. 물론 회사를 계속 다니게 될지도 의문이지만 말이다.

아주 큰 공장동 3군데가 나란히 연결되어 있는데 그중에서 가장 가까운 생산 1팀 공장동으로 들어섰다. 여기엔 각종 Part(부속품)의 가공만 하고 있어서 자재들이 어느 Project건지 알 수가 없다. 하지만 업체 측에서는 친절하게 '×××Project' 하고 가공 중인 자재 앞에 푯말을 세워두어 쉽게 알아 볼 수 있게 해 놓은 것이 일단 맘에 들었다. 물론 여기에는 우리 Project 발주 분은 없었다. 마지막에 확인하고 온 생산 Sch.에는 한참 용접공정 진행 중이어야 한다. 반드시 그래야만 했다. 두 번째 공장동으로 들어가니 여기저기서 불꽃이 피워 오르고 있었다. Steel Plate를 Cutting하면 그라인딩 불꽃이 사방으로 터지기 마련이다. 예전엔 화상 입을까봐 가까이 가지도 못했는데 지금은 서슴없이 뚜벅뚜벅 걸어가 구경할 정도는 되었다. 물론 작업복을 입고 있지 않아서 옷이 탈 까봐 좀 신경이 쓰이긴 했지만 하루 이틀도 아니고 그러거나 말거나 하면서 제작 중인 기계 앞으로 다가갔다. (물론 안전 장구는 전부 착용한 상태이다) 한참 제작 중인 기계 앞에는 도면이 비치되어 있었고, 힐끔 보니 도각(Drawing Title Block-업체에 제공한 도면 Format) 한 켠엔 우리 Project 마크가 인쇄되어 있는 것이 보였다. 속으로 '이놈이군……' 하면서 좀 더 가까이 다가갔다.

제작공정 중인 기계의 형태는 우리 Project에서 발주한 Item과 비슷했으나 자세히 살펴보니 형상이 조금 다른 듯하여 현장에 비치된 도면을 가만히 살펴보니 우리 Project 물건이 아니었다. 주변에 제작 진행 중인 Item을 둘러보아도 우리

Project 물건은 안 보였다. "뭐지?" 하고 빠른 걸음으로 세 번째 공장동을 둘러보고 나서 서 PM에게 다가갔다.

"우리건 어디 있죠?"
"과장님, 일단 제 이야기 좀 들어 보이소."
"아니, 아니, 우리건 어디 있냐고요?"

서 PM은 말이 없었다. 순간적으로 Raw Materials를 찾는 Action을 취했다. 당장 생산담당자와 자재담당자 오라 하라고 요청한 뒤에 공장을 천천히 그리고 샅샅이 다시 한 번 더 둘러보았다. 그러나 우리 Project에서 발주한 Item은 눈을 씻고 찾아봐도 보이지 않았다. 이런 경우에는 제작 업체의 Sub-Order Status(외주현황)을 요구하여 살펴보아야 한다. 공장 내부의 Work Order(작업지시서)를 확인하여야 한다. 분명히 일정에 Impact가 발생한 것이 분명하고 무슨 이유인지 확인하여야 한다.

"서 PM님, 사실대로 말씀하시죠? 뭐가 어떻게 되고 있는 건가요?"
"죄송합니다 과장님, 제작은 시작했는데 너무 바빠서 외주 줬습니다."
"뭐라고요? 외주를 줬다고요? Sub-Vendor List 승인 받으셨어요? 제가 알기로는 그런 걸 승인해준 기억은 없는 것으로 알고 있는데요?"
"네……"

이런 경우는 계약 위반이다. 업체 측 입장에서는 Work Load가 높아서 자체 제작이 어려울 경우 종종 발주처를 속이고 외주를 주기도 하는 데, 사전에 협의 없이 업체 독단적으로 판단하여 외주제작을 진행할 경우에는 품질확보 및 품질보증이 안 될 뿐더러 제작기술적으로도 많은 차이가 난다. Refinery Equipment를 큰 제작회사에 발주하는 이유는 그동안의 Reference를 감안하여 능력치가 충분히 있다고 판단하기에 RFQ(견적요청)을 하고 Bidding(입찰)을 실시하여 업체를 선정하는 것인데, 그에 반하는 이러한 문제는 Big Issue나 다름없다. 향후 벌어질 난제에 대해서 생각하니 머릿속이 복잡해져만 갔다. 일단 Project Team에 보고하기 전에 정확히 왜 이런 일이 벌어졌는가에 대한 업체 측 의견을 듣고 추후 대응방안을 세워야 한다. 단순히 납기지연에 대한 Issue뿐만 아니라 제작기술 및 공정상의 문제도 같이 수반되므로 큰 일이 아닐 수 없다. 그 뿐만 아니다. 업체 측에서 자체 공장의 High Work Load를 빌미로 삼아 도저히 자체 공장 내에서는 작업이 불가하다고 판단했다 또는 외주공장은 임시로 Site만 빌려서 작업할 뿐 우리 인원들이 가서 일을 하고 있는 것이다 등등 별별 핑계를 다 늘어놓고 반 협박 식으로 들이댄다면 외통수가 될 수도 있다. 이럴 땐 일단 하나부터 차근차근 풀어내야 한다. 서로 Win-Win할 수 있는 조건을 만들어 내야 한다. 반드시 그래야만 한다.

상황이 이렇게 잘못 돌아가고 있지만 나는 오만상을 쓰지는 않았다. 서 PM과 함께 사무실로 들어와 차분히 앉아서 커피 한 잔을 마시며 일 이야기는 하지 않고 근황토크를 시작하였다. 요즘 경기가 좋아서 일감이 너무 많다, 인원은 부족한데 사람이 안 뽑힌다, 공장식당이 너무 맛이 없어서 나가서 사먹고 싶은데 너무 귀찮다 등등. 시시껄렁한 이야기를 주고받으며 분위기를 온화하게 만들어갔다. 이렇게 하는 목적은 경직된 분위기 보다는 소프트한 분위기를 만들어서 일단 어려운 상황을 완화시키고 돌파구를 찾아낼 수 있도록 감화시키는 것이 필요하기 때문이다. 한참을 서 PM과 이야기를 나누고 있을 무렵 공장장이 헐레벌떡 사무실로 뛰어 들어왔다.

"아이고 과장님, 오신다는 기별도 안 하시고 이래 갑자기 찾아오시면 우짭니꺼? 제가 외근 나갔다가 오신다는 연락 받고 을매나 빨리 들어왔는지 몰라예. 마, 눈썹이 휘날리도록 뛰어 들어왔다 아임니꺼? 어째 식사는 하셨 습니까?"

60대의 노신사는 몇 분 동안 입을 쉬지를 않았다. 어찌나 빠르고 또렷하게 말씀하시는 지 마치 속사포 랩의 주인공인 '아웃사이더'가 생각날 정도였다. 한참을 그렇게 기관총처럼 난사를 하시더니 어느새 자연스럽게 본론으로 들어가는 저력을 선보였다. 이게 바로 정신없게 만든 다음에 은근슬쩍 넘어가려는 속셈인가? 라는 생각이 잠시 들었다. 너무 말씀을 잘 하셔서 한참 동안 나는 입을 헤 벌리고 떠드는 것을 무슨 스포츠 관람 하듯이 바라보았으나 계속 듣고 있자니 가슴이 답답했다. 수분이 더 흘렀을 때쯤엔 사실, 더 이상 듣고 싶지 않았다. 그렇지만 나를 설득하려고 애쓰는 모습이 안쓰럽기도 하고 해서 끝까지 듣기는 하겠다는 마음이 생기긴 해서 듣기로 했다.

"어쩌고 저쩌고 어쩌고 저쩌고……"

제발 그만 좀 해라. 공장장은 대략 30분 정도는 혼자서 일장연설을 늘어놓았다. 나의 머리는 어느새 소파에 기대어져 있고 눈빛은 흐리멍덩한 철 지난 동태눈깔 상태로 변해가고 있었다. 지쳐갔다. 나도 지치고 서 PM도 지치고 같이 들어와 앉아 있는 생산담당이사도 지쳐만 갔다. 이 이야기를 계속 들어야 하나? 요약 하자면, 지금 공장에 수주가 너무 많아서 행복해 죽겠다부터 시작해서 내 살다 살다 이렇게 바쁜 건 처음이다, 본인이 원래 정년퇴직했다가 물량이 너무 많아서 Control이 안되니까 그룹에서 나를 다시 찾아와 복귀하면 안 되겠냐고 부탁을 했다, 삼고초려 끝에 회사에 다시 나와서 일하고 있다, 1년을 쉬었다가 나오니까 더 신이 난다 등등등…… 본인의 자랑이 이만 저만이 아니었다. 난 더 이상 들을 수 없는 임계점에 근접했고 딱 한마디를 던졌다.

"계약대로 하시죠."

그리고는 백팩을 메고 서 PM 사무실에서 나와 버렸다. 그러자 서 PM이 뒤쫓아 나와 내 팔을 또 붙잡으며,

"과장님, 그래도 밥은 묵고 가셔야 할 거 아닙니까? 서울에서 이 먼데까지 오셔서 밥도 안 묵고 가시면 얼마나 섭섭한데 예?"

나는 차분하게 저 멀리 바닷가를 바라보며 이렇게 말했다.

"서 PM님, 내일부터 저랑 공장에서 매일 만나시게 될 겁니다. 내일부터 드시죠."

원래 계획대로라면 내일부터 업체 Tour를 다녀야 하는 데 일단 보류 시키고 여기부터 원상복구 시켜야겠다는 판단이 섰다. Project Team에 이 사실을 어느 선

까지 보고 해야 하나 잠시 생각할 시간을 가져야 하기에 조금 걷기로 마음먹었다. 한 발, 한 발 터벅터벅 걷고 있자니 내일부터 이 공장에 상주하면서 어떻게 풀어 나가야 할지 막막했다. 그렇게 공장을 크게 세 바퀴 돌고 본사 Project Team에 전화를 걸었다. 자초지종을 설명하고 협의한 끝에 내일부터 2주간 업체에 상주하기로 결정하였다. 그리고 본 사항에 대해 업체 PM에게 구두상으로 정식 통보하였다. 그러자 서 PM은 차라리 잘됐다면서 이번 기회에 잘못된 관행을 바로잡는 계기가 되었으면 좋겠다는 의미심장한 발언을 했다. 무슨 의미인지는 대강 눈치 챘으나 나는 아무 말도 하지 않았다. 분명 공장 PM팀과 나머지 부서들의 힘겨루기가 많이 산재되어 있을 것이다. 나는 내일부터 그 난관을 헤쳐 나가야만 한다.

어제 출장 가방을 준비할 때는 1박 2일 코스로 생각하고 속옷 1벌과 양말 한 켤레를 비닐봉지에 넣어가지고 온 것이 전부였다. 이것도 혹시 몰라서 가져온 것이 긴 한데, 평소에 1박 할 요량으로 출장 갈 때에는 노트북 컴퓨터 이외엔 아무 것도 챙겨가지 않았다. 이렇게 급작스레 장기 출장이 되어버리면 할 수 없이 옷을 구매하거나 매일 숙소에서 빨아 입거나 둘 중에 하나다. 본의 아니게 강제로 쇼핑을 해야 하는 문제가 발생했지만 개의치 않았다. 마음속에는 이미 정해져 있었다. 미국노동자의 상징인 리바이스 청바지 2벌과 검정색 폴로티셔츠 3장 그리고 등산양말 5켤레. 택시를 잡아 타고 울산 롯데백화점으로 가는 동안 저녁은 백화점 푸드코트에서 먹고, 시내에서 제일 좋은 모텔을 숙소로 잡아야겠다는 시답지 않은 생각을 하며 달리는 택시 안에서 해지는 저녁노을을 바라보고 있자니 급 서글픈 생각이 들었다. 계획에도 없었던 장기 출장에 혼자서 2주 동안 업체 분들과 힘겨루기를 할 생각을 하니 답답한 마음이 먼저 앞섰다. 원래 연고가 없는 동네에서는 새 친구를 사귀어야 하는 데 2주는 길다면 길고 짧다면 짧은 시간이라 좀 애매하긴 하다. 그래도 뭐, 아주 모르는 동네도 아니고 일요일엔 쉬니 간만에 간절곶(울산의 유명한 바닷가)에 가서 내가 좋아하는 횟밥(경남 지방에서는 통상적으로 '회백반' 또는 '횟밥'이라고 한다. 백반상에 회를 한 접시 썰어 내어준다)이나 한 그릇 먹고 와야겠다는 야심찬 계획을 세워본다.

다음 날 아침, 여느 때나 다름없이 새벽 같이 일어나서 돼지국밥 한 그릇 뚝딱 비우고 상주하기로 결정한 업체로 향하였다. 택시 뒷좌석에 앉아 있자니 어제 새로 산 청바지가 길이 들지 않아 그런 지 약간은 불편하게 느껴졌다. 뭐, 세일해서 싼 맛에 산 옷이지만 그럭저럭 입을 만 했다. 개인적인 취향은 청바지는 별로 좋아하진 않았지만 현장에서 같이 뒹굴려면 뭐니 뭐니 해도 청바지가 최고다. 저 멀리 바닷가의 파란물결을 보며 상념에 사로잡힐 때 즈음엔 어제 방문했던, 그러니까 오늘부터 상주할 업체 현관 앞에 정확하게 내렸다. 내리자마자 자연스럽게 3층 사무실로 뚜벅뚜벅 걸어가 오너감독관 사무실로 들어갔다. 책상 위에 미리 세팅 되어진 음료와 다과가 먼저 눈에 들어왔다. 자, 어디 시작해 볼까?

나는 가방을 책상 위에 내려놓고 2층에 위치한 업체 PM 사무실로 내려갔다. 업체 PM도 상무 직급이라 예의는 차려야 된다. 나보다 경력이 20년은 많으신 분이시니 사실 따지고 보면 엄청난 베테랑 급이다. 이런 경우를 한두 번 겪었겠는가? 분명히 잔뼈가 굵어서 오너감독(발주처에서 온 감독관. 설계, 제작, 출하 등 모든 상황에 대해 Monitoring & Control 할 수 있는 권한이 있다)을 잘 다룰 것이다. 나도 그 부분에 대해서는 잘 알고 있다. 한 번은 이탈리아에 모 Compressor 업체에 1주일 동안 상주 감독으로 출장 갔던 적이 있었는데 업체 PM은 하루 종일 나에게 붙어 다니면서 내가 뭘 하고 다니나 감시를 당했던 기억이 있다. 또 내게 하라는 보고는 안하고 사사건건 잔소리를 늘어놓는 것이다. 제작현장에 가서 무엇인가 보려고 하면 쪼르르 쫓아와서 이건 보면 안 된다, 자기 허락 없이는 공장에 들어가면 안 된다, 점심은 항상 자기랑 먹어야 한다, 퇴근할 때 자기한테 이야기 하고 가라 등등 등…… 내가 시어머니지 지가 시어머니 인줄 아나? 하고 당황했던 사례도 있다. 아무튼, 이 업체의 서 PM은 그 정돈 아니지만 꽤 귀찮게 하는 인물로 업계에 유명세를 떨치는 인물이라 아마도 초장에 강한 기 싸움이 예상되었다. 기 싸움에서 지면 상주하는 동안 내내 끌려 다니게 된다. 그러나 나에게는 타고나기도 했지만 강력한 카리스마 리더십이라는 무기가 내면에 장착되어 있다. 초반에 밀리면 끝장이다라는 각오로 서 PM 사무실 문을 두드렸다.

문을 열자,

"아이고 마, 과장님, 벌써 오셨습니까? 왜 이렇게 일찍 나오셨어요? 한 10시쯤 오셔도 될긴데. 머 할라꼬 이래 일찍 나오셨습니까? 아침은 드셨습니까? 우리 공장 조식이 개안은 데 내일부터 밖에서 드시지 마시고 들어와서 드시지 예. 제가 따로 식당에 이야기 해놓겠습니다. 커피 한 잔 하시지예?"

난 아직 인사도 안 했는데 따발총을 퍼붓고 있었다. 부산 사나이 특유의 억양이 친근감 있게 들렸지만 이런 거에 넘어가면 안 된다. 나는 목례를 하고 매우 몹시 아주 사무적인 목소리로 한마디 던졌다.

"어제 기준으로 Manufacturing Sch.(제작공정표) 출력해서 감독관 실로 오세요."

그리고는 재빨리 PM사무실에서 빠져 나와 버렸다. 말도 빨리 하고 어찌나 다다다다 쏘아대는지 듣는 동안 정신이 하나도 없었다. 언제부턴가 나도 성격이 변했는지 쓸데없는 이야기다 판단되면 더 이상 들으려고 하지 않았다. 머리가 굵어져서일까? 명확하게 어느 시점인지는 모르지만 회사를 한참 다니고 나서 책임과 성실이란 단어의 참 맛을 알게 된 진정한 어른이 되고서부터 뇌 구조가 약간 달라진 거 같은 느낌을 받은 적이 종종 있었다. 그런 게 어른일까?

한 마디 툭 던져놓고 내 사무실로 돌아와 그동안 못 본 이메일을 열었더니 수백 개의 이메일이 아웃룩에서 쏟아져 들어왔다. 쓸데없는 메일은 지우고 Keep 해야 할 건 폴더에 넣어두고 회신해야 할 것은 해주고 그러기를 한 시간쯤 흘렀을까? 사무실 문에 빼꼼히 고개를 내민 서 PM 얼굴이 눈에 들어왔다.

"과장님, 바쁘시지예? 나중에 올까요?
"아니요, 들어오세요."

최대한 사무적인 어투로 딱딱하게 대답했다. 가지고 온 Manufacturing Sch.을 펼쳐 꼼꼼히 살펴보니 약 2주 정도 지연되고 있는 것으로 확인되었다. 내 목적은 외주 제작되고 있는 이 모든 기계를 여기 공장으로 끌고 들어오는 것이다. 이제부터 난리를 쳐야겠다고 다짐을 하면서 소리를 버럭 질렀다.

"아니, 서 PM님, 내가 살다 살다 이런 경우는 처음 보네요? 누가 외주제작을 맘대로 하시라고 했나요? 누가 승인해줬어요? 왜 업체 맘대로 다 하세요? 왜 계약대로 안 하시냔 말이에요? 그리고 일정 관리는 왜 이 모양입니까? 공장에서 일정 못 맞출 까봐 외주 줬으면 일정이라도 맞추고 있어야지 왜 개판치고 있냔 말이에요? 이런 식으로 해서 납기 맞출 수 있겠어요? 확

인해 보니까 설계도서도 계속 지연 제출하고 계시고, 그러니까 승인도 지연
되고 있고 제작도 지연되고 결국 납기도 못 맞추고, 뭐 하자는 플레이에요?
지난주에 제출하신 Weekly Report에 사기 치시고 말이죠. 도대체 뭘 믿고
제가 일을 하냔 말이에요? 이런 식이면 곤란합니다. 곤란해요!"

　나도 시동을 걸었다. 당근과 채찍을 적절히 써야 하지만 초장에는 휘몰아쳐
야 분위기가 잡힌다. 여기 사무실에서는 이쯤 하고 오후에 PM 사무실 가서 2차로
한 번 더 난리를 치기로 했다. 그리고는,

　"이 공정표 다시 Actual하게 작성하세요. Plan 대비 Actual이 맞는 게 하
나도 없잖아요? 뭘 믿고 이 공정표를 보란 말입니까? 오후 2시에 다시 미팅
하시죠. 그리고 외주 내보낸 기계들 다시 공장으로 끌고 들어와서 제작할
방안 마련하세요. 분명히 말씀 드리지만 우리 Project에서는 외주 제작에 대
한 승인을 한 적이 없습니다."

　내가 화를 낸다고 될 일은 아니지만 무엇이든 Action을 해야 한다. 오너의 존
재감이라고 할까? 오너는 공장에서 상주하는 순간부터는 매의 눈으로 업체 담당자
들의 Activity를 Monitoring하고 Control하여 문제된 부분을 바로 잡도록 독려해야
한다. 그러기 위해서는 담당자들의 머리 꼭대기에 앉아 있을 법한 심리전술을 사
용할 줄 알아야 하고 Engineering 실력도 갖추고 있어야 하며 문제점을 바로 지적
하여 시정할 수 있도록 해야 한다. 그렇게 되려면 다년간의 Project 수행 경력은
필수다.
　서 PM에게 한바탕 퍼붓고는 감독관 실 한 켠에 준비된 안전화 및 안전모를
착용하고 왼손엔 도면 오른손엔 레이저 포인터를 쥐고 사무동 3층에서 공장동으
로 걸어 나갔다. 물론 어제 대비해서 오늘 뭐가 달라졌을 거란 기대는 안 하지만
일단 내가 여기 온 이상 타이트한 관리를 할 것이라는 Action을 보여줘야 한다.
걸어가는 동안에 공장장을 마주쳐 목례를 하고 외주 내보낸 기계 언제 들여올 거
냐며 한마디 하고 지나가 버렸다. 일부러 그런 것이다. 압박을 줘야만 했다. 오후
에 서 PM과 미팅 할 때 공장장이 생각이 있는 사람이라면 무엇이든 대책을 강구
해서 들어올 것이다. 난 그렇게 믿고 싶었다.

오후 2시가 다 되어 공장장에게서 연락이 왔다. 서 PM이 지금 외주 업체로 출장 나갔으니 자기랑 미팅하자고 말이다. 그래, 효과가 있긴 있구먼 하고 피식 웃었다. 역시 아무 생각 없진 않은가 보다.

공장장과 나는 심도 있게 본 상황에 대해 협의를 진행하였다. 일단, 현재 공장 내에서 제작하고 있는 타 PJT(Project)의 기계들을 옆 동으로 배치하고 우리 PJT 기계들을 옮겨와서 작업하는 것에 대해 일정을 재산정하였다. 대형 화이트 보드에 간트 차트를 공정별로 하나하나 수작업으로 기록해 나가면서 일정을 산정하였다. 약 3시간을 소요하여 Sch.을 작성했는데 문제는 현재 Plant 업계가 활황이라 각 업체별로 수주량이 계속 증가하고 있다는 것이 가장 큰 문제였다. 한 공장에서 하나부터 열까지 모두 제작을 할 수는 없으니 일부 물량은 외주를 주고 관리를 하는 것으로 하고 Main 기계장치들은 본 공장에서 제작하는 것으로 최종 협의를 하였다. 물론 오후 내내 미팅을 진행하면서 엄청난 진통을 겪었다. 기본적으로 내 입장은 외주 제작은 "No"를 외치고 있었고, 공장장은 도저히 안 나오는 Sch.을 어떻게 맞추냐고 반문하였으며, 그 때마다 나는 그럼 왜 수주를 해서 이 모양으로 끌고 가고 있냐며 내내 티격태격 말싸움을 벌였다. 지치고 힘들지만 이런 과정은 반드시 거쳐야 할 관문이다. 그러는 사이에 서 PM은 외주 공장 몇 군데와 협의를 하여 우리 PJT Part를 먼저 제작하는 것으로 협의 완료했다고 한다. 연락을 받았을 때는 이미 해는 산 너머로 가 있었고 저녁 시간도 지나 있었다. 밖은 어느새 날이 저물어 어둑어둑해지고 있었다. 내일은 외주 공장을 돌며 상황 파악을 해야 한다. 여기 온지 이틀밖에 안됐는데 마음은 벌써 한 달은 된 것처럼 느껴졌다.

이 공장에서 상주한지 어언 일주일이 지나고 있는 아침이다. 비는 주룩주룩 내리고 일주일 동안 쉬는 날도 없이 공장 직원들과 함께 야근을 해서 그런지 몸 상태가 말이 아니었다. 토요일, 일요일은 쉬는 이유가 다 있는 것이다. 하지만 오늘도 Mail Man처럼 벌떡 일어나 5분 샤워를 하고 10분 밥 먹고 업체 현장으로 나가야 한다. 오늘은 특별한 날이다. 며칠 전에 제작 완료된 26m짜리 Small Tower 의 열처리 작업이 있는 날이다. 쉽게 말해서 제작이 완료된 압력용기를 적정온도의 열처리로에 넣어 굽는다고 생각하면 된다. 예를 들어서 도자기를 만들어서 가마에 넣어 구우면 강도가 좋아지는 역할을 하듯 Carbon 소재의 압력용기도 마찬가지로 불가마에 넣고 가열해서 강도가 더 좋게 만든다고 생각하면 쉽다. 그런데 출근해보니 정말 상상도 못했던 일이 벌어지고 있었다. 수많은 기계업체에 다녀

봤지만 기가 막힐 노릇이었다.

공장에 막 도착해서 열처리로의 온도 잘 올리고 있나 확인하러 갔더니 Small Tower가 열처리로 앞에 그냥 서 있었다. 왜 안 집어넣느냐고 했더니 열처리로가 작아서 못 넣는다는 것이었다. 나도 모르게 그만 "그것도 계산 안하고 제작했냐?" 하고 반말로 소리를 질러 버렸다. 옆에 서 있었던 공장 생산담당 이사는 허탈한 표정을 지어 보였다. 본인은 이 사실을 어젯밤에 알아차렸다고 한다. 그러면서 하는 말이 현대중공업에 도와달라고 요청했지만 바빠서 거절당했다면서 핑계 아닌 핑계를 대는 것이었다. 와…. 정말 미치고 팔짝 뛸 노릇이었다. 내가 이런 것까지 하나하나 확인했어야만 했는가? 내가 놓친 건가?

생산 담당이사는 오전 내내 다른 공장에 열처리로를 쓸 수 있는지 전화를 계속 돌리고 있었다. 나는 공장장 실에서 결과를 대기 중이었다. 그러다 답답해서 공장동 주변을 안전모만 쓴 채 우산도 안 쓰고 두 바퀴나 돌고 있었다. (공장 규모는 8만평이나 되는 매우 큰 플랜트제작 공장이다) 비 맞고 돌아다닌다고 뭐가 해결될 일은 아니었지만 생각할 시간이 필요했다. 어떻게 하면 이 난관을 헤쳐 나갈 수 있을까? 화가 머리끝까지 치밀어 오르는 화요일 아침이었다. 기껏 업체 상주해서 Expediting 실시하고 야근까지 해가면서 생산을 독려했더니만 열처리로가 작다고? 화가 났다. 너무 나도 화가 났다. 그렇지만 이럴 때일수록 냉정하게 판단해야 한다. 가장 좋은 방법이 무엇일까? 좋은 방법이 없을까? 분명히 있을 텐데……

공장을 한 바퀴를 더 돌고 다시 열처리로 앞으로 다가갔다. 가만 보니 2m 만 더 길다면 가능할 거 같기도 한데, 음…… 개조하면 안 되나? 하는 생각이 번뜩 들었다. 어차피 열처리로의 전체의 길이가 길어질 필요는 없고 안쪽 중심부에 일정 부분만 길어지면 되는 거여서 안 될 것도 없지 않겠나 하는 생각이 들어 그 자리에 서서 공장장에게 전화를 걸었다.

"공장장님, 열처리로 개조 가능한가요? 가능하다면 가운데 구멍 뚫고 늘리는 데 길어도 이틀이면 될 거 같은데요, 어떻게 생각하세요?"

"아, 맞습니다. 그렇게 할 수 있을 거 같습니다. 일단 열처리로 제작 업체에 연락해서 가능한지 확인해 보고 할 수 있다면 오늘 당장 사람 불러가 조치해 보지요. 아, 과장님 기특하네요. 그런 생각을 다 하시고!"

"네, 지금 바로 확인해 보시고 연락 주세요."

될지 안 될지 모를 일이었지만 일단은 작은 희망을 걸어보았다. 이게 만약 안 되면 다른 대안을 찾아야 하는 데 뾰족한 방법이 없었다. 설계를 바꿔서 줄일 수도 없는 노릇이고, 그렇다고 다른 공장에 전화해봐야 거절당하고 있는 처지라 공장 직원들은 심리적으로 위축된 상태였다. 납기를 못 맞추면 여지없이 지체상금을 물어야하기 때문이다. 한두 푼도 아니고 이 Tower 제품은 대당 50억 정도 되는 Item이라 업체 측에서는 납품이 하루가 지연될 때마다 1/1000씩 계산되어 지체상금을 물어야 한다. 물론 내가 여기서 잘 해결하면 그럴 일은 없겠지만 업체 측 입장에서는 매우 당혹스러운 일이 아닐 수 없다. 하루 지체하면 500만원이고 일주일 지연되면 3500만원이다. 그게 총 계약금액의 10%가 될 때까지 계속 늘어난다. 업체 영업 담당이 이 사실을 알면 아마도 팔짝팔짝 뛸 것이 분명했다. 내가 직접 눈으로 보진 않았지만 업체에 일주일 동안 상주하면서 알게 된 사실 중에 하나는 내부적인 갈등이 심각한 것으로 파악하고 있었다. 시간이 허락될 때마다 각 담당자들을 불러다가 간이 인터뷰를 실시했는데 Work Load는 높고 직원들의 사기는 바닥에 떨어져 있었다. 공장 한쪽 구석에 마련되어 있는 흡연 장에서 만난 생산부 직원과 담배 한대 피워 물며 이런 저런 이야기를 하다가 슬쩍 회사 복지와 직원대우에 대해 이야기를 잠시 나눠본 결과, 타 Plant 제작 회사보다는 급여 수준은 약간 높은 정도이나 연봉제 계약이라 야근이 많아 개인적으로는 워라밸(Work & Life Balance)이 전혀 맞지 않다고 넋두리를 늘어놓는 것을 들었다. 이 직원 같은 경우, 내가 여기 온 후로 하루도 빼놓지 않고 야근을 했는데, 내가 퇴근할 때 까지 이 직원도 퇴근하는 것을 본 적이 없었다. 그만큼 일이 많고 일력은 부족하며 제작을 외주로 돌리지 않는 이상 본 공장의 Work Load를 따라갈 수는 없는 상황인 것이었다. 오너 감독으로서 남의 집 살림에 이래라 저래라 할 수는 없지만 이런 식으로 계속 공장이 운영되다가 나중에 직원들이 두 손 들고 퇴직하고 나가 버리는 사고가 생기면 감당할 수 없는 큰 사고로 이어지게 된다. 그렇지만 현재 활황 상태인 Oil & Gas Plant Market을 내가 어찌 할 수도 없는 노릇이고 간혹 과장급 이하 직원들을 오너감독관 실로 불러다가 음료수를 내밀며 격려하고 이야기를 들어주는 것 이외는 달리 방법이 없었다. 마침 오후에는 Project Scheduler의 열화와 같은 Expediting 연락을 받고 스트레스를 한참 받는 와중에 열처리로의 개조가 가능하다는 소식을 접하게 되었다. 불행 중 다행으로 이틀이면 개조가 마무리되고 그날 밤에는 사용이 가능 할 것이라는 낭보가 전해졌다. 내가 여기 상주하고 있는 동안에 Tower 2기는 무사히 출고 되는 것을 볼 수 있을 것으로 예상했다. 열처리로 제작 업체에서는 급히 인력을 파견했고 오늘 저녁부터 개조작업을 시작해서 밤을 새워서 작업 실시하고 내일 오후 5시까지 열처리로의 시운전을 끝내겠다고 호언장담을 했다고 한다. 그래, 믿어보자.

믿는 도끼에 발등 찍히는 일이 비일비재한 작금의 상황에서 열처리로 업체에서 온 엔지니어들은 기적적으로 개조와 시운전까지 약속한 시간까지 끝마쳤다. 산삼을 먹고 와서 일하시는 건 지 의구심이 들 정도로 별로 지친 기색도 안보여서 의아해했는데, 알고 보니 밤새 3개조를 돌려서 작업을 한 결과였다. 그중에 유독 카리스마 있어 보이시는 분이 한 분 계셨는데 열처리로 회사 사장님이시라고 한다. 나도 모르게 허리 숙여 인사를 하고 "감사합니다, 고맙습니다"를 연발하며 인사를 드렸다. 나의 감사에 활짝 웃으시는 모습이 천진난만한 아이처럼 느껴졌다. 자, 열처리로가 완성되었으니 어디 한번 구워볼까? 당장 버너를 가동시키고 작업을 진행 시켜 달라고 요청했다.

기분이 한결 나아진 상태이기도 하고 열처리로의 문제가 마무리 되고 나니 피곤이 밀려오는 것 같았다. 그러나 이대로 퇴근할 수는 없었다. 열처리로가 잘 작동이 되는 지도 확인해야 하고 공장동 안에서 제작되고 있는 열 교환기의 진행상태도 확인해야만 하기에 늦은 저녁을 외부에서 먹고 들어오기로 했다. 빠르게 돼지국밥이나 한 그릇 하고 들어오자고 서 PM이 권해서 그러자고 했다. 그 때 시간이 해가 저물어 갈 때쯤이니 6시쯤 되었을 것이다. 1시간이면 왔다 갔다 밥도 먹고 충분한 시간이어서 7시에 열처리로가 이상 없이 작동되는 것을 확인하면 되겠다 싶어 잠시 다녀왔는데 공장 정문에 들어오니 공장 자체가 너무나도 조용한 것이다. 뭐지? 왜 이렇게 조용하지?

공장 현관 앞 주차 구획에 차를 대자마자 문을 열고 빠른 걸음으로 공장동으로 향하였다. 세상에…… 공장 1, 2, 3동 어디에도 작업자는 찾아볼 수가 없었다. 화가 머리 끝까지 차 올라 나도 모르게 입에서 욕이 튀어나와 버렸다. "이 ××들이 미쳤나……" 나는 다시 걸음을 재촉하여 열처리로 앞으로 다가갔다. 다행이 첫번째 Tower는 잘 구워지고 있었다. 일단, 안심이다. 이것마저 안 되고 있었으면 어쩔까 싶었지만 불행 중 다행이었다. 잠시 어떻게 할까 고민하다가 불을 뿜고 있는 열처리로 버너 앞에서 공장장에게 전화를 걸었다.

"공장장님, 퇴근하셨어요?"

"아니요, 잠시 저녁 약속이 있어서 나갔다가 다시 공장으로 들어가는 길입니다."

나는 한숨을 크게 쉬며,

"오늘 저녁에는 작업하시는 분이 한 분도 안 계시네요. 다 퇴근 시키신거예요?"

몇 초간 우리 사이에 침묵이 흘렀다. 그리고 공장장도 역시 한숨을 내쉬며,

"아, 참……. 죄송합니다. 일단 제가 빨리 공장으로 가겠습니다. 끊겠습니다."

나는 공장 현관문 앞에서 공장장이 올 때까지 서서 기다렸다. 한 10분쯤 지났을까. 검정색 에쿠스 한대가 들어왔고 연달아 검정색 그랜져 한대도 따라 들어왔다. 차에서 내려 피곤한 기색이 역력한 공장장은 뒤따라 들어오는 생산담당이사에게 소리를 질러댔다.

"야, 와 아무도 공장에 없노? 누가 퇴근하라 캤나? 느그들 다 미쳤나? 와 느그들 맘대로 하노?

생산 담당이사는 여기서 이러지 말고 들어가서 이야기 하자고 한다. 나도 그들을 따라 공장장 방으로 함께 올라갔다. 공장장은 자신의 방에 들어서자마자 회사 잠바를 벗어 던지고 난리를 치기 시작했다.

"김 이사, 누가 아그들 퇴근시켰나? 니가 시켰나?"

"공장장님, 오늘 수요일이고 예, 가정의 날 아닙니까? 그래서 일찍 퇴근했나보네예."

"가정의 날은 개풀뜯어 먹는 소리하고 자빠졌네. 이게 지금 가정의 날 챙

78

기게 생겼나? 오늘 밤에 야근하고 내일 열처리해야 하는 건 우짤낀데? 니가
책임질래? 우짤낀데?"

"와 저한테 그라십니꺼? 제가 퇴근 시킨 거 아닙니다. 와 저한테만 머라
하십니까?"

"니가 생산 담당 아이가? 그람 누구한테 이야기 하노? 다 즈그 맘대로 퇴
근했단 말이가?

들고 있다가 짜증이 나서 한마디 던졌다.

"진짜 개판이네요. 오너감독이 와서 상주를 하고 있는데 이 모양이라니,
진짜 한심하네요. 어떻게 하실 거예요? 안 그래도 지연되고 있는데 어떻게
납기 맞추실 거냐고요?"

그러자 공장장이 생산담당이사에게 더 역성을 내었다.

"니랑 내랑 마, 옷 벗자 마! 이게 무슨 회사고 공장이고! 참 내, 잘 돌아
간다 마!"

지금 당장 해결될 것이 아무것도 없는데 공장장의 넋두리를 듣고 있자니 짜
증이 나서 견딜 수가 없었다. 어차피 오늘은 아무것도 안 될 거고 해서 내일 아침
에 사장 면담을 요청하였다. 그동안 사장은 코빼기도 볼 수 없었는데 이참에 항의
를 좀 해야겠다는 다짐을 했다. 그러나 사장은 다음 날 아침에 나타나지 않았다.
2주간 울산에서 지낼 것이라는 예상을 뒤엎고 업체 자체관리 부실이 생각보다
심각하여 상주 감독 일정이 늘어나면서 1개월 동안이나 이 공장에서 지냈다. 상주하
는 동안 언제까지 이 시어머니 짓을 해야 하나 하고 피곤해 하고 있었으며, 급기야
나는 SRD(현장요구일, Site Requirement Date)가 조정이 가능한지 우리 현장 시공담당자
와 계속 협의하여 날짜 조정을 지속적으로 실시하였다. 결국 15일 Delay 되는 것으
로 선방한 것에 만족해야 했다. 물론 이러한 노력이 더 지연되는 것을 15일 지연으로
막았다고는 하지만 나는 납품지연에 대한 비난을 피할 수 없었다. 내가 할 수 있는
모든 수단과 방법을 동원했지만 공장의 강력한 의지가 없으면 그것도 매우 어렵다는

것을 다시 한 번 실감하였다. 이 사건은 내가 맡은 Stationary Item(고정장치) 중에서 가장 오래 지연된 Item으로 기억되고 있다. 그리고 욕도 가장 많이 얻어먹은 한 달이기도 하다. 자꾸만 지연 되는 상황 속에서 Daily Progress Report(일일공정보고서)를 쓸 때마다 왠지 모를 거부감마저 들었다. 지금 내가 두드리고 있는 이 내용이 내일이면 어떻게 변할 지 나조차도 가늠할 수가 없었기 때문이다. 나에게 일어난 이 사건 때문에 다른 Project를 수행 할 때부터는 Vendor Control Procedure를 변경하게 되었다. More Tight, More Detail.


**전화통에 불이 난다**

직장 생활의 원천은 하루하루 살다 보면 월급날이 다가온다는 것이다. 예전에 부모님 세대에서는 누런 월급봉투에 현금 다발을 한 가득 넣어서 매월 급여일에 부서장이나 또는 총무과에 가서 받아온다는 전설(?)이 전해지지만 요즘 세상에는 마치 Cyber Money처럼 통장에 겨우 숫자 몇 개로 찍혀 얼마 안 되는 시간에 여기저기로 빠져 나가버려 어느새 잔고는 어디론가 사라져버리고 Zero가 되어버린다. 와이프 몰래 단돈 얼마라도 꼬불치고 싶지만 급여는 달라지지 않으니 숨길 수도 없는 노릇이다. 출장을 많이 다니는 분들은 출장비 지급을 별도 정산을 해주니 통장을 별도로 만들어서 단돈 얼마라도 챙겨 놓았다가 친구들과 만나면 소주라도 한잔 하는 뒷주머니를 만들어 놓곤 한다는 데 나는 진짜 바보같이 멍청하게 그런 것도 다 오픈 해버려서 털어도 먼지 하나 안 나오는(?) 아주 아주 깨끗한 청렴결백한 상태로 살아가고 있다. 총각 때 매월 급여일인 25일은 기다려지는 날이었지만 지금은 그냥 무미건조하기만 하다. 다른 날과 별다를 바 없는 그냥 보통 날이다. 어느 집 남편은 용돈을 모아서 명품 백을 사줬네…, 어느 집 남편은 보너스를 받아서 해외여행을 갔네…, 다 남 얘기다. 원래 남들은 다 잘살고 남들은 다 풍요롭다. 옆집 남편은 능력자고 엄마 친구 수재소리 듣는 아들은 항상 장학금을 받고 명문대로 진학하며 이름만 들어도 알 것 같은 좋은 회사에 취직한다. 그런 것이 전부 현실이라고 믿고 싶지 않지만 종종 우리는 듣고 싶지 않은 사실들을 듣곤 한다. 나도 물론 누군가는 부러워할 만한 네임 밸류가 있는 회사에 다니고는 있지만 그저 한낱 월급쟁이에 불과하다. 그 월급쟁이는 오늘도 어김없이 같은 시간에 같은 장소에 같은 업무를 반복하며 지내고 있다. 아침마다 매일 똑같이 반복되는 일상이 지

겨워 질 때쯤 '뭐 재미있는 일이 없을까?'하고 무료하게 지내고 있으면 갑자기 일이 터진다. 회사는 그리고 모든 상황은 나를 가만히 내버려 두지 않는다. 출근해서 잔뜩 밀려들어오고 있는 메일을 하나씩 하나씩 읽어 나갈 때쯤 공지 메일이 뜨는 것을 목격했다.

"10분 뒤 PMT 전원 미팅 실시합니다."

메일 제목만 있고 내용은 전혀 없다. 이게 뭐지? 보낸 사람을 보니 PM께서 PMT 전인원에게 보내신 공지 메일이었다. 대각선 뒤에 앉아 계신 PPM(프로젝트 조달부장)을 바라보니 아무것도 모르신다는 표정이다. 옆자리에 앉아 있는 박과장을 보니 어리둥절한 표정이다. 뒷자리에 있는 이대리는 오늘도 여전히 인터넷 쇼핑으로 하루를 시작하고 있다. 무슨 일일까?

작년에 전체 PMT 인원이 모여 KOM(Kick Off Meeting)할 당시만 해도 인원 구성이 덜 되어서 20명 남짓 되는 인원이었는데 오늘 대회의실에서 보니 50명은 되는 것 같았다. 조직도상에 보여지는 각 LE(Lead Engineer, 선임엔지니어, 부장급) 산하 RE(Responsibility Engineer, 책임엔지니어, 대리/과장급)들도 다 모였다. 무슨 중요한 일이 생겼길래 이렇다 다 모이라 했는지…… PM이 오실 때까지 웅성웅성 근황토크를 하면서 몇 분이 흘렀을까? 이내 PM이 RM Team(Risk Management Team) 부장과 함께 들어왔다. EPC건설사에 근무하는 동안 RM Team 부장은 예전에 해외 Project 할 때 몇 번 보고는 거의 볼 일이 없었던 것 같다. '저 양반이 여긴 웬일이지?' 사실 PMT에서 RM Team 사람들을 볼 일이 거의 없다. 이 메일로 Paper Work 시키는 것 이외에 따로 연락할 일도 별로 없으니 말이다. 무언가 일이 생겨도 단단히 생긴 것이 분명하다.

PM의 얼굴이 그리 좋아 보이지 않았다. 약간은 상기되어 있었고 얼굴이 불그스름한 것이 어디 가서 한바탕 하고 온 것처럼 보였다. 이내 회의실은 조용해지고 우리는 PM에게 집중했다.

"여러분, 요즘 일하시느라 고생 많으시죠? 매일 야근에 출장에 여러분들 노고가 많습니다. 회식도 제대로 못 시켜주고 미안하네요."

나 혼자서 속으로 이렇게 대답해 줬다.

'그걸 몰라서 묻냐…… 얼마나 힘든데…… 그런 거 말고 알맹이를 얘기하란 말이야.'

PM은 잠시 머뭇거리시더니 말을 이어 갔다.

"오늘부터 Project A는 1년 순연입니다."

머라고라고라??? 발주 받은 업체들은 한참 제작하고 있을 건데 1년 순연(연기)이라고? 이거 큰일 났다. 근데, Big Issue 하나를 더 터뜨리셨다.

"Project A 다음에 추진하던 Project B를 앞당겨서 하는 것으로 발주처에서 요구해 왔습니다. 저는 그 의견에 Top Management와 Ongoing(진행)하는 것으로 최종 결정하였으며 지금 이 순간부터 Project A의 모든 업무를 중단하는 동시에 정리에 들어가고 Project B 운영 체제로 들어갑니다. 각 공종별 LE와 담당자 분들께서는 Project Management Team 각 담당자들과 추후 업무에 대해 협의하시어 즉각 조치 바랍니다. 향후 일정에 대해서는 Project Scheduler와 협의 부탁드립니다."

우리는 한 말을 잃었다. 서로 눈치만 보면서 눈알을 굴리고 있었다. 앞으로 해야 할 일들이 엄청났다. 일단, 이런 경우 발주된 기계업체들의 제작 현황을 확인하고 계속 제작을 진행시킬 것인지 아니면 중단하고 일정 시점을 논의하여 재시작해야 할 것인지 확인해야 한다. 근데 문제는 가짓수가 너무 많다는 것이다. 한두 가지도 아니고 종류만 수백 가지요, 수량으로 따지면 수십만 개는 될 것인데, 발주된 모든 Item에 대해 의사결정을 해야 한다. 정신이 멍해져 가고 있었다. 머리가 지끈지끈 아파오는 것 같았다. 우리는 무엇을 해야 하는 지 누구보다 잘 알고 있었기에 더 짜증이 났다. PPM(프로젝트 조달담당부장)은 욕을 한마디 짧고 굵게 내뱉으시더니 자리를 박차고 일어나셨다. 나는 그 뒤를 말없이 뒤쫓아 갔다.

우리 팀은 발주처의 Scope & Schedule 변경 선언 이후 일주일 동안 아무 일도 하지 않았다. 왜냐면 발주처가 말을 바꿀 수도 있기 때문이었다. 보통 이런 경우에는 의사결정을 하더라도 Official Letter로 Project 연기공문이 접수되지 않으면 Action할 근거가 없기 때문에 기다려보는 것이 상책이다. 발주처의 구두 요청사항에 대해서 Action할 수도 있지만 그러기에는 판이 너무 큰 사건이라 쉽사리 움직일 수 있는 상황이 아닌 것이다. 그러나 적은 내부에 있다더니 타 공종 엔지니어가 업체들에게 공문 비슷하게 만들어서 Project A가 취소되고 B만 한다는 내용을 보내왔다고 몇몇 업체들이 내게 연락을 해왔다. 아…… 이제 시작이구나.

출근하자마자 심각한 Impact를 받아 단 것이 당겨서 믹스커피 한 잔 타려고 탕비실로 걸어가는 길에 내 자리의 전화에 벨이 울렸다. 그냥 난 안 들린다고 생각하고 모른 척했다. 그냥 외면했다. 아니, 외면하고 싶었다. 몇 초간 벨이 더 울리더니 끊겼다. 그냥 무덤덤하게 내가 탕비실에서 슬로우 모션으로 커피를 휘젓고 있을 때 또 다시 전화벨 소리가 들려왔다. 누군가는 받겠지 했는데 계속 울려도 아무도 전화를 안 받는다. 뭐지?

나는 탕비실에서 나가지 않고 최대한 천천히 커피를 음미했다. 솔직히 말하자면 커피 한 잔 타서 자리로 돌아오는 게 정상이지만 나는 문을 살며시 닫고 나가지 않았다. 솔직히 말하자면 나가기 싫었다. 전화 받으면 안 될 거 같은 느낌이 들었다. 이 탕비실 문을 열고 나가는 순간 나는 하루 종일 고통 받을 것이 불 보듯 뻔 했다. 내 대신에 누군가 전화를 받아주면 좋으련만…… 그러나 내 전화기는 아무도 당겨 받지 않을 것이다. 팀원들이 뭘 알아서 그런 건지 아니면 어쩐 건지 모르겠지만 말이다.

그저 아무 생각 없이 커피만을 음미하고 싶었지만 그게 잘 안 되는 게 이 상황이라 커피가 코로 들어가는 건지 입으로 들어가는지 모르도록 한참 동안 벨 소리를 들으며 커피를 홀짝거렸다. 점점 바닥을 드러내는 종이컵 커피에 왠지 모를 불안 마저 엄습해 오는 거 같았다. 시간이 미치도록 더디게 흘러가는 것 같은 느낌이랄까, 때마침 Cost Engineer 강 대리가 문을 살포시 열더니,

　　"김 과장님, 전화 안 받으실 거예요?"
　　"어, 나가기 싫어."
　　"시끄러워 죽겠어요."
　　"그럼 강대리가 받던가."

동시에 내 바지 호주머니 속에서 휴대폰 진동이 느껴졌다. 이제 올 것이 왔구나 싶은 순간이었다. 등에 한줄기 땀이 흐르는 것 같았다. 여기서 몇 분 버틴다고 해결될 일이 아닌 걸 나는 누구보다 잘 알고 있다. 마음의 준비를 단단히 해야만 했다. 앞으로 벌어질 일은 정말 장난이 아니다. 한참을 굶은 하이에나 같은 발주처 사업관리팀 인간들이 우리를 가만히 내버려 두지 않을 것이다. 게다가 냄새를 맡은 Vendor PM과 영업담당들이 쫓아와서 엄청 괴롭힐 것이 뻔했다. 왜냐하면 업체 입장에서는 계약을 Termination(종료)하거나 또는 순연하려면 과정이 무척이나 복잡하기 때문이다. 순연시키면 일단 지금까지 제작한 상태로 보관하고 일정 시점이 되었을 때 제작을 Re-Start 할 수 있는지부터 확인해야 한다. 그것이 가능한 Item이 있고 그렇지 않은 Item이 있다. 또한, 설계를 일단 끝내고 나서 업체 측 입장에서 현재 Project를 중단하고 나중에 제작을 지속해도 되는 Item이 있고 안 되는 Item이 있다. 그러니까 각 Item마다 특성이 있어서 그런 것부터 분류 작업을 해야 한다. 그런데 문제는 손바닥 만한 공장을 짓는 것이 아니라 10만평 이상 되는 Site에 공장을 짓는 일이다 보니 얼마나 많은 종류의 기계장치들이 있겠는가?

자리로 돌아와 차분하게 일을 하고 싶었으나 책상 위에 전화벨이 계속 울리는 관계로 짜증이 밀려왔다. 전화를 피하고 싶진 않았지만 지금 상태로는 내부적으로 정리가 되어야 업체에서 연락이 오면 대응을 할 수 있어서 PPM Part(Project Procurement Management Part)의 관련 Function 부서의 각 담당자들(Buyer & Inspection Engineer, Logistics Coordinator 등) 모두에게 Meeting Call을 요청하였다. 이런 Big Issue는 E-Mail로 회람 돌려서 할 일이 아니다. 전부 모아놓고 PMT에서 결정한 사항에 대해 브리핑하고 향후 대책방안에 대해 Plan A, B 등을 선 제시한 다음 각 기능부서장 및 Manager 급들의 의견을 청취하여 최종 의견을 수렴하고 Project를 진행하는 것이 최선의 방법이다. PMT에서 독단적으로 Action하면 기능부서에서는 PMT에서 알아서 하라는 식으로 발을 빼버린다. 이럴 때는 관련 부서들을 전부 코를 꿰서 못 빠져나가게 해야 한다. 당연히 기능부서에는 임무와 역할을 주고 PMT에서는 Control Tower 역할을 실행해 나가야 한다. 이것이 바로 Project Management Team에서 하는 일이다.

동분서주하면서 Project A 순연 작업 준비와 동시에 Project B의 일정을 당겨서 해야 하니 기존에 세웠던 Plan을 Re-Setting하는 것이 급선무라 Project Scheduler의 업무가 가장 심하게 Work Load가 걸리고 있었다. 대강의 Sch.을 짜더라도 시공 Sch.을 감안하여 작성해야 하기 때문에 최소 1주일 이상은 소요될 것으로 예상했다. 그동안에 나는 각 공종별로 장치 및 Bulk Item의 Procurement Execution Plan(조달실행계획)을 Revision(변경)해서 준비하고 Project Sch.이 확정되면 조달팀에 보내어 후속작업을 진행하는 것으로 일단 준비를 마쳤다.

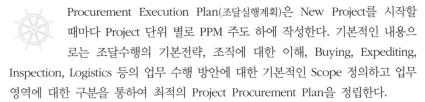

● ● ● 여기서 잠깐

Procurement Execution Plan(조달실행계획)은 New Project를 시작할 때마다 Project 단위 별로 PPM 주도 하에 작성한다. 기본적인 내용으로는 조달수행의 기본전략, 조직에 대한 이해, Buying, Expediting, Inspection, Logistics 등의 업무 수행 방안에 대한 기본적인 Scope 정의하고 업무 영역에 대한 구분을 통하여 최적의 Project Procurement Plan을 정립한다.

Project를 운영하다 보면 문제는 항상 생기기 마련이고 그 문제를 어떻게 잘 풀어나가느냐가 프로젝트 성공 척도를 가늠할 수 있는 근거가 된다. 이번 Project의 경우 Project A는 순연시키고 Project B는 당겨서 하는 특별한 경우이기 때문에 일정 변경에 대한 혼란이 가중된 상태였다. 내부적으로 엔지니어들의 인력동원 계획부터 외부적으로는 발주 업체의 Work Load와 계약관계 감안한 심도 있는 관리가 필요했다. 그 중에서 가장 문제는 기존에 제작을 진행하고 있는 업체 중에서 Project A에 해당하는 업체로 Progress Cost(현 상태까지 제작에 투입된 자재대금, Engineering fee-설계비 등)와 Storage Fee(보관비용)가 발생한다고 공문을 보내온 업체들이 있었다. 안 줄 수도 없고 그렇다고 다 줄 수도 없는 상황이다. 왜냐하면 일단 순연에 대한 자금이 책정되어 있지 않았으며 Contingency Reserve에는 항목조차도 없었다. 물론 TOP Management의 결정에 따라 Management Reserve를 받아서 해결 할 수 도 있지만 그것은 Project 운영상 Project Financing에 대한 Risk가 크므로 섣불리 언급할 수 있는 상황은 아니었다. Best Solution은 발주처에서 Issue한 사건이기에 결자해지를 언급하며 중간기성을 당겨서 받을 수 있다면 쉽게 해결될 수 있는 것으로 보여졌다. 그러나 발주처에서는 현장에 자재가 들어오지도 않은 상황에 무슨 근거로 중간기성을 달라고 하냐며 Reject(거절)를 할 것이 불 보듯 훤해 보여서 PM입장에서는 이 상황을 만회하기가 쉽지 않을 것으로 예측했다. 항상 슬픔예감은 틀린 적이 없다는 것을 반영하듯 PM이 발주처에 요청한 중간기성은 Reject 당했고 현재까지 사용한 TIC(Total Investment Cost)에서 사용 가능한 금액을 확인해 보니 고작 얼마 되지 않은 금액이 남아 있었다. 이렇게 되면 다른 방법이 없다. 업체들을 설득하려면 직접 방문해서 사정을 이야기 하고 도와달라고 하는 수밖에 달리 방법이 없다. 물론 그 중에서 돈 안주면 Termination(계약해지) 하겠다고 으름장을 놓는 업체도 분명히 있다. 이런 것을 해결 하는 것도 내 업무 중에 하나여서 당장 내일부터 PPM(Project Procurement Manager, 프로젝트조달담당부장)과 함께 업체 방문협의 할 수 있도록 Schedule을 세우고 비용이 안 들거나 최소비용이 지급되도록 설득할 수 있는 Plan을 만들어야만 했다. 스트레스가 파도처럼 밀려왔다. 그 많은 업체를 돌아다니면서 하나하나 설명하고 설득하는 과정이 보통 일이겠는가?

나와 PPM이 Vendor Tour(주로 목적 있는 업체방문을 이야기 한다)로 소비한 시간은 정확히 15일 이었다. 돌아와서 Team 벽면에 붙어 있는 Load Map을 확인해 보니 비행기 타고 지구 2바퀴 반을 돌았다. 일정이 매우 빠듯하여 하루에 2개국을 방문하는 경우도 있었는데 그럴 땐 비행 타고 기차 타고 버스 타고를 반복해야 했다. 국내 출장은 직접 운전대를 잡고 자동차로 다닌 거리만 약 3,000km 정도 되는 것으로 파악되었다. 피로도가 매우 극심했지만 PPM과 나는 하루도 쉬지 못하고 출장에서 돌아온 다음 날 즉시 보고서를 써야 해서 어쩔 수 없이 회사로 출근을 해야 했다. 그동안 모아놓은 영수증을 펼쳐보니 사용한 금액도 크거니와 100장은 훨씬 더 되는 것 같았다. 돈다발을 이렇게 쥐어봤으면 소원이 없겠지만 그런 건 뭐 기대도 안 했다. 한 장, 한 장 잘 펴서 서무직원에게 영수증 처리를 부탁 했더니 입이 딱 벌어졌다. 그리고는 짜증 섞인 목소리로 이렇게 말했다.

"닐짜 벌로 정리 하셨죠?"

나는 순간 당황하며,

"아니요, 그렇게 해서 드려야겠죠?"
"당연하죠. 날짜 별로 정리하시고요, 아시겠지만 규정상 오버된 금액은 정산 안 됩니다."

원래 출장 다니다 보면 출장비를 덜 쓰는 경우도 있고 더 쓰는 경우도 생기기 마련이다. 적게 쓸 때는 상관없는 데 더 쓰는 경우엔 PM께 보고하여 정산 받는 데 문제 생기지 않도록 조치를 받았었는데, 이 또한 매번 오버된 금액이 나오면 눈치가 많이 보인다. 국내 출장 시에는 물가를 대강 알고 있어서 Control이 가능한데 비해 해외의 경우엔 지역마다 다르고 외국인이라고 바가지를 씌우는 경우도 더러 있기 때문에 항상 계산할 때마다 신경이 쓰였다. 물론 이번 출장에도 마찬가지다. 오버된 출장비를 어떻게 하면 무사히 잘 받을 수 있을 것인가도 나에게 Big Issue 이자 심각한 Risk다.

다행히 PM께서는 Vendor Tour 다니느라 고생한 것을 감안하여 오버된 출장비를 인정해 주셨다. 일은 일대로 하고 내 돈 써가며 회사에 기여하면 상 줘야 마땅하겠지만 회사는 냉정하다. 회사는 직원에게 시간과 지식을 산 것이고 그에 따라 급여를 산정하여 월별로 정산해 주는 것이다. 직원의 능력개발에 도움을 주고자 학원비 따위를 지원해주는 제도는 있으나 그것도 성과가 있어야 비용처리를 해주는 방침이 있어서 어디 학원 다니기도 겁이 난다. Reward(성과에 대한 보상)라는 것이 HR(Human Resource, 인력팀)에서 개인별로 정확히 어떻게 인사고과 점수 산정하는 것인지는 모르나 이렇게 몸과 마음을 다 바쳐 충성스런 회사의 일꾼으로 살다가 나중에 "팽" 당할까 두려운 마음이 들기도 했다. (이럴 때 "토사구팽" 이라는 사자성어가 생각난다) 어차피 필요에 의해 선발되었고 필요에 의해 유지되는 것이니까 경제적인 측면에서 생각한다면 당연한 것인데, 한 사람의 인생으로 보면 매우 중요한 일이 아닐 수 없다.

어찌됐든 출장 결과, 다음과 같이 일곱 가지의 방향으로 결정되었다.

1) 설계 중단(Engineering Stop)

2) 설계 완료 후 제작 대기(Engineering Completed and Waiting for Manufacturing)

3) 설계 완료 후 제작을 위한 원자재 수급 완료 후 대기(Engineering Completed and Receiving Main Materials)

4) 제작중단(Manufacturing Stop)

5) 제작완료 후 Final Inspection Point에서 대기(Manufacturing Completed and Holding for Inspection)

6) 제작완료 후 Final Inspection 실시 및 Packing 완료 후 업체 Storage

7) 계약해지(Termination)

다행스럽게도 7)번 계약해지 업체는 존재하지 않았다. 업체들로서도 하나라
도 더 수주를 받아서 매출을 올려야 하는 입장이니만큼 EPC건설사가 Project 중단
이라는 Risk를 Transfer(전가) 하더라도 계속해서 사업을 지속시키려는 강건한 의
지가 있으므로 가능한 일이다. 아쉽지 않으면 업체들이 일을 하겠는가? 중간기성
정산도 언제가 될지 모르는 판국에 서로 믿고 간다는 의리(?) 비슷한 내용으로
Agreement를 작성하여 각 업체들에게 발송하였다. 생각해보면 참 고마운 일이다.
건설사 입장에서는 대규모 자금이 소요되지 않아 부담이 적었으나, 업체 입장에서
는 인건비, 자재비 및 창고 비용 등을 떠안는 격이 되는 데, 이 모든 비용을 감수
하겠다고 하니 어찌 고맙지 않을 수 있겠는가? 물론 이렇게 도와주는 업체들이 있
으니 대한민국 건설사가 살아가는 것이고, 함께 상생하는 길로 나아가는 것이다.
이 자리를 빌어서 당시에 어려움에 처해 있었던 Project를 꾸려가는데 도움을 주
셨던 각 업체 사장님들과 직원 분들께 고개 숙여 감사를 표하는 바이다. 나는 적
극적인 도움을 주셨던 그 분들을 결코 잊지 않는다. "결초보은"이라는 사자성어는
이럴 때 써야 맞는 말인 것 같다.

Project B를 앞당겨 수행하고 Project A를 순연시켜 실시한 3년간의 High
Risk Project는 무사히 성공적으로 완료 되었다. 중간에 잡음이 많이 생길 것으로
예상했지만 Professional Project Team의 SUPEX(Super+Excellent) 정신으로 무장된
Good People들이 이 모든 것을 가능하게 했다. 나는 내 팀장(PM)과 Staff들을 다
시 보게 되었고 연말에 Project Reward 상도 받았으며 PM께서는 매우 어려운 난
관 속에서 Project를 성공리에 이끈 그 공로를 인정받아 임원으로 승진한 Best
Practice로 남게 되었다. 불가능을 가능하게 한 것은 집단지성이며, 안 되는 것을
되게 하는 불굴의 정신이 만든 Deliverables(성과물)였다. 아마도 지금까지 내가 수
행한 Project 중에서 그리고 앞으로 수행할 Project에서 회자될 Lesson & Learn(교
훈사항)이 되지 않을까 싶다.

**에필로그**

2019년 4월에 나의 첫 번째 공동 저서인 "열정은 혁신을 만든다"를 출간하였다. 지금까지의 직장생활을 뒤돌아 볼 수 있는 좋은 계기가 된 것에 대해 스스로 Develop되어 뿌듯함을 간직한 채 두 번째 공동 집필을 시작했다. 이제 이 글을 쓰는 시점은 마무리 단계에 접어들어 첫 번째 집필의 순간보다 더 풍요로운 마음을 담고 있다. 두 번째 글을 쓰면서 내 마음 속으로 자문자답 형식으로 수없이 질문하고 또 질문했지만 아직도 모자라고 아직도 부족하고 아직도 배가 고프다는 것을 깨닫게 되었다. 배움에는 끝이 없고 공부에는 왕도가 없듯이 정진하는 길만이 최선인 것 같다. 맡은 바 소임을 다 하고 내게 주어진 일들을 무리 없이 처리하는 것을 넘어 인생의 한 획을 그어야겠다는 욕심이 생겼다. 또한 일만 하지 말고 주변을 한 번 더 둘러보는 것도 매우 중요하다는 것을 깨달았다. 올해는 나를 세우는 "我立"이라는 호를 만들고 스스로 비상할 수 있는 계기를 만들며 자신에게 떳떳하고 한 점 부끄럽지 않을 만큼 살아가야겠다는 생각도 해본다. 이러한 원동력을 갖게 해준 사랑하는 아내 혜령이와 예쁜 나의 딸 봄이에게 기쁨과 영광을 함께 하고 싶다.

03

# 프로세스 <My Dream>을 작곡하다

## _도성룡

프로포즈라는 단어를 들으면 어떤 생각이 드나요? 프로포즈를 하는 사람도 받는 사람도 '설레임'이란 단어가 떠오를 것 같다.

그동안 많은 사람들에게 교육을 하면서 '어떤 프로포즈를 받기 원하나요?' 또는 '어떤 프로포즈를 하기 원하나요?' 라는 질문을 했을때, 대부분의 사람들로부터 사전에 치밀한 계획을 세워서 서프라이즈한 프로포즈를 받거나 하길 원한다는 답을 받았다.

우리는 프로포즈가 아니더라도 계획을 잘 세웠을 때, 결과가 좋았던 경험이 있을 것이다. 계획을 먼저 세우고 일하는 것이 바로 프로세스 기반 업무의 핵심이다. 하지만 많은 사람들은 프로세스 기반의 업무를 귀찮아하는 것 같다. 프로세스에 대해서 부정적인 인식을 갖고 있기 때문이다.

이 글은 저자가 현업에서 프로세스를 구축하고 이행하면서 겪었던 다양한 경험들을 다루고 있다. 독자들이 이 글을 읽으면서 프로세스에 대해 조금이나마 긍정적인 인식을 갖도록 기대해 본다.

많은 사람들이 프로세스를 좋아하지 않는다. 프로세스를 좋아하지 않는 많은 사람들이 프로세스에 대한 부정적인 생각을 갖고 있기 때문이다. 대표적으로 "프로세스는 문서(Document) 만들기 하는 거예요.", "프로세스는 감사(Audit) 받을 때만 필요해요.", "우리 같은 작은 회사에서 프로세스를 따르는 것은 불가능해요." 아마 이 글을 읽는 많은 독자들도 같은 생각이지 않을까 생각된다.

하지만 프로세스를 좋아하지 않는 사람들에게 이러한 질문을 던지면, 조금은 생각이 달라지지 않을까 생각된다. "프로젝트 계획 없이 프로젝트가 잘 진행될까요?", "프로젝트 할 때, 갑자기 생긴 이슈로 당황하거나 문제가 된 적 없나요?", "프로젝트 할 때, 버전관리나 형상관리 하지 않아서 산출물 재작업 한 경험 없나요?, "신입 사원들이 일하는 거 보면 답답하지 않나요?" 등….

우리는 그동안 수많은 프로젝트를 진행하면서, 프로세스를 알게 모르게 이미 적용하고 있어 왔다. 왜냐하면, 프로세스는 일 하는 방식(The Way of Work)이기 때문이다. 어떤 사람은 이렇게 일하고, 또 어떤 사람은 저렇게 일하고… 사람마다 일 하는 방식은 다르지만,

그 일 하는 방식을 정의한 게 프로세스이기 때문이다. 그렇다. 그 일 하는 방식의 효율성을 고려하지 않고, 문서만 만들기 때문에, "프로세스는 문서(Document) 만들기 하는 거예요."라고 생각하는 것이고, 프로젝트나 조직을 평가할 때만 프로세스를 보기 때문에, "프로세스는 감사(Audit) 받을 때만 필요해요."라고 생각하는 것이고, 조직의 규모나 상황은 고려하지 않고, 국제 표준에서 말하는 프로세스를 그대로 적용하려고 하기 때문에, "우리 같은 작은 회사에서 프로세스를 따르는 것은 불가능해요."라는 말이 나오는 것이다.

저자는 석·박사 과정을 통해 소프트웨어 공학, 특히, 프로세스를 전공하고, 자동차 전기전자제어시스템 개발 회사에서 프로세스를 구축했던 경험을 바탕으로 지금은 관련된 컨설팅과 대학 강의를 하고 있다. 이 글을 읽는 독자분들의 프로세스에 대한 인식이 조금이나마 긍정적으로 변화하는 마음으로 한 줄 한 줄 써 내려간다. 좀 더 바란다면 각자 회사의 프로세스를 다시 한 번 보고, 프로세스 담당자들에게 개선 의견을 주면 좋을 것 같다.

**원대한 꿈을 품고**   2012년 4월 나는 자동차 전기전자제어시스템 개발 회사에 입사하였다. 누구나 입사하면 원대한 꿈과 열정이 가득한 것처럼 나 역시, 대학원 석·박사 과정을 통해 프로세스를 전공하면서, 몇 가지 꿈을 펼쳐 보겠다는 계획을 갖고 있었다.

첫 번째 계획은 CMMI나 A-SPICE 등의 프로세스 모델이 제시하는 레벨 3 수준의 프로세스 성숙도를 갖춘 조직을 만드는 것이고, 두 번째 계획은 조직의 구성원들이 프로세스를 쉽게 사용할 수 있는 시스템을 구축하는 것이었다. 과연 그 꿈들을 달성했을까? 하나씩 그 과정을 이야기해 보자.

• • • 여기서 잠깐

CMMI(Capability Maturity Model Integration)란?[1]

1984년 미 국방성은 우수 소프트웨어 개발업체를 객관적인 기준으로 선정하기 위해 Carnegie Mellon 대학에 SEI(Software Engineering Institute)를 설립하였다. SEI는 1991년에 소프트웨어 개발 조직이 높은 품질의 소프트웨어를 일관성 있고, 예측 가능하게 개발하는 능력을 갖추도록 프로세스 모델인 SW−CMM을 개발하였다. SW−CMM은 프로젝트 계획, 통제, 형상관리 등의 프로세스를 개선하기 위한 기준을 제공하고, 조직의 성숙도 수준을 평가할 수 있는 프로세스 모델이다. 이후, 2000년 CMMI로 통합되었고, CMMI−DEV(제품 개발), CMMI−SVC(서비스), CMMI−ACQ(획득)의 3개 모델로 제공되고 있다. 2018년도에는 CMMI V2.0이 개발되었고, Core Practice Area를 중심으로 Development, Service, Supplier Management, Workforce Management, Safety, Security 영역 등을 조직의 필요에 따라 유연하게 확장할 수 있는 구조로 변경되었다. 현재 CMMI를 주관하는 기관은 CMMI Institute이다.

A−SPICE(Automotive−Software Process Improvement and Capability dEtermination)란?[2]

2000년 초반 주요 완성차 제조업체들은 공급업체들이 제공하는 전자제어장치의 품질 문제를 해결하기 위해서, 개발 프로세스 능력을 평가하기 위한 모델 개발의 필요성을 인식하였다. 이러한 상황에서 BMW, Audi, Daimler, Porsche, VW 등 유럽의 완성차 업체들은 HIS(Hersteller Initiative Software) 연합을 구성하였다. HIS 연합은 ISO/IEC 12207과 ISO/IEC 330xx series 표준을 기반으로 자동차에 적용되는 소프트웨어 개발 프로세스의 능력을 평가하기 위해 A−SPICE를 개발하였고, 2017년 A−SPICE V3.1로 개정하였다. 현재 A−SPICE를 주관하는 기관은 VDA−QMC이다.

---

1 https://en.wikipedia.org/wiki/Capability_Maturity_Model_Integration

2 http://www.automotivespice.com/

## 첫 번째 꿈 이야기:
프로세스 레벨 3으로
가는 멀고도 험난한 여정

CMMI나 A-SPICE 등의 프로세스 모델이 제시하는 레벨 3 수준이 되려면 일반적으로 어느 정도의 시간이 걸릴까? 제대로 프로세스를 따르는 조직이라면, 일반적으로 레벨 2를 달성하는데 2년 이상, 레벨 3를 달성하는데 5년 이상(레벨 2 달성기간 포함)이 걸린다고 한다.

●●● 여기서 잠깐

### 프로세스 레벨 3 수준의 조직

조직 차원의 표준 프로세스를 구축하고, 지속적으로 개선하며, 개발 조직에서는 표준 프로세스를 프로젝트 특성에 맞게 테일러링(조정)하여 적용한다. 프로젝트 수행 산출물은 프로세스 자산으로 관리되며, 품질 보증 담당자들은 정기적으로 감사 활동을 수행한다.

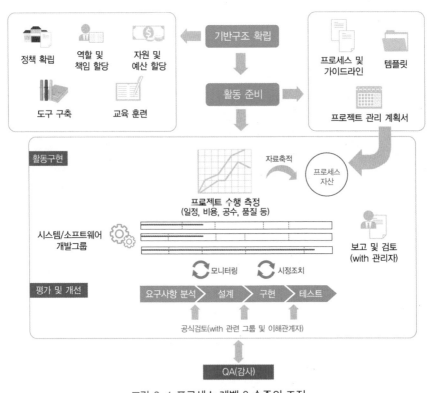

그림 3-1 프로세스 레벨 3 수준의 조직

하지만 국내에 많은 회사들은 어떻게 하고 있는가? 인증만 욕심을 내기 때문에, 제대로 프로세스 구축을 하지 않고 있는 게 현실이다. 이런 회사들을 타깃으로 컨설팅 회사들은 1년 만에 레벨 2 인증, 2년 만에 레벨 3 인증이 가능하다며 컨설팅을 제안한다. 귀가 솔깃한 회사의 담당자들은 그 말만 믿고, 큰 비용을 지불하면서 컨설팅을 받는다. 이렇게 1년, 2년간의 컨설팅이 끝나고 남는 것이 무엇인가? 정답은 인증서(Certification)와 신문에 실린 사진뿐이 아닐까?

회사에 입사하기 전부터 이러한 현실을 알고 있던 터라, 나는 절대 이렇게 하지 않겠다는 확고한 의지가 있었다.

일반적으로 프로세스 구축 프로젝트는 조직의 현 수준(AS-IS) 파악, 프로세스 구축 계획 수립, 프로세스 구축, 교육과 홍보를 통한 확산, 프로세스 이행 점검의 과정을 거치면서 진행된다.

## (1) 조직의 현 수준(AS-IS) 파악: 현 수준을 인정하라

먼저 레벨 2를 달성하기 위해서 프로젝트 관리 프로세스 구축을 목표로 정했다. 대부분의 개발 조직은 요구사항 분석, 설계, 구현, 테스트 등의 개발(Engineering) 활동은 비교적 잘 한다. 소프트웨어, 하드웨어, 시스템 등 제품을 개발하는 게 조직의 목표이기 때문이다. 하지만 우리가 귀찮아서 잘 하지 않는 활동 중에 하나가 계획을 세우고, 계획을 점검하는 일이다. 그 이유는 우리나라의 사나이 문화와도 연관이 있는 것 같다. 빨리 빨리 좀 해라, 시키면 시키는 대로 하지 뭐 이리 생각이 많아? 등… 이러한 말은 그동안 우리가 회사 생활을 하면서 수없이 들어왔던 말들이고, 지금도 만연한 것이 현실이다. 남초 현상이 심한 자동차 산업군은 이런 문화가 더 심한 걸로 유명하다. 하지만 극복하지 못 할 문제라고 생각하지는 않았다.

프로세스 구축 계획을 제대로 수립하기 위해서는 먼저, 조직의 현 수준(AS-IS)을 정확히 파악해야 한다. 현 수준을 파악하기 위해 두 가지 접근 방법을 시도했다. 프로세스 모델을 기준으로 현재 프로세스를 매핑하여 차이를 우선적으로 파악하였고, 시간이 오래 걸리긴 했지만 PM(Project Manager)을 포함해서 실무자들과 인터뷰를 실시하였다. 현실적으로 PM 등 실무자들에게 많은 시간을 할애해 달라고 요청하는 것은 어려운 일이다. 그렇기 때문에, 최대한의 예의를 갖춰 경영층을 포함해서 전사 차원의 협조전을 보내기로 하였다. 그럼에도 불구하고, 바쁜 개발 조직에서 모두 적극적으로 참여해 줄 것을 기대하면 안 된다. 프로세스에 관심 있는 몇몇 적극적인 분들이 나의 타깃이었다. 그렇게 인터뷰 일정을 사전에 계획하고, 미팅을 시작하였다. 때로는 일과 시간 이후만 가능하다는 PM이 있다면, 그 분들의 시간에 최대한 일정을 맞춰서 인터뷰 일정을 계획하였다. 나에게는 한 명이라도 더 많은 분들과 인터뷰 하는 게 더 좋은 결과를 낼 수 있다는 믿음이 있었기 때문이었다.

### 프로세스 효율화를 고민하게 해준 박 PM과의 인터뷰

나는 우선 PM분들이 잘 못하는 부분을 언급하면 감사(Audit) 받는 줄 알고 부정적일 수 있기 때문에, 최대한 잘 하는 부분들 위주로 인터뷰를 해야겠다고 마음을 먹고 있었다.

"박 PM님, 바쁘신데 이렇게 시간 내주셔서 감사합니다. 제가 사전에 보내주신 프로젝트 계획서를 검토해 봤는데, WBS(Work Breakdown Structure)를 상당히 잘 구조화하시고 계신 것 같습니다. 저희가 박 PM님이 작성하신 WBS를 사내 표준 프로세스에 Best Practice로 반영하고자 하는데, 괜찮으실까요?"

"잘 한다는 말씀을 하시니 쑥스럽네요. 뭐…(머리를 긁적) 잘 한 건지는 모르겠지만, 회사 차원에서 도움이 된다면 반영해도 좋을 것 같네요."

"박 PM님, 이렇게 바로 승인해 주셔서 감사합니다. PM님 같은 분이 계셔서 더 좋은 프로세스를 만들 수 있을 것 같습니다. (중간 생략) 혹시, 저희가 프로세스를 구축하고자 하는데 있어서, 어떤 부분을 좀 더 신경 쓰면 좋을까요? 어떤 의견도 좋으니 부탁드립니다."

"음… 사실 전 외국계 글로벌 자동차 부품 회사에도 근무한 적이 있어요. 당연한 얘기지만, 그 회사는 우리 회사처럼 이렇게 비효율적으로 일하지 죠. 우리는 어떤가요? 이 양식, 저 양식 똑같은 내용을 중복해서 작성해야 하는 일도 허다하잖아요. 그리고서 QA(Quality Assurance)들은 왜 산출물 다 작성 안 했나? 이러고 있으니… 제가 전에 있던 회사에서는 엑셀 매크로 같은 기능을 양식에 반영해서 자동으로 데이터를 불러올 수 있기 때문에, 그래도 효율적으로 일을 했던 것 같아요. 최소한 효율적으로 일하게 해 놓고 점검을 하든 지적을 하든 해야 하는 게 아닌가 싶네요…. 에휴… 우리 회사만 생각하면 아직도 갈 길이 먼 느낌입니다."

"박 PM님, 좋은 말씀해 주셔서 정말 감사합니다. 저도 120% 공감합니다. 우리 회사가 박 PM님 같은 분 때문에 더 발전할 수 있을 것 같습니다. 오늘 귀한 시간 내주셔서 감사합니다."

20년 PM 경험이 담긴 리스크 관리 노하우를 얻게 해준 윤 PM과의 인터뷰

윤 PM은 회사에서 이미 알려진 일명 쌈닭으로, 긴장하지 않을 수 없었다. 쓸데없는 질문은 삼가고, 최대한 핵심만 짧게 인터뷰 해야겠다는 마음을 먹고 있었다. 추가적으로 커피도 준비해서 마음을 달래려고 노력했다.

"윤 PM님, 바쁘신데 이렇게 시간 내주셔서 감사합니다. 커피 한 잔 드시면서, 편안하게 인터뷰 해주시면 좋을 것 같습니다."

"커피는 감사한데, 이거 왜 하는 겁니까? 협조전까지 보내서 참석하긴 했지만, 우리가 얼마나 바쁜 줄 알면서… 짧게 합시다."

(눈치를 보면서… 역시나 쌈닭) "네, 인터뷰를 하는 목적은 이번에 프로세스를 구축하는데, 현업의 의견을 최대한 반영해서 우리 조직이 효율적으로 일 할 수 있도록 도움을 드리려고 하게 되었습니다."

"어쨌든 짧게 합시다."

"네, 다시 한 번 시간 내주셔서 감사드립니다. 제가 사전에 보내주신 프로젝트 계획서를 검토해 봤는데, 타 프로젝트들에 비해서 리스크를 초기에 많이 식별해서 관리하시던데, 그렇게 식별할 수 있는 윤 PM님 만의 노하우가 있으실까요?"

"뭐, 별거 있겠습니까? PM만 20년 동안 했는데, 그냥 경험 아니겠습니까? 다른 프로젝트는 그렇게 안 하나 보죠?"

"네, 윤 PM님이 관리하시는 프로젝트가 리스크 관리를 가장 잘 하고 계셨습니다. 그래서 부탁드릴 사항이… 윤 PM님의 경험을 녹여서 리스크 식별 체크리스트를 만들면 회사에 도움이 될 것 같습니다. 바쁘시겠지만 조금 도와…."

"내가 시간을 또 내야 하는 겁니까?"

"아… 가능하시다면 기존에 수행하신 프로젝트의 리스크 관리 대장만 보내주시면 제가 정리하겠습니다. 괜찮으실까요?"

"그러죠. 뭐… 내가 이번 주까지 보내줄게요."

"윤 PM님, 오늘 귀한 시간 내주시고 좋은 말씀해 주셔서 진심으로 감사합니다."

인터뷰 내내 긴장을 해서인지 식은땀을 흘렸던 기억이 난다. 이렇게 PM을 포함한 실무자들과의 긴장 속 모든 인터뷰를 끝내고, 나는 2~3kg은 빠졌던 것 같다. 그래도 아주 좋은 프로세스 개선 의견과 자료들을 확보할 수 있었다. 무엇보다 앞으로 이분들과 함께해야 하기 때문에 성향도 파악하고, 다가설 수 있는 자신감을 얻었던 기억이 난다.

하지만 이윽고 다가온 우리의 현 수준(AS-IS)은 프로세스 레벨 1이 안 되는 상태였다. 프로젝트 계획서를 작성하지 않는 프로젝트가 많았고, 누가, 언제, 무엇을 해야 하는지도 잘 모르는 실무자들이 많았다. 그렇다고 여기서 낙심할 수는 없었다. 현실이라도 제대로 파악했다는 데에 만족하고, 앞으로 어떻게 해 나갈지 구체적으로 계획을 수립하기로 하였다.

## (2) 프로세스 구축 계획 수립: 프로젝트 계획을 구체화 하라

현 수준(AS-IS) 분석 결과를 기반으로 프로세스를 구축하기 위한 구체적인 계획을 수립하였다. 레벨 2를 달성하기 위한 최소 2년간의 계획이므로, 마일스톤을 기준으로 WBS(Work Breakdown Structure)를 구체적으로 세분화하였다. 물론 2년간의 프로젝트 일정이 변경될 수 있다는 가정하에 계획을 수립하였다.

일정을 계획하면서 가장 중요한 부분은 인력을 배치하는 것이었다. 그 당시 프로세스 담당 조직은 3명이었고, 한 명은 막 대학 졸업한 신입사원이었다. 그래서 생각한 방법이 '전사 프로세스 전문가 조직 구성'이었다. 원래는 TFT(Task Force Team)라는 이름을 붙이려 했지만 TFT에 대해서 퇴사할 사람 모임, 신입사원처럼 아직 업무에 대한 경험이 부족한 사람 모임… 이렇게 생각하는 경향이 있어서 전문가라는 명칭을 붙였다. 그렇게 일반적으로 회사에서 제일 열심히 일하는 대리급

인력들을 중심으로 '전사 프로세스 전문가 조직'을 구성하였다. 그리고 시스템 개발 프로세스, 소프트웨어 개발 프로세스, 하드웨어 개발 프로세스, 프로젝트 관리 프로세스, 형상관리 프로세스 등의 프로세스 별로 개발팀의 인력이 참여하도록 하였다. 하지만 개발팀의 인력들은 본인의 주 업무가 아니기 때문에, 적극적으로 참여하거나 잘 도와줄 것을 기대하지는 않았다. 다만 매주 정기적인 회의에 참여해서 의견을 내 달라고 부탁했다. 회의는 최대 3건 정도의 검토 안건을 사전에 공지하고, 1시간 이내로 짧게 진행하였다.

### 프로세스의 역할 및 책임을 정하는 건 핑퐁 게임

자동차 도메인에서는 시스템 개발의 중요성이 강조되고 있다. 특히, A-SPICE 및 ISO 26262[3]와 같은 표준에서는 명시적으로 시스템 개발을 요구하고 있어, 국내 많은 자동차 부품 회사들이 뒤늦게 시스템 개발 조직을 만드느라 어려움을 겪고 있다. 여전히, 대다수의 자동차 전기전자제어시스템 개발 회사는 시스템 개발팀이 별도로 있지 않은 경우가 많다. 소프트웨어 개발팀이 시스템 엔지니어 역할을 하거나 하드웨어 엔지니어와 소프트웨어 엔지니어가 공동으로 작업하는 경우가 많다.

우리 회사도 마찬가지 현실이었다. 그래서 프로세스 활동 별 역할을 정의할 때, 이슈가 될 것으로 예상했다. 역시나 가장 어려웠던 회의였다.

"오늘은 우리 회사에 별도 조직이 없는 시스템 개발 프로세스에 대한 역할을 정의하려고 합니다. 요즘 A-SPICE나 ISO 26262와 같은 표준에서 시스템 개발에 대한 중요성이 강조되고 있기 때문에, 우리 회사도 늦었지만, 해당 프로세스를 정의할 필요가 있을 것 같습니다."

"장기적으로는 별도의 시스템 조직을 만드는 게 맞지만, 현실적으로 새로운 조직을 만드는 건 어렵다고 생각합니다. 쉽지 않겠지만, 차기 조직 개편 때는 시스템 개발 조직이 만들어 질 수 있도록 경영층에 제안하도록 하겠습니다. 어쨌든 오늘은 현 상황을 반영해서 시스템 개발 프로세스의 역할을

---

3  자동차에 탑재되는 전기전자제어시스템의 오류로 인한 사고 방지를 위해 ISO 국제표준화기구에서 제정한 기능 안전 국제 표준으로, 공식 명칭은 Road vehicles - Functional safety이다.

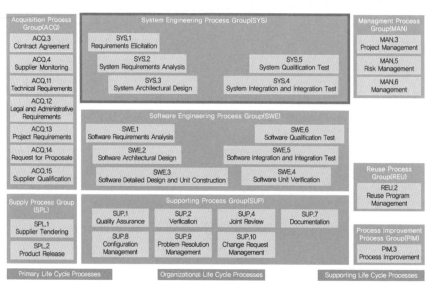

그림 3-2 A-SPICE의 System Engineering Process Group

정의하도록 하겠습니다. 배포해 드린 시스템 개발 프로세스에서 이슈가 될 만한 사항이 있을까요?"

"현재 고객 요구사항 분석 활동은 어떤 요구사항이냐에 따라 수행 주체가 다른 것 같습니다. 소프트웨어 개발과 관련된 요구사항은 소프트웨어 엔지니어가 하드웨어 개발과 관련된 요구사항은 하드웨어 엔지니어가 또… 관리적 요구사항은 PM이 담당하고 있습니다. 이러한 상황을 반영해서 고객 요구사항 분석 활동은 프로젝트 팀(공동)이라고 반영하는 게 맞을 것 같습니다."

"정 대리님, 좋은 의견이십니다. 다만, 고객 요구사항 분석 활동을 좀 더 상세화해서 요구사항을 접수하는 담당자는 PM이 하고, 요구사항을 분석하는 활동은 프로젝트 팀(공동)이라고 하면 어떨까요? 지금처럼 고객 요구사항을 접수할 때 창구를 분리하면, 프로젝트 팀 내에서 공유도 잘 안되고 PM분들이 관리하기도 어렵기 때문에, 창구를 통합할 필요가 있을 것 같습니다. PM분들 의견은 어떤가요?"

끝자리에 앉아있던 쌈닭 윤 PM의 표정이 좋지 않은 것 같았다. 그러더니 한

마디 말을 던진다.

"우리 회사에 PM이 있습니까?… 여러분들이 우리를 PM으로 생각합니까?
그런데 우리한테 고객 요구사항을 접수하는 창구 역할을 하라고요? 이론상
으로 맞겠지만 우리 회사의 현실을 보고 말하라고요… 제발…"

잠시 침묵이 흐른다. 그리고 난 다시 식은땀이 흐르기 시작한다. 그래도 평정
심을 찾기 위해 주기도문이라도 외워야 할 것 같았다. 물 한 잔 마시고, 심호흡 크
게 하고, 다시 떨리는 목소리로 회의를 진행했다.

"윤 PM님, 제가 우리 회사의 상황을 충분히 반영하지 못 한 것 같습니다.
윤 PM님 생각에는 고객 요구사항 분석 활동 담당자의 역할을 누구로 하면
좋을까요?"
"기존대로 합시다. 지금도 고객 요구사항 접수창구만 분리되어 있을 뿐
이지, 프로젝트 팀 회의하면서 접수한 고객 요구사항을 같이 검토하고 있지
않습니까? 정 대리 어때요?"
"네… 그렇긴 하죠."

살벌했던 분위기였던 터라 다른 분들은 서로 눈치만 보며 대답하는 것 같았
다. 분위기를 전환하고자 한 마디 하였다.

"프로세스는 정답이 없습니다. PM님들 의견도 좋고, 또 다른 분들 의견
도 좋은 것 같습니다. 현재 상황을 최대한 반영하고, 효율적으로 프로세스
를 개선하고자 하는 게 이번 '전사 프로세스 전문가 조직'의 목표입니다. 저
도 제 의견을 강요할 생각은 없습니다. 다른 분들도 좋은 의견 있으시면 서
슴없이 말씀해 주십시오."

하지만 어느 누구도 의견을 내지는 않았다.

"더 이상 의견이 없으시면, 금일 발표된 두 가지 의견에 대해서 동의 절차

를 구하도록 하겠습니다. 이 부분은 다수결 원칙에 따라 민주적으로 처리하는 만큼 결정된 의견에 따라 주시기 바랍니다. 1번은 고객 요구사항 접수를 지금처럼 분리하자입니다. (눈치를 살짝 보면서…) 2번은 고객 요구사항 접수를 PM들이 통합하자입니다. 각 번호가 호명될 때, 손을 들어주시기 바랍니다."

결과는 예상했지만, 1번이 8표, 2번은 2표였다.

"네, 그럼 기존대로 고객 요구사항 접수창구를 분리하고, 프로젝트 팀 회의 때는 공유하는 형태로 프로세스를 보완하도록 하겠습니다. 한 가지 우리 회사에도 PMS(Project Management System)4가 있습니다. 지금처럼 고객 요구사항을 엑셀로 관리하지 말고, PMS에 접수해서 관리하면 서로 다른 팀이더라도 프로젝트 팀 내에서는 공유도, 관리도 편할 거 같은데 어떠신가요?"

다들 회사 PMS에 이런 기능이 있었는지 모르는 눈치다. 아마도 PMS를 공수 입력용, 즉 본인의 업무 시간을 입력하는 용도로만 사용해서 그런 것 같다.

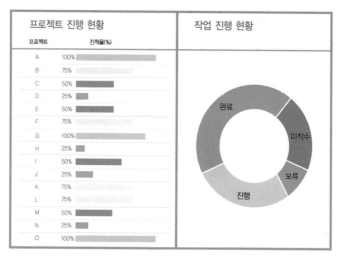

그림 3-3 PMS(Project Management System) 예시

---

4 PMS는 프로젝트 일정, 비용, 공수, 리스크, 이슈 등을 관리해 주는 시스템을 의미한다.

뭔가 좋은 프로세스 개선 기회가 생긴 기분이었다.

"자, 그럼 제가 다음 주 회의 때는 PMS를 통해 고객 요구사항을 관리하는 부분에 대해서 PMS 담당자와 같이 참석하여 시연을 보여드리도록 하겠습니다. 바쁘신데, 회의 참석하시느라 수고 많으셨습니다. 다음 주에 뵙겠습니다."

### 프로세스와 시스템 간 연계를 고민하게 해준 PMS 기반 요구사항 관리 회의

"한 주 잘 보내셨나요? 오늘은 지난주에 말씀 드린 대로 PMS를 통해 고객 요구사항을 관리하는 부분에 대한 시연을 포함해서 몇 가지 안건에 대해서 논의하도록 하겠습니다. 김 사원님 시연 부탁드립니다."

"안녕하세요. 사내 PMS를 담당하고 있는 김 사원입니다. 우리 회사가 PMS를 도입한 지 1년 정도 된 것 같습니다. 저희가 잘 홍보했었어야 했는데… PMS의 이슈 관리 메뉴를 클릭하시면, 이슈를 등록할 수 있게 되어 있습니다. 보시면 이슈의 유형을 선택할 수 있는데 고객 요구사항, QA 지적사항, 필드 클레임 등 몇 가지 유형이 있습니다. 여기서 고객 요구사항을 선택 후 이슈 내용, 담당자, 우선순위, 완료 일정 등의 항목들을 작성하시면 다음과 같이 이슈 관리 대장에 등록된 걸 확인 할 수 있습니다. 그리고 완료 일정 근처에 도래하면, 시스템이 알아서 담당자한테 메일을 전달합니다. 현재는 7일 전, 3일 전에 메일을 전달하도록 되어 있습니다."

회사에 이러한 시스템이 있다는 데에 다들 놀라는 표정이었다. 오늘도 여전히 불만 섞인 표정의 윤 PM이 한 마디 건넨다.

"회사에 이런 시스템이 있는데, 왜 아무도 안 쓰고 있나요?"

김 사원은 당황한 듯이… 잠시 머뭇거린다. 김 사원은 이제 2년차 신입이다. 사실 윤 PM이 저런 어투로 질문하면 당황하지 않을 직원들이 없을 것이다. 김 사원은 이윽고 대답한다.

"저… 저희는 쓰라고 하는데, 개발팀에서 안 쓰려고 하더라고요. 저희는 1년 전에 PMS를 도입할 때부터 교육도 하고, 홍보도 하고 했는데…"

윤 PM은 그런 일이 있었는지 전혀 모르는 눈치다.

"교육도 하고 홍보도 했다고요? 그런데, 왜 아무도 안 쓰고 있죠?"

이러다가는 김 사원이 울컥할 것 같아, 내가 나서지 않으면 안 될 것 같았다.

"프로세스 쪽 문제인 것 같습니다. 프로세스와 도구가 따로 놀고 있어서 그런 것입니다. 이번 프로세스 구축 목표 중에 하나가 도구를 프로세스에 맞추거나, 프로세스를 도구에 맞추거나 해서 상호 일치시키는 부분이 있습니다. 그중에 하나가 PMS입니다. 지금 이슈 관리 프로세스 문서를 보시면, PMS가 아닌 엑셀 기반의 이슈 관리를 하도록 되어 있습니다. 프로세스가 아직 도구를 반영하지 못 한 부분이 있는 거죠. 사실 이 외에도 우리 회사에는 ALM(Application Lifecycle Management)[5], PLM(Product Line Management)[6] 등 좋은 도구들이 많이 있습니다. 이번 기회에 프로세스와 도구를 하나씩 맞춰 나가도록 하겠습니다."

내가 자세를 낮추고 프로세스 문제라고 인정하니, 오히려 분위기가 괜찮아졌다. 만약 내가 개발팀에서 PMS를 안 써서… 이렇게 얘기했으면 아마 회의에 모인 모든 사람들이 나를 째려보고, 더 이상의 회의는 의미 없었을 것이다.

갑자기 윤 PM이 한 마디 한다.

---

5  ALM은 소프트웨어 개발의 요구사항 분석부터 배포까지의 전체 개발 단계에서의 산출물 관리, 변경 요청 관리, 추적성 관리 등을 지원해 주는 시스템을 의미한다.
6  PLM은 제품의 요구사항부터 개발, 생산, 유통, 운용, 유지보수, 폐기까지의 전 단계에 걸쳐 제품에 관련된 정보와 프로세스를 관리해주는 시스템을 의미한다.

"PMS를 쓰면 좋을 것 같긴 한데, 기존에 엑셀로 관리하던 이슈들은 어떻게 합니까? 앞으로 발생한 이슈는 PMS에 넣더라도, 기존 이슈들은 어떻게 하죠?"

김 사원은 잠시 고민하다가…

"엑셀 업로드 기능이 있습니다. 저희가 기존 이슈 관리 대장 엑셀 템플릿을 그대로 PMS에 반영했기 때문에, 기존 데이터를 업로드 하실 수 있습니다. 또 필요에 따라서 엑셀 다운로드도 이용하시면 좋을 것 같습니다. 제가 한 번 보여 드리겠습니다."

김 사원은 자신감이 생겼는지 더 많은 기능을 보여주고 싶어 하는 것 같았다.

"김 사원님, 혹시 오늘 이 자리에서 더 보여주고 싶은 기능이 있나요?"

김 사원의 간트 차트와 이슈 관리 간의 연계 기능 등 몇 가지 시연을 추가로 보고 회의는 끝났다.

여러 회의를 통해, 프로세스 구축 계획을 수립 시, 역할 및 책임 그리고 사내 기존 시스템들을 고려해야 한다는 큰 교훈을 얻었다. 만약 내가 이러한 부분들을 고려하지 않고 계획을 수립해서 전사 프로세스 전문가 조직을 운영했다면, 결과는 불 보듯 뻔한 상황이 펼쳐졌을 것이다. 힘겹게 프로세스 구축 계획을 수립하고, 전사 프로세스 전문가 조직 내에서 합의한 뒤, 관련 부서의 경영층 그리고 대표 이사님까지 승인을 얻었다. 대표 이사님 승인을 받으니 무언가 든든한 지원군이 생긴 기분이었다. 한편으로는 큰 부담이 되었던 것도 사실이었다. 어쨌든 게임은 시작되었다.

(3) 프로세스 구축: 프로세스 아키텍처를 구성하고 만들어진 프로세스는 합의하라

지금까지는 본 게임을 위한 리허설이었다. 이제는 계획한대로 진행해 나가야

한다. 프로세스 구축을 위해 제일 처음 한 일은 우리 회사의 프로세스 아키텍처, 즉 프로세스 하우스를 만드는 일이었다. 우리가 건물을 지을 때 설계를 구상하는 것과 소프트웨어를 개발 할 때 아키텍처를 설계하는 것처럼, 프로세스에서도 아키텍처를 구성하는 일은 중요한 일이다. 이 프로세스 아키텍처를 제대로 설계하지 못 하면 중복되거나 누락되는 프로세스가 생기기도 하며, 프로세스 간에 입출력 연계를 정의하는데 문제가 되기 때문이다.

우리는 자동차 분야의 품질경영시스템인 IATF 16949(前 ISO/TS 16949)를 기반으로 A-SPICE와 ISO 26262를 토대로 프로세스 아키텍처를 구성하였다. 많은 조직이 표준을 기반으로 프로세스 아키텍처를 구성할 때, 실수하는 부분 중에 대표적인 것이 표준에 명시된 프로세스를 그대로 조직에 반영한다는 것이다. 표준은 특정 조직을 목표로 만들어 진 것이 아니라, 범용적으로 사용될 수 있도록 만들어 진 것이므로 반드시 조직과 프로젝트의 특성을 반영하여 프로세스 아키텍처를 구성해야 한다.

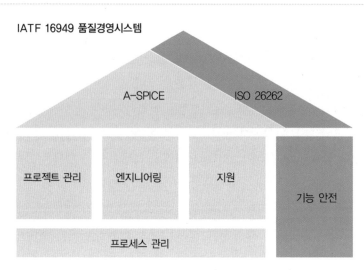

그림 3-4 프로세스 아키텍처(프로세스 하우스)

이렇게 프로세스 아키텍처 내 프로세스들을 하나씩 만들어가기 시작했다. 레벨 2 달성을 위해 프로젝트 관리 프로세스 영역을 우선적으로 구축하였다. 여러 과정을 통해 우리 조직의 프로젝트 관리 프로세스를 구축하였다.

　프로세스를 구축하면서 가장 중요한 활동 중에 하나로 관련 팀의 담당자들을 대상으로 설명회를 실시하고, 합의하는 것이다. 프로젝트 관리 프로세스에 대해서도 PM들을 대상으로 설명회를 실시하였다.

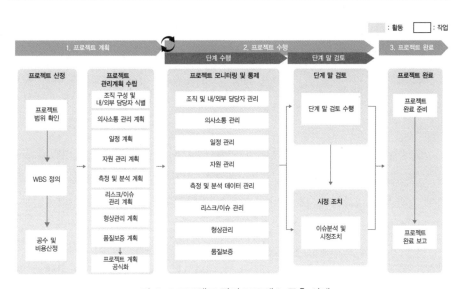

그림 3-5 프로젝트 관리 프로세스 구축 사례

　철저한 현 수준(AS-IS) 분석의 중요성을 알게 해준 프로젝트 관리 프로세스 설명회

　이번 설명회는 전사의 대부분의 PM들이 모이는 자리이다. PM들은 개발 경험도 많고 최소 책임급 이상으로 연배도 있으신 분들이라, 신중하게 말을 했어야만 했다.

　"바쁘신 시간 속에서 이렇게 프로젝트 관리 프로세스 설명회에 참석해 주셔서 감사드립니다. 오늘은 사전에 공지 드린 대로 전사 프로세스 전문가 조직 내에서 만든 프로젝트 관리 프로세스에 대해서 설명 드리고, 여러분들의 의견을 받아서 개선을 하고자 합니다. 먼저 전체 프로젝트 관리 프로세스의 흐름을 설명 드리고, 한 단계씩 상세 설명을 드리도록 하겠습니다. 설명 드리는 중에 궁금하신 사항은 편하게 질문 주시면 좋을 것 같습니다."

한 단계, 한 단계씩 설명이 끝났다. 많은 공격을 받을 것으로 생각했는데, 의외로 반대하는 의견이 없었다.

"지금 설명 드린 내용들은 PM분들이 대부분 하시는 내용을 정리한 것입니다. 일부 안 하시거나 부족하신 활동들이 있겠지만, 우리 조직의 상황을 고려하여 꼭 필요한 활동들을 반영하였습니다. 다소 처음에는 적용하는데 어려움이 있겠지만, 저희가 잘 적용될 수 있도록 적극적으로 지원하겠습니다. 많은 협조 부탁드립니다."

설명을 할 때 PM분들의 반응을 돌이켜 보면, 대다수가 고개를 끄덕였고 공감하는 눈치였다. 사전에 현 수준(AS-IS) 분석을 철저히 하고, 꼭 필요한 활동만 반영한 결과라고 생각했다. 또 하나의 이유는 쌈닭 윤 PM이 전사 프로세스 전문가 조직의 멤버여서가 아닐까 싶다.

이렇게 전사 프로세스 전문가 조직 내에서 프로세스를 만들어 갈 때마다 설명회를 진행하였고, 그 기간만 약 1년이 소요되었다. 하나의 프로세스가 만들어지는 과정은 험난한 전쟁터를 방불케 하는 인내와 끈기의 연속된 과정이 아닌가 싶다.

### (4) 교육과 홍보를 통한 확산: 프로세스 마인드로 전환하기 위해 정신 교육하라

대부분의 프로세스 문서들이 만들어지자마자 사장되는 이유 중에 하나는 무조건 적용하라고만 하기 때문이다. 기존에 일하던 방식을 바꾸기 위해서는 일명 정신 교육, 마인드 전환을 해줘야 한다. 그것도 한 번이 아니라, 정기적으로 꾸준하게 교육을 해줘야 한다.

---

**프로세스 교육 이력 사례**

- ✓ 품질경영시스템 및 프로세스 개요
- ✓ A－SPICE 프로세스 모델 개요
- ✓ ISO 26262 기능안전 개요
- ✓ 프로세스 아키텍처 소개
- ✓ 프로젝트 관리 프로세스 소개 및 적용 방법
- ✓ 시스템 개발 프로세스 소개 및 적용 방법
- ✓ 소프트웨어 개발 프로세스 소개 및 적용 방법

---

교육의 또 다른 장점 중의 하나는 실무자들의 의견을 직접적으로 들을 수 있다는 것이다. 평소에 다 같이 만나서 대화하기 어렵기 때문에, 이 시간은 다양한 개선 피드백을 받을 수 있는 좋은 기회이다.

프로세스 확산을 위한 또 하나의 활동은 홍보 자료를 만들어서 배포하는 것이다. 우리가 길을 걸어가다 보면 수많은 전단지를 나눠주는 것을 볼 수 있다. 그렇지만 그 전단지를 보는 사람은 거의 없고 이내 휴지통에 버려진다. 하지만 우리의 홍보 자료는 살아있는 문서가 되는 것을 목표로 했다. 문서가 살아 있다는 의미는 회의 때 활용된다는 의미로 볼 수 있다.

'어떻게 하면 회의 때 활용되는 문서를 만들 수 있을까?'에 대해 고민을 많이 하였고, 해외 컨설팅 회사들이 어떻게 하는지를 살펴보았다. 많은 회사들이 핸드북을 만들어서 배포하고 있었다. 몇 백 페이지 되는 책자 보다는 핵심만 모아 놓은 핸드북을 통해 평소에도 휴대해서 활용하도록 하는 것이었다. 또 다른 방법은 스마트폰 앱을 통해 배포 하는 것이었다. 하지만 이번에는 여건상 핸드북만 만들어서 배포하기로 하였다.

그렇게 프로세스 확산 활동을 약 6개월가량 수행하였다. 조금씩 이런 활동에 대한 의견이 들려오기 시작했다. 그리고 회의 때 또는 일할 때 자리에서 핸드북을 열어보는 경우를 종종 볼 수 있었다.

그러던 중, 윤 PM과 잠시 얘기할 기회가 생겼다. 이제 윤 PM과도 많이 만나서 얘기하다 보니, 서슴없는 사이가 된 것 같다.

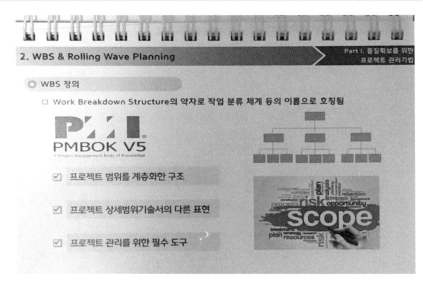

그림 3-6 프로세스 핸드북 홍보 자료 사례

"윤 PM님 잘 지내셨어요? 한 동안 못 뵌 것 같습니다. 어디 다녀오셨나요?"

"몸이 안 좋아서 잠시 2주가량 휴가를 다녀왔어."

"어디가 안 좋으셔서, 그렇게 길게 휴가를 다녀오셨나요?"

"스트레스지 뭐… PM 업무 하다 보니까, 1년에 한두 번씩은 종종 겪는 일이야."

"네?"

난 이해가 잘 되질 않았다.

"별거 아니야. 신경 쓰지 않아도 돼. 홍보 활동은 잘 되고 있나?"

"네, 윤 PM님이 많이 도와주신 덕분에 홍보 반응은 괜찮은 것 같습니다."

윤 PM은 별거 아닌 것처럼 얘기했지만, 뭔가 문제가 있는 것 같아 다시 물어보았다.

"무슨 일 있으셨어요?"

"별거 아니래도…"

"윤 PM님, 그동안 저랑 알아온 시간이 2년이 다 되가는데, 말씀 좀 해 주세요."

"자네도 끈질기구만…"

"제 성격 아시잖아요."

윤 PM은 그동안 마음 고생한 얘기를 꺼내 놓기 시작했다.

"자네도 들었는지 모르겠지만, PM 조직을 없앤다고 하더라고… 담배 좀 필게."

"네, 그럼요."

윤 PM은 담배를 길게 한 모금 피더니, 나에게 충고한다.

"자네나 나나 결국 지원 조직에 있잖아. 회사가 어려우면 제일 먼저 없애는 조직이 지원 조직이야. 자네 팀은 프로세스 홍보도 하고, 뭔가 하는 것처럼 보이니까, 다를 수도 있겠네. 내가 전에 회의 때, 이런 말 한 적 있지 않나? PM을 PM으로 생각 하냐고…"

큰 한숨을 쉬고는…

"우리의 위치가 회사에서 그래. 우리는 없어도 되는 조직으로 생각한다고. 대표 이사님도 그렇게 생각하시고 계시니, 이런 소문이 돌겠지…"

"윤 PM님, 그동안 마음고생 많으셨을 것 같습니다. 제가 뭐 도움 드릴 수 있는 방법이 있을까요?"

"대표 이사님 마음을 자네가 어떻게 바꾸겠어? 마음만으로 고맙네."

평소 쌈닭 윤 PM도 오늘은 힘없는 병아리 같았다.

"힘내세요. 윤 PM님"

이렇게 쓸쓸한 마음을 안고 윤 PM과 헤어졌다.

며칠 뒤, 타 자동차 부품 회사의 프로젝트 관리 프로세스를 볼 기회가 생겼다. 우리 회사의 프로세스와 어떻게 다른지도 볼 겸 자세히 살펴보았다. 첫 장부터 크게 다른 한 가지 활동이 있었다. 그것은 'PM 선정' 활동이었다. 'PM을 선정한다?' 사실 난 이런 활동이 있다는 것 자체를 처음 본 순간이었다. 이 활동에 대해서 자세히 살펴보니 PM의 자격 요건 정의, PM의 권한 정의 등이 적혀 있었다. 심지어 대표 이사가 공식적으로 PM 임명장을 수여하는 내용에 대해서도 적혀 있었다. 그만큼 PM이 프로젝트에서 중요한 역할을 하기 때문에, 그만한 권한을 부여하는 것이다. 반면, 우리 회사의 PM은 동네북처럼 대우를 받고 있다. 무언가 조치를 취하지 않으면 안 되겠다는 생각을 했다.

PM은 자동차 부품 회사에서 짧게는 1년, 길게는 5년 정도 프로젝트를 관리하면서 고객, 대표 이사, 경영층, 개발팀, 품질팀 등 모든 이해 관계자들을 상대해야 한다. 사람을 상대하는 게 가장 어렵다고 하는데, PM은 모든 이해 관계자들과 커뮤니케이션 하면서 문제가 생기지 않도록 중재자 역할을 해야 한다. 이런 PM 조직을 없앤다고 하니 이건 프로세스 문제일 수도 있다고 생각하고, 전사 프로세스 전문가 조직에서 의논하기로 하였다.

특명. PM 조직을 살려라

프로세스를 구축할 때, 제일 어려운 문제 중 하나는 조직과 관련된 부분이다. 하지만 PM은 프로젝트의 성패를 좌지우지할 수 있는 중요한 역할이고, 레벨 2 조직을 만들기 위해서 꼭 필요했기 때문에 어려운 결정 끝에 회의 안건으로 정했다.

"오늘은 우리가 레벨 2 달성을 위해 꼭 필요한 PM 조직을 살리기 위한 방안을 만들기 위해 모였습니다."

다들 요즘 회사에 무슨 일이 있는 줄 모르는 것 같았다. 그래서 다시 한 번 회의 배경에 대해서 설명해 주기로 하였다.

"아시는 분들도 계시겠지만, 요즘 회사에서 조직 개편이 있을 것 같다고 합니다. 그런데 PM 조직을 없앨 수도 있다고 합니다. 경영층에서 왜 이런 결정을 했는지 잘 이해가 되지 않는데요, 우리가 레벨 2 달성을 위해 PM 조직은 꼭 필요합니다. 이에 어려운 주제이긴 하지만 제가 이렇게 회의를 소집하게 되었습니다."

다들 경영층의 결정을 우리가 어떻게 해결할 수 있냐는 눈치다. 그래서 나는 PM 관련해서 조사한 자료들을 설명해 주기로 했다.

"타 회사 자료를 검토해 본 결과, PM은 대표 이사가 임명하는 만큼 중요한 역할이고, 일반적으로 프로젝트 제안 단계부터 PM 선정을 하고 있습니다. 그런데 우리 회사의 프로세스에는 PM 선정 활동이 없습니다. 제가 프로젝트 관리 프로세스를 만들 때, 크게 간과한 활동이 아닌가 싶습니다. 저는 PM분들이 지금의 대우를 받는 것은 프로세스 문제도 일조한다고 생각합니다. 그래서 저는 프로젝트 관리 프로세스의 프로젝트 제안 단계의 첫 활동으로 PM 선정 활동을 반영하고자 합니다. 이에 대해 의견을 부탁드립니다."

오늘 윤 PM은 다른 일이 있어서 참석하지 않았다. 다들 눈치만 보고 아무도 의견을 제시하지 않았다.

"다들 의견 내시기 어려우실 것 같습니다. 그런데 이 문제는 굉장히 심각하고, 시간이 별로 없습니다. 저희가 낸 의견이 받아들여질 거라고 생각하지는 않습니다. 하지만 이대로 '강 건너 불 보듯' 할 수는 없을 것 같습니다. 저는 프로세스 담당자로서 책임이 있습니다. 자료 준비 등 관련해서는 제가 하겠습니다. 대신 대표 이사님 보고 자료에 합의만 부탁드립니다."

오랜 설득 끝에 프로세스 전문가 조직 내에서 PM 조직 유지를 위한 대표 이사 보고 자료에 합의하였다. 대표 이사님 보고 날짜가 잡히고, 결과는 어떻게 되었을까? PM 조직을 별도로 유지하는 데에는 실패하였다. 대신 PM 선정 활동을 프로젝트 제안 단계에 반영하고, 양산을 전제로 하는 프로젝트에 대해서는 PM 선정을 공식적으로 대표 이사님이 승인하기로 하였다. 절반의 성공을 달성했다고 생각한 다. 무엇보다 더 큰 성과는 대표 이사를 비롯한 경영층이 PM의 중요성과 권한에 대해서 조금이나마 인식하지 않았을까 기대한다.

### (5) 프로세스 이행 점검: 더 높은 곳을 바라보고 프로세스를 점검하라

프로세스는 조직에서 반드시 준수해야 하는 업무 기준이다. 그래서 많은 사람들이 프로세스를 싫어하는 이유이기도 하다. 그동안 프로세스를 교육하고, 홍보하는 활동을 통해 적지 않은 마인드 전환이 되었으리라 생각된다. 지금까지는 일명 당근 효과로 프로세스를 전파하는데 집중하였다면, 이제는 채찍을 써야할 차례다. 쉽지 않은 일이지만, 2년여 간의 노력을 점검하는 차원에서 진행하기로 하였다. 프로세스 이행 점검은 전사 차원에서 이뤄졌으며, 설명회를 실시하고 임의의 프로젝트를 샘플링 해서, 정해진 기간까지 산출물과 자체 점검 체크리스트를 제출하도록 하였다. 여기저기서 터져 나오는 불만이 한 둘이 아니었다. 그래도 이번에는 단호하게 기준을 제시 했어야만 했다. 불만에 대해서는 프로세스 개선과 내재화의 목적이지, 평가의 목적은 아니다는 측면을 강조했다.

사실 점검하는 내가 더 긴장하지 않을 수 없었다. 현재 시점에서 레벨 2를 달성하는 것이 나의 큰 목표였기 때문이다. 결과는 어떻게 되었을까? 평균 레벨 2에 근접한 것으로 파악되었다. 일부 조직은 레벨 1~1.5였지만, 70% 이상의 프로젝트가 레벨 2 이상에 준하는 활동을 수행하고 있었다. 정말이지 공식 심사를 받은 것처럼 환호성을 외치고 싶었다.

처음 프로세스 구축 프로젝트를 시작 한 이내로 정확히 2년 4개월이 걸렸다. 그동안 쉼 없이 여러 에피소드를 겪으며 달려온 것 같다. 레벨 2 달성 기념으로 스스로에게 포상이라도 하고 싶었다. 그래서 그 날 나는 잠깐의 여유를 즐기고자 사우나를 가서 쉬기로 하였다. 그런데 웬 걸… 사우나에 들어가자마자 갑자기 지난 시간이 떠오르기 시작했다. 그 이유를 생각해 보니, 프로젝트가 끝나고 Lessons Learned를 안했기 때문이었다. 젠장… 사실 다음 주에 할 생각이긴 했는데, 성격상 바로바로 하지 않으면 안 되는지라 하나씩 생각나는 대로 스마트폰에 우선 적어 보았다. 그렇게 적은 Lessons Learned는 다음과 같다.

---

### 레벨 2 프로세스 구축 프로젝트 Lessons Learned

✓ 현 수준(AS-IS)을 파악하는데 많은 노력을 해야 한다.

✓ 프로젝트와 개발 팀의 소리에 귀 기울여서 개선 포인트를 찾아야 한다.

✓ 프로젝트와 개발 팀의 문제라기보다는 프로세스 문제로 접근해야 한다.

✓ 프로세스는 절차, 역할, 도구·시스템, 기법을 고려해서 구축해야 한다.

✓ 때론 엄격한 기준으로 프로젝트와 개발팀을 점검해야 한다.

✓ 무엇보다, 조직을 사랑하는 마음으로 프로세스를 만들어야 한다.

---

첫 번째 꿈의 결론은, "제품의 질"은 제품을 개발하고 운영하는 "프로세스의 질"에 의해 결정된다는 CMMI를 만든 Watts Humphrey의 말을 인용하면서 마감하려고 한다.

"The quality of a software system is governed by the quality of the process used to develop and evolve it."

– Watts Humphrey

"제품의 질"은 제품을 개발하고 운영하는 "프로세스의 질"에 의해 결정된다.

그림 3-7 프로세스의 중요성 강조

하지만, 내 꿈은 레벨 2 수준을 달성하는 것이 아니었다. 레벨 3을 달성하기 위한 꿈을 계속해서 나아가야만 했다. 그 내용은 두 번째 꿈 이야기에서 시작해 본다.

**두 번째 꿈 이야기:**
프로세스 레벨 3으로 한 걸음 더 다가가기 위한 프로세스 관리 시스템 구축 과정

레벨 3으로 가는 험난한 여정이 시작되었다. 프로세스는 문화라는 말을 쓰기도 하고, 때로는 내재화라는 말을 쓰기도 한다. 그만큼 프로세스가 몸에 습관화되어야 한다는 의미를 말한다. "너 어떻게 일해?" 라는 말은 어떤 프로세스를 따라서 일하냐는 말이다. 레벨 3의 조직은 모든 프로젝트가 표준 프로세스에 의해서 움직이는 것을 목표로 한다. A 프로젝트 따로, B 프로젝트 따로가 아니라 일관되게 움직이는 조직을 의미한다. 과하게 표현하면 북한 군인들의 열병식을 비유해 볼 수 있을 것 같다.

그림 3-8 북한 군인들의 열병식7

레벨 3 조직을 만들기 위해서 내가 선택한 전략은 프로세스 관리 시스템을 만들어서 프로세스를 체계적으로 관리하고, 무엇보다 실무자들이 쉽게 볼 수 있도록 하는 것이었다.

7  https://radiokorea.com/news/article.php?uid=296616

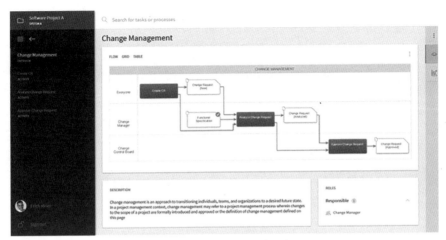

그림 3-9 프로세스 관리 시스템[8][9]

하지만 프로세스 관리 시스템을 만들겠다고 했을 때, 당장 파트장부터가 반대했다. 회사에서는 돈이 안 되면 승인을 안 해 준다고… 그런데 나는 무슨 일이 있어도 프로세스 관리 시스템을 만들고 말겠다는 의지가 있었다. 파트장을 겨우 설득하고, 팀장님을 설득할 차례다. 팀장님은 더더욱 안 된다고 했다. 가뜩이나 실적 없는 팀이 예산을 쓴다고 하면, 그것도 2억을… 대표 이사님이 승인 하겠냐는 것이다. 나는 지금 당장에 2억을 투자하면, 3년 이내에 10억 이상을 회수할 수 있다는 믿음이 있었다. 그렇게 팀장님도 설득하였다.

특명. 대표 이사님으로부터 한판 승하라

이제 경영층을 넘어, 대표 이사님을 설득할 차례이다.

"뭘 만들겠다는 건가?"

"프로세스 관리 시스템입니다."

"프로젝트 관리 시스템은 이미 있지 않은가?"

---

8  표준 프로세스 문서들의 제·개정을 관리하고, Best Practice 등의 사내 프로세스 자산을 관리 해주는 시스템을 의미한다.

9  https://www.methodpark.com/stages/features.html

"프로젝트 관리 시스템이 아니라, 프로세스 관리 시스템입니다."

"그래? 프로세스 관리 시스템이 뭔가? 내가 무식해서 잘 모르니, 쉽게 설명해 보게."

"대표 이사님은 우리 회사의 프로세스가 어디에 있는지 아시는지요?"

"글쎄…"

"우리 회사에는 많은 프로세스 문서들이 웹하드에서 관리되고 있습니다. 웹하드에서 관리되고 있는 프로세스 문서들을 과연 우리 직원들이 볼까 고민을 해보았습니다. 아마도 고객 감사(Audit) 받을 때만 열어보지 않을까 싶습니다."

"그래서?"

"프로세스 문서는 살아 있어야 한다고 생각합니다. 꼭 프로세스를 보면서 일할 필요는 없지만 프로세스가 어디에 있고, 쉽게 찾을 수 있고, 회의 때 참고자료가 되어야 한다고 생각합니다."

"좋은 생각이네. 그런데 이 시스템을 만드는데 얼마인가?"

"2억입니다."

"얼마라고?"

"2억입니다."

"자네 돈이라면 그 돈으로 이 시스템을 만들겠는가?"

나는 확고한 의지와 믿음이 있었기 때문에, 서슴없이 대답했다.

"제가 돈만 있다면 제 돈으로라도 꼭 만들고 싶습니다."

"그래? 그럼 승인하겠네. 자네가 그 정도의 열정과 확신이 있다면, 투자하겠네.

"감사합니다. 대표 이사님."

협상이란 이런 거구나를 깨달은 순간이었다. 5분여의 대표 이사님과의 대화였지만, 좋은 경험을 한 순간이었다. 그러기에 더욱 잘 만들어야겠다는 생각으로 약 6개월에 걸쳐서 개발 업체와 작업을 진행하였다.

이렇게 프로세스 관리 시스템을 만들어 가는 과정 속에서 실무자들의 의견을 피드백 받는 부분이 중요하기 때문에, 어김없이 프로세스 관리 시스템 설명회를 추진하였다. 기존의 전사 프로세스 전문가 조직과 QA, 실무 개발자 등을 팀 별로 선정 받아 진행하였다.

프로세스 레벨 3 수준의 느낌을 받기 시작한 프로세스 관리 시스템 구축 설명회

실무 개발자들을 향해 다음과 같이 질문했다.

"여러분들 우리 회사의 프로세스가 어디 있나요?"

프로세스 교육도 홍보도 그렇게 했지만, 누구 하나 자신 있게 대답하는 이가 없었다. 그래서 다음과 같이 다시 질문하였다.

"프로세스가 필요하다고 생각하시는 분 손 들어 주세요."

서로 눈치를 보더니, 절반 이상이 손을 들어 주었다. 참 다행이었다.

"여러분들이 매번 프로세스를 보시면서 일하는 건 아니기 때문에, 프로세스가 어디에 있는지 잘 모르시는 건 당연하다고 생각합니다. 그래서 저는 여러분들이 쉽게 접근해서 프로세스를 사용할 수 있도록 오늘 프로세스 관리 시스템 개발 설명회를 개최하게 되었습니다. 제가 몇 가지 기능을 설명드릴텐데, 좋은 의견 부탁드립니다."

## 프로세스 관리 시스템 기능 1. 프로세스 자산 관리

프로세스 및 업무 규정 등의 자산을 통합해서 관리하고, 사용자 중심의 다양한 검색 기능을 제공하며, 자산의 제·개정 관리를 통한 개정 이력을 관리함

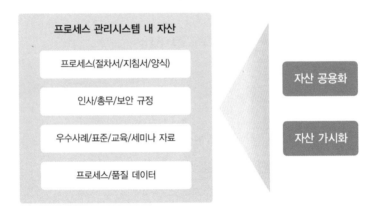

## 프로세스 관리 시스템 기능 2. 프로세스 성과 지표 관리

프로세스 별 성과지표를 정의하고, 해당 데이터를 수집 및 분석하며, 차트 결과를 제공함으로써 프로젝트 내 의사결정을 지원함

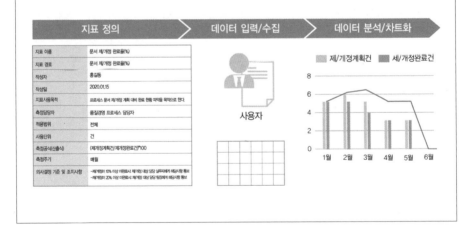

## 프로세스 관리 시스템 기능 3. 프로세스 이행점검

프로젝트 팀들의 프로세스 이행 현황을 점검하고, 시정조치 결과를 모니터링하며, 점검 결과의 통합 관리를 통한 프로세스 개선 기회를 도출함

**■ 국제 표준 요건 만족도(40%)**

| No | 점검항목 | 만족조건 | 점검결과 | 기준 | 결과 | 100점 환산 | 점검내용 | 인터뷰 결과 |
|---|---|---|---|---|---|---|---|---|
| 1 | 요구사항 개발 체계 수립 | 요구사항 개발 활동 | 선택 | 5 | C | 0 | | 선택 |
| 2 | 설계 체계 수립 | 설계 활동 | 선택 | 5 | C | 0 | | 선택 |
| 3 | 통합 및 검증 체계 수립 | 통합 및 검증 활동 | 선택 | 5 | C | 0 | | 선택 |
| 4 | 배포 체계 수립 | 배포 활동 | 선택 | 5 | C | 0 | | 선택 |

**■ 프로세스와 실무간 차이 정도(30%)**

| No | 점검항목 | 만족조건 | 점검결과 | 기준 | 결과 | 100점 환산 | 점검내용 | 인터뷰 결과 |
|---|---|---|---|---|---|---|---|---|
| 1 | 절차서·지침서·양식간 차이 정도 | 절차서·지침서·양식 일치 | 선택 | 5 | C | 0 | | 선택 |
| 2 | 지침서의 실무 반영 정도 | 지침서 현실화 | 선택 | 5 | C | 0 | | 선택 |
| 3 | 양식의 실무 반영 정도 | 양식 현실화 | 선택 | 5 | C | 0 | | 선택 |

**■ 프로세스 문서 관리(30%)**

| No | 점검항목 | 만족조건 | 점검결과 | 기준 | 결과 | 100점 환산 | 점검내용 | 인터뷰 결과 |
|---|---|---|---|---|---|---|---|---|
| 1 | 지속적인 문서 개정 | 년 1회 이상 개정 실시 | 선택 | 5 | C | 0 | | 선택 |
| 2 | 제·개정 이력의 추적 | 제·개정 이력의 보문 | 선택 | 5 | C | 0 | | 선택 |
| 3 | 문서 주관 부서의 정확한 명시 | 문서 주관 부서 일치 | 선택 | 5 | C | 0 | | 선택 |
| 4 | 문서 작성/검토/승인 담당자 서명 | 담당자 서명 | 선택 | 5 | C | 0 | | 선택 |
| 5 | 프로세스 자산 저장소(오피스하드) 내 최신 버전 등록 | 최신 버전 등록 | 선택 | 5 | C | 0 | | 선택 |
| 6 | 프로세스 흐름도 요소의 표준화 | 표준 흐름도 요소 사용 | 선택 | 5 | C | 0 | | 선택 |
| 7 | RASIC Matrix에 기반한 R&R 정의 | 표준 R&R 정의 요소 사용 | 선택 | 5 | C | 0 | | 선택 |

"질문 받도록 하겠습니다."

한 개발자가 다음과 같이 질문을 하였다.

"제가 예전에 근무하던 외국계 회사에서도 이와 유사한 시스템이 있었습니다. 그 때, 괜찮았던 기능 중에 프로젝트 별로 필요한 프로세스를 추출하는 기능이 있었습니다. 예를 들어 프로젝트 유형, 투입 인원 등의 정보를 입력하면 적절한 프로세스와 양식을 추천해주는 기능입니다. 혹시 이런 기능이 있나요?"

레벨 3 조직에서 갖춰야 하는 요건 중에 프로세스 테일러링이란 부분이 있다. 이에 해당하는 질문을 한 것이다.

●●● 여기서 잠깐

**프로세스 테일러링**

　프로젝트 유형(선행, 양산 등), 프로젝트 투입 인원, 기간 등의 프로젝트 정보를 기반으로 조직의 표준 프로세스를 프로젝트 별로 조정하는 활동

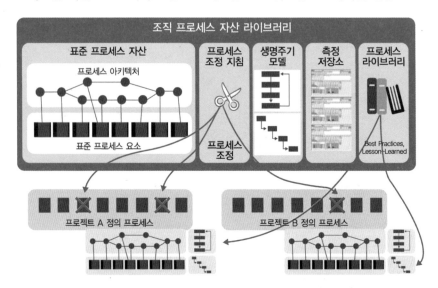

　"굉장히 좋은 질문을 주셔서 먼저 감사하고, 당황했습니다. 현재 저희가 고려한 기능에는 있지 않습니다. 말씀하신대로 레벨 3을 위해 꼭 필요한 기능인 것 같습니다. 개발 업체와 검토해 보도록 하겠습니다. 또 다른 질문 부탁드립니다."

다른 개발자가 질문을 하였다.

　"프로젝트 관리 시스템과 연계가 많이 필요해 보이는데, 어떤 부분이 관련이 있나요?"

　"좋은 질문입니다. 프로젝트 관리 시스템의 정보들은 우리 회사의 자산입니다. 하지만 그러한 자산들이 잘 활용되지 않는 경우가 많죠. 또 다른 팀에서 잘 한 사례를 보고 싶어도 보기 어려운 것이 현실입니다. 레벨 3 조직에서는 조직의 우수한 사례, 즉 Best Practice를 확산하고 공유해야 합니다. 그래서 이번 프로세스 관리 시스템에는 우수 사례(Best Practice)를 관리하는 기능을 구축할 것이고, 그 자산들을 프로젝트 관리 시스템에서 받아올 예정입니다."

이 외에도 설명회를 통해 몇 가지 좋은 피드백을 받았고, 6개월간의 개발을 통해 프로세스 관리 시스템을 구축하였다. 그리고 이 시스템을 전 사원에게 교육하였다. 이렇게 프로세스 관리 시스템이 활용되기 시작하면서 기존과 가장 큰 차이는 실무자들이 프로세스에 대한 질문을 많이 한다는 것이었다. 그만큼 실무자들이 프로세스를 보기 시작하고, 관심이 많아졌다는 증거일 것이다.

## 꿈을 이루고 장렬히 퇴사하다

프로세스 관리 시스템을 통해 프로세스의 확산이 조금씩 진행되고 있었다. 그리고 격년에 한 번씩 수행하는 프로세스 이행 점검 시기가 도래하였다. 기대와 걱정이 되었다. 이번 이행 점검은 조금 더 객관적으로 판단하기 위해서 외부 공인 심사원과 같이 실시하기로 하였다. 물론 공식 심사는 아니었다. 외부 심사원이 심사를 주관하고, 나는 공동으로 참여하였다. 실무자들이 프로세스 관리 시스템의 프로세스와 작성한 산출물을 설명하면서, 인터뷰 형태로 진행하였다. 레벨 3에서 주로 점검하는 사항은 다음과 같다.

---

**레벨 3의 주요 점검 포인트**

✓ 조직의 표준 프로세스 구축 여부
✓ 표준 프로세스의 테일러링을 통한 프로젝트 진행 여부
✓ 프로세스 자산(Best Practice, 측정 데이터 등)의 관리 및 재사용 여부

---

외부 심사원은 실무자들에게 표준 프로세스들을 설명하게 하였다. 예를 들어 PM에게는 프로젝트 관리 프로세스를 설명하게 하면서, 사전에 산출물을 검토하면서 준비한 질문들을 하기 시작했다.

"윤 PM님, 프로젝트 산정을 어떻게 하셨나요?"

"과거 유사 프로젝트 데이터를 모아서, 실무자들과 협의를 통해 산정하였습니다. 우선 표준 프로세스에 따라 저희가 개발하는 제품의 기능을 WBS(Work Breakdown Structure)로 분해하였습니다. 그리고 기능 별로 규모를 산정하였습니다. 규모를 산정할 때는 과거 유사 프로젝트의 LoC(Lines of Code) 데이터를 기준으로 실무자 3명이 산출한 결과의 평균을 통해 산정 결과를 산출하였습니다."

더할 나위 없는 완벽한 답변이었다.

"윤 PM님, 그럼 프로세스 테일러링은 어떻게 하셨나요?"

"저희 회사에는 프로젝트 관리 시스템과 프로세스 관리 시스템이 있습니다. 프로젝트가 착수되면, 저희는 프로젝트 관리 시스템에 프로젝트 정보, 예를 들어 선행·양산 프로젝트, 투입 인원 등의 정보를 입력합니다. 그리고 저희는 프로세스 관리 시스템에 접속해서, 프로세스 테일러링 기능을 수행합니다. 사전에 입력된 프로젝트 정보를 토대로 프로세스 관리 시스템에서는 프로젝트에 맞는 프로세스와 양식을 추천해 줍니다. 물론 그 결과가 딱 맞지는 않기 때문에, PM들은 수정해서 프로젝트 계획서에 반영합니다."

또 한 번의 완벽한 답변에 윤 PM에게 박수를 보내고 싶었다.

이렇게 PM, 개발자, QA 등 모든 실무자들과 인터뷰가 끝났다. 전반적으로 인터뷰를 레벨 3 기준에 맞게 잘 했고, 이에 대한 적절한 산출물을 제시했기에 좋은 결과가 기대되었다. 공식적으로 결과를 발표한 날이 왔다. 수능 점수 발표 날보다 더 떨렸던 것 같다. 외부 심사원은 레벨 3을 70~80% 정도 만족한다고 결과를 발표하였다. 6개월 정도 개선사항을 보완하면, 공식 심사를 받을 정도가 될 것이라고 결론을 도출하였다. 물론 공식 심사를 받은 건 아니지만, 더할 나위 없이 만족스러운 결과였다.

그동안의 시간이 파노라마처럼 흘러가는 것 같았다. 석·박사 과정을 통해 전공한 프로세스를 실무 현장에서 펼쳐보겠다는 꿈을 갖고 5년여의 시간이 흘렀다. 나는 더할 나위 없는 값진 시간을 보내서 후회가 없었다. 물론 공식 심사를 받고,

충분히 레벨 3 인증서를 받고 싶은 마음도 있었다. 하지만 내 목표는 레벨 3 인증서가 아니라 레벨 3 수준의 프로세스를 달성하고, 무엇보다 많은 사람들이 프로세스를 좋아하도록 마인드를 개선하는 것이었다. 5년 전보다 30% 이상의 사람들이 프로세스를 더 좋아하게 되지 않았나 생각된다. 그리고 앞으로도 이 비율은 더 높아질 것으로 기대한다. 그래서 프로세스 개선은 끝이 없는 무한루프 프로젝트이다.

하지만 나는 여기까지의 꿈을 이루고, 퇴사를 결정하였다. 그 이유는 실무자들이 프로세스를 좋아하게 만들기 이전에, 교육 현장에서 학생들이 프로세스를 먼저 접하고, 좋아하는 마음으로 실무 현장에 나가도록 교육을 하고 싶었기 때문이다. 그래서 지금은 교육 현장에서 소프트웨어 공학과 프로세스 등의 과목을 강의하고 있다.

제목에서 '프로세스 〈My Dream〉을 작곡하다'는 나의 꿈인 '레벨 3 수준의 프로세스를 구축했다'는 의미로 작곡이란 표현을 사용하였다. 작곡가가 하나의 멋진 곡을 작곡하기 위해서는 고려해야 할 요소도 많고, 오히려 후퇴하는 일도 많다고 한다. 나 또한 때론 전진하고 때론 후퇴하면서 사람, 조직, 도구, 시스템 등의 다양한 문제와 씨름하며 5년의 긴 시간을 잘 달려왔다고 생각한다.

이 글을 읽는 독자분들도 작곡가의 마음처럼 각자의 꿈을 멋지게 작곡해 나갔으면 하는 바람으로 마무리한다.

# 좌충우돌 박팀장 R&D 프로젝트 하기

_박헌수

우리나라 대부분의 기업이 R&D 프로젝트를 수행하면서 많은 어려움과 수많은 시행착오를 겪는다. 매년 새롭게 경험을 하며 실패를 반복하고 있다. 체계적인 R&D 프로젝트 관리를 통해 이런 악순환을 끊어보자.

       등장인물 – (주)올텍스 기술개발연구소 유선재 박사
                 (주)올텍스해외영업팀 팀장 박세호 팀장
                 (주)올텍스해외영업팀 팀원 최선원 대리
                 (주)올텍스 기술개발연구소 연구원 이재원 대리
                 대한섬유연구원 윤성주 선임연구원
                 (주)코팅올 임태호 대표이사

　　나는 평소보다 이른 시각에 출근했음에도 불구하고 회사 출근시간에 늦었다. 오늘은 전혀 예상치 못 하게 평소 멀쩡하던 아스팔트 도로가 여기 저기 망가져서 출퇴근 하는 차로 엄청난 혼잡을 이루었다.

　　오늘 아침부터 긴급한 클라이언트와 오전에 컨퍼런스콜 미팅을 하기 위해서 회의 준비를 했어야 했는데, 준비를 다 하지 못 했다. 다행히 컨퍼런스콜 미팅 시간에 늦지는 않았지만 허둥지둥 미팅에 참여하면서, 클라이언트 눈치를 보면서 회의 내내 가슴을 졸이게 되었다.

11:00 AM

　　1시간 동안 컨퍼런스콜 미팅은 서로 간의 납품 일정과 품질 기준에 대해서 의견 차이를 줄이면서, 클라이언트도 우리쪽에서 제시한 해결책에 만족감을 가졌다. 간신히 컨퍼런스콜 미팅을 끝내서 휴게실에서 커피 한 잔을 마시고 있었다.

　　그 때, 기술연구소의 유박사가 들어왔다.

"안녕하세요. 유박사님, 요즘 온 몸이 찌뿌듯하다 싶었는데, 매일 아침 방사능 아스팔트를 지나서 출퇴근 했네요. ㅠ·ㅠ"

"어~~오늘 아침 뉴스에 나오던데, 방사능 아스팔트가 나온다는 곳이 박팀장 집 근처인가?"

"저는 어제 저녁 뉴스를 보고 알았어요. 그래서 오늘은 다른 도로로 우회해서 왔더니 출근 시간이 30분이나 늘었어요."

"방사능 측정이 얼마나 나왔는지 알고 있는가?"

"자세히 보지는 못 했어요. 잠시만요. 인터넷에 검색을 해 볼게요. '환경운동연합은 주변 도로 바닥에서 방사능을 측정한 결과, 최대 3.07마이크로시버트($\mu Sv$)의 방사능이 검출됐다고 밝혔다.'라고 하네요."

"꽤 많이 검출되었는데, 만약 박팀장이 그곳 매일 앉아 있을 경우를 가정하고 계산한 연간 피폭선량은 26.89밀리시버트($mSv$)로, 일반인의 연간 허용 권고치($1mSv$)의 26배를 넘는다네."

"정말요? 이젠 방사능 측정기를 가지고 다녀야 하나 봐요. 얼마 전에는 일본 원전 사고 때문에 마음이 많이 불안했는데… 신문기사를 읽어보니 방사능 검출 아스팔트를 구청에서 바로 제거한다고 하네요."

"잘 되었군. 그럼 내일 또 보세."

**이틀 후, 나는 사내 휴게소에서 기술연구소 유박사를 다시 만났다.**

"(어두운 표정으로 커피를 마시고 있다.) 좋은 아침입니다. 유박사님,"

"아… 그래, 어제 잘 들어갔는가? 저녁 맛있게 먹었네. 근데 박팀장 얼굴 표정이 왜 어둡지? 무슨 일 있는가?"

"그렇게 보이시나요? 큰일은 아니지만, 며칠 전에 제거된 아스팔트가 저희 아파트 근처 공터에 그냥 방치되고 있더라구요. 그런 것은 방사능 폐기물 관리하는 곳으로 즉시 이동시켜야 하는 게 아닌가요? 정부 관계 기관에서도 서로 관할 업무가 아니라고 미루고 있네요."

"나도 계속 뉴스를 모니터링 하고 있었네. 너무 걱정하지 않아도 될 정도의 방사능이지만, 주변에 그런 것이 있으면 안심하고 살 수는 없지. 이번 기회에 정부도 세밀한 대책을 만들었으면 좋겠지. 그런데, 뉴스를 보니 방사능 아스팔트 폐기물 위에 파란색 원단으로만 덮어져 있던데. 자네 이번 기회에 내가 숙제 하나 줄 테니 한 번 해 보겠나?"

"숙제요? 유박사님은 어려운 숙제만 주시던데. 사람도 계속 지나다니는데 방사능 검출 아스팔트 위에 화물용 덮개를 덮어 놓는 것을 보니 우리나라 폐기물 관련 법안 정비가 필요한 것 같습니다."

아이러니하게도 방사능검출이 된 아스팔트 폐기물 300톤을 어디로 옮길지 정부기관에서 우왕좌왕 하며 서로 자기 기관 소관이 아니라고 미루고 있었다. 만약 원전에서 사고가 나도 어느 부처에서 처리할지 서로 미루는 모습이 상상이 되었다. 누구 하나 나서서 해결하지 않고 나만 아니면 되는 모습이 비추어 지는 것 같았다.

우리 직장 생활도 마찬가지인 것 같았다. 어떤 일이 생기거나 회의를 할 때, 서로 고개를 숙이면 사장과 눈을 마주치지 않으려고 하는 우리네 회의 모습과 연상이 되면서 마음 한 편으로는 씁쓸했다. 어떤 문제가 생기면 해결보다는 외면과 회피로써 대응하는 것이 너무 인생을 안일하게 사는 게 아닌지 그런 생각이 들었다. 하지만, 어떤 때에 보면 나도 마찬가지로 머리 아픈 일은 피하고 싶었다. 짧게 스쳐가는 생각에 유박사가 다시 말을 걸었다.

"그렇다네. 자네가 잘 보았네. 얼마 전에 일본 원전 사고 때문에 방사능 차폐 기능이 필요한 특수 원단의 수요가 생겼는데, 이번 기회에 우리도 회사 차원에서 R&D를 통해서 신제품 개발을 했으면 하는데. 박팀장이 이번 R&D 신제품 개발 프로젝트 팀장이 되어서 한 번 해 보게나."

"아, 우리도 방사능 차폐 기능이 있는 응급 방제용 가림막이 있으면 이런 일이 다시 발생하더라도 조금은 검출된 방사능을 줄일 수가 있겠네요. 재미 있을 듯 합니다만, 제가 할 수 있을까요?"

"물론이지. 어차피 이번 개발 제품은 해외 수출을 타깃으로 해서 해외영업팀에서 맡아서 하는 것도 괜찮겠지. 마침 이번에 정부에서 RFP 요청이 나왔는데, 한 번 도전해 보게나."

"네, 알겠습니다. 이번 프로젝트는 남의 일이 아닌 제 가족을 지키는 일이니 제가 열심히 해 보겠습니다. 그런데, 유박사는 RFP가 뭔가요?"

"RFP는 Request of Proposal의 약자로서 제안요청서1를 말한다네. 정부에서 R&D 지원과제 공고를 내기 전에 민간에서 수요가 필요로 하는 과제들에 대해서 알고자 매년 각각의 기업과 연구소를 위해 공고를 내고 있다네."

최근 수출 선적 일정 때문에 엄청 머리가 아팠다. 대표이사의 매출 목표와 대구 공장의 생산량이 못 미치는 상황이었다. 오히려 공장장이 역으로 쪼이는 이상한 현상도 생겼다. 가끔은 '배째라'라는 식으로 대답을 했다.

우리도 매일 대표이사가 제시한 연간 매출 목표를 채우기 위해서 밤을 새면서 일을 하고 있었는데. 샘플 하나 보내는 것조차 서울에 있는 해외영업팀이 대구 공장에 와서 해외로 보내라고 하는 식이었다. 해외바이어 상대하는 것도 벅찬데, 오히려 회사 내부 임원진에서 최일선에 있는 병사들을 향해서 뒤에서 총질하는 느낌이 들었다.

이럴 때면, 팀원들로부터 많은 불평불만이 들어왔었다. 그러면, 나는 시간을 봐서 대구 공장으로 가서 공장 회식 자리에 참여를 해야만 했다.

공장장과 소주 한 잔을 마시면서 공장장과 공장 직원들의 하소연을 밤새 들어야만 했다. 어떤 때에는 대구 공장 공장장이 해외 바이어들처럼 대접을 받고 싶어 하는 것처럼 느껴졌다.

속으로는 '내가 돈 벌어 와야 너두 급여를 받고 있잖아' 하는 말이 목구멍까지 올라왔지만 이내 다시 내 속 안으로 삼키고 말았다.

기존 제품들과 차별화를 가지면서 새로운 신시장을 개척할 수 있는 희망에 이번 R&D 프로젝트를 아무 생각없이 맡기로 했다. 며칠 지나서 이것은 엄청난 후회로 다가왔지만, 나는 한 번 결정한 일에는 물러남이 없었다. 그만큼 일에서는 프로페셔널한 사람이 되고 싶었다.

하지만, R&D 프로젝트는 내가 기존에 해왔던 해외영업 업무와는 많이 달랐다. 기존에 하던 연구원들은 한 분야에서 오랫동안 연구 업무를 해 왔기에 옆에서 보는 나의 업무 스타일은 맞지 않았다.

나는 이틀 뒤에 대구 기술연구소 유박사를 만나러 갔다. 기술연구소 유박사

---

1 발주자가 특정 과제의 수행에 필요한 요구사항을 체계적으로 정리하여 제시함으로써 제안자가 제안서를 작성하는데 도움을 주기 위한 문서이다. 제안요청서에는 해당 과제의 제목, 목적 및 목표, 내용, 기대성과, 수행기간, 금액(Budget), 참가자격, 제출서류 목록, 요구사항, 제안서 목차, 평가 기준 등의 내용이 포함된다. (출처: 위키백과)

님은 초짜인 나를 배려해서 미리 사전 미팅을 주선해 주셨다. 유박사의 추천으로 다른 연구기관 연구원들과 우리 회사 기술연구소 소속 연구원 이재원 대리를 한 팀으로 해 주었다.

나는 우리 팀의 최선원 대리를 함께 데리고 갔었다. 만약 내가 해외출장 업무가 생기면, 국내에서 한 명이 백업을 해 줄 필요성이 느껴졌다. 나는 1년에 4개월은 해외출장으로 해외 체류 일정이 많았다. 이것 때문에 아내로부터 불만이 많았으며, 나도 아내의 말을 들었을 때는 100% 동감했다.

방 한 쪽에는 언제나 2개의 여행용 캐리어가 대기 중 이었다. 항상 어디론가 떠날 준비가 되어 있었기 때문이다. 어떤 때에는 한 달에 4번의 출장을 간 적도 간간이 있었다. 인천공항에서 귀국 하자마자 다음 주 월요일 첫 비행기 티켓을 구매한 적도 몇 번 있었다.

그럴 때면, 지친 몸을 이끌고 귀가를 해도 주말 내내 가족을 위해서 무언가를 해야 한다는 압박감에 해외출장이 천근만근 무겁게 느껴지기도 했다.

기술연구소 미팅룸에서 유박사님의 소개로 서로 명함을 교환했다.

"안녕하세요. 이번 R&D 프로젝트를 맡은 해외영업팀 박세호 팀장입니다. 부족한 게 많습니다. 잘 부탁드립니다."

"네, 안녕하세요. 저는 대한섬유연구소의 윤성주 선임연구원압니다. 처음부터 어려운 과제를 맡으셨어요. 유박사님으로부터 애기를 많이 들었습니다."

"갑자기 제 주변에 생각지도 못한 방사능 검출 아스팔트라는 이상한 일이 생겨서 저도 모르게 이번 연구과제에 끌리게 되었습니다. 그렇게 어렵지 않을 것 같은데, 오래 동안 해결을 못 하니 답답하기도 해서요."

"네, 저도 박팀장 말씀에 동감합니다. 간단하게 보이는 것 같은데, 정부 대응 프로세스 미비로 방사능 검출 아스팔트 도로 주변에 사시는 시민들의 불안이 말이 아니죠. 이번 연구과제를 통해서 우리가 어느 정도 해결에 도움이 되었으면 좋겠네요. 그런데, 방사능 차폐 섬유에 대해서 선행연구2는 하셨나요?"

---

2 선행 연구(pilotstudy)란 본격적인 조사 및 연구에 앞서, 소규모로 조사 대상에 대해 연구 및 실험해보는 것이다. 예비 실험(pilotexperiment), 사전 프로젝트(pilotproject), 사전 실험(pilottest) 등으로 부르기도 한다. (출처: 위키백과)

"방사능 차폐 고기능 섬유요? 그런데 선행연구는 뭔가요?"

"아!! 연구과제는 이번이 처음이라고 하셨죠?"

"네, 맞습니다. 괜히 선임연구원님만 힘들게 하는 게 아닌지 모르겠네요."

"아닙니다. 저희는 매일 연구과제만 하니깐 익숙한데 처음 하시는 분들은 모르시는 게 당연하죠."

"그런데, 저희가 만드는 건축재료섬유로 방사능 차폐가 가능한가요?"

"네, 가능합니다. 이미 선진국에서는 많이 활성화 되어 있습니다. 아직 우리나라에서는 수요가 많지 않아서 일본이나 미국 제품을 수입하고 있어서 항상 아쉬움이 많이 남았어요."


대한섬유연구소의 윤성주 선임연구원의 애기를 들으면서 지금까지 대한민국은 섬유강국이라고 알고 있었는데, 아직도 우리는 갈 길이 멀구나 하고 느껴졌다.

또, 우리 회사가 새로운 시장에서 살아남기 위한 경쟁력 확보가 신제품개발에 있다는 것을 다시 한 번 느꼈다. ·

이번 R&D 프로젝트를 위해서 내부적으로 사내 프로젝트 팀을 꾸리기로 했다. 해외영업팀 팀장인 나를 중심으로 해외영업팀 1명, 기술개발연구소 연구원 1명, 대구 공장장 그리고 외부 협력사인 대한섬유연구원 윤성주 선임연구원을 참여시켰다.

마지막으로 참여기업으로 (주)코팅올을 참여 시킴으로써 부족한 코팅 기술을 협업하기로 했다.

(주)코팅올은 규모가 크지 않지만 국내에서 코팅 분야에서 1~2위를 다투는 섬유 코팅 전문 기업이다. 이 회사는 특히 나노기술을 이용한 피톤치드가 발생하는 블라인드나 벽지를 이미 대한섬유연구원과 연구개발 프로젝트를 수행한 바가 있었다.

(주)코팅올은 대표이사가 직접 이번 프로젝트를 참여하기로 했다. 우리로서는 최종 결정권자이면서 코팅 기술을 많이 알고 있는 엔지니어의 참여는 프로젝트 수행에 매우 도움이 되고 있었다.

물론, 기술개발연구소의 유선재 박사님의 전폭적인 지원이 없었다면 R&D 프로젝트에 대해서 지식이 전혀 없는 상태에서 수행을 할 수 없었을 것이다. 이렇게 팀을 꾸리면서 새로운 시장 개척에 대해서 매우 흥미를 느끼고 있었다.

급하게 꾸려진 팀은 선행 연구를 하기 위한 1차 미팅을 대구의 대한섬유연구원에서 하기로 했다. 회사 업무로 바쁜 우리로서 본인 업무와 무관한 연구과제를 위한 회의 참석이 부담스럽기도 했다. 피곤한 몸을 이끌고 서울역에서 대구로 가는 KTX를 타기로 했다.

## 나만 몰랐던 정부R&D 지원 제도

윤성주 선임 연구원이 연구원 해외 수출 업무에 바쁜 우리를 배려해서 대구역까지 반갑게 마중을 나와 주셨다.

"안녕하세요, 박팀장님."

"네, 만나서 반갑습니다. 바쁘신데 이렇게 대구역까지 직접 나와 주셔서 감사를 드립니다. 그동안 별일 없으셨죠? 저번에 뵙고 한 달 만에 다시 뵙네요."

"아!!, 이 친구는 저랑 해외영업팀에서 같이 근무하는 최선원 대리입니다."

"안녕하세요, 말씀 많이 들었습니다. (주)올택스 해외영업팀 최선원 대리입니다."

"안녕하세요, 대리님, 저는 대한섬유연구원 윤성주 선임연구원입니다. 명함 여기 있습니다."

우리는 대구 KTX 역에서 서로 인사를 나눈 후에 급하게 대한섬유연구원으로 자리를 옮겼다. 대한섬유연구원은 섬유연구개발 분야에서 국내 1위의 연구 기관으로서 일 년에 연구 과제 수행만 80~90개 하는 전문 연구 기관이다.

"두 분께서는 저희 연구원에는 처음이시죠? 아직 (주)코팅올 임태호 대표이사가 도착이 좀 늦어진다고 연락이 왔습니다. 괜찮으시다면 제가 저희 연구원 랩투어를 시켜드려도 괜찮으실까요?"

"그렇게 해주시면 저희로서는 영광입니다. 저희도 연구원이 무척 궁금했습니다."

"자, 그럼 바로 가보시죠? 저희 연구원은 4개 동으로 나누어져 있습니다. 지금 계신 곳은 여러 행정 업무를 처리하고 연구원들이 상주하는 동입니다. 다음 제직동으로 가보시죠."

"네, 알겠습니다. 감사합니다."

"보고 계신 제직동으로 다양한 섬유 제직 기술을 개발하기 위해서 5대의 연구개발용 장비가 있습니다."

대한섬유연구원 윤성주 선임연구원이 여러 장비들을 열심히 설명해 주었다. 나름 국내 제1위의 연구원답게 구색을 맞추어서 연구장비가 설치되었다. 특히, 윤 선임연구원이 중소벤처기업부 산학연협력 기술개발사업 중 연구장비 공동활용 지원 사업에 대해서도 추가적으로 설명을 해주었다. 이 제도는 대학·연구기관 등이 보유한 연구장비 및 소프트웨어를 중소기업이 연구개발에 활용할 수 있도록 이용료를 지원하는 제도이다. 각각의 연구장비가 국민의 세금으로 지원하는 것이기 때문에 제도의 취지는 정말 좋은 것 같다.

□ 정부출연금 : 총사업비의 75%이내에서 최대 2년, 4.5억원까지 지원

□ 민간부담금 : 중소기업은 총사업비의 25%이상을 부담
  (민간부담금의 40%이상은 현금으로 부담)

| 구 분 | | 지원대상 | 지원한도 | 예산 (억원) |
|---|---|---|---|---|
| 내역사업 | 세부과제 | | | |
| 첫걸음 협력 | | 정부 R&D사업에 처음 참여하거나, 기업부설연구소 신규설치 중소기업 | 최대 1년, 1억원 정부 75% 이내 (지자체 지원금 포함) | 367 |
| 도약 협력 | | 기술적 우위 선점 또는 기술보완을 희망하는 종사자 수 5인 이상이거나, 또는 매출액 5억원 이상인 중소기업 | 최대 1년, 1억원 정부 75% 이내 | 308 |
| 전략 협력 | 산연전용 | 중소기업 지원 전담조직 등을 보유한 연구기관과 R&D를 수행 하고자 하는 중소기업 | 최대 1년, 1.5억원 정부 75% 이내 | 337 |
| | 연구마을 | 대학 또는 연구기관 내 기업부설 연구소를 설치/이전하는 중소기업 | 최대 2년, 2억원 정부 75% 이내 | 174 |
| | 지역 유망 중소기업 지원 | 지역 특화산업분야의 경쟁력 있는 유망 중소기업 | 최대 2년, 4.5억원 정부 75% 이내 (지자체 지원금 포함) | 83 |
| 연구장비 공동활용지원 | | 대학·연구기관 등이 보유한 연구 장비를 연구개발 목적으로 활용 하고자 하는 중소기업 | 최대 1년, 30백~70백만원 정부 70% 이내 | 106 |

※ 동 사업의 주관기관은 중소기업, 대학·연구기관은 공동개발기관으로 참여
※ 세부과제별 특성에 따라 내용이 상이하므로 반드시 세부과제 시행계획 참조

그림 4-1 중소벤처기업부 연구장비 공동활용 지원사업 사업공고[3]

---

3 출처: 중소벤처기업부 연구장비 공동활용 지원사업 사업공고, www.smtech.go.kr

중소기업은 시험비가 많이 들어가는 테스트에 대해서 전체 비용의 30%만 지불하면 된다. 또, 수시로 선정되며 약정 금액을 다 쓰면 7천만원 한도 내에서 재약정이 되는 시스템이다. 나름 훌륭한 제도이다.

"윤 선임연구원님, 소개해 주신 제도를 몰랐는데, 저희도 바로 가입하고 싶어지네요."

바로 윤 선임연구원에게 우리 회사도 지원할 수 있는지에 대해서 문의를 했다. 윤 선임연구원은 바로 해당 부서에 연락을 했다.

"안녕하세요. 윤성주 선임연구원입니다."
"네, 안녕하세요. 연구원님, 어쩐 일로 전화하셨어요?"
"저희 연구소 협력기업이 연구장비 공동활용 지원사업에 대해 관심이 있으셔서요. 지금 바우처 자금이 남아 있는지요?"
"아, 그래요? 잠시만요. 제가 지금 확인해보겠습니다. 다행이 아직 다 집행되지 않았습니다. 해당 조건이 되는 중소기업이라면 협약 후 바로 사용이 가능합니다."

윤 선임연구원을 알고 지낸 시간은 많지는 않지만, 이런 즉각적인 대응은 다른 분들과 확실히 다른 것 같다. 다행이 연구장비 공동활용 바우처 자금이 남아 있어서 우리도 협약을 하기로 했다.

"윤 선임연구원, 덕분에 좋은 제도를 알게 되었습니다. 저희가 해외진출을 위한 신뢰성 테스트를 할 계획이었습니다. 비용이 비싸서 몇 주 고민을 하고 있었는데, 이렇게 쉽게 해결되었습니다. 선임연구원 덕분에 몇 천 만원의 비용을 절약하게 되었습니다."

정말 빈말이 아니었다. 6천만원의 소요예산 중에서 4천만원을 절약할 수 있었다. 이 금액은 중소기업의 직원 1명에 해당하는 금액이며 이 돈을 벌려면 몇 억 이상을 벌어야 마련할 수 있는 아주 큰 금액이다.

"윤 선임연구원님, 연구장비 공동활용 바우처 사업을 하기 위해서 세부 조건 좀 알려주세요."

"네, 알겠습니다. 박 팀장님은 항상 업무 처리를 바로 하시네요. 저희가 가지고 있는 자료를 메일로 보내드리겠습니다. 그리고 다시 설명을 드리면 정부출연금이 총 장비이용료의 60~70% 이내이며, 최대 7천만원이 지원이 됩니다. 바우처(정부지원금+기업부담금)를 횟수제한 없이 수시 구입이 가능하나 구입일로부터 90일이 되면 바우처가 소멸됩니다. 물론 기업부담금은 자동 환불신청이 됩니다."

"그 부분도 잘 고려를 해야겠네요. 참여기업 선정절차는 어떻게 되는지요?"

"중소기업 기술개발사업 종합관리시스템(SMTECH)이 있습니다. 거기 사이트에 들어가서 기업이 참여신청을 하시면 됩니다. 물론 기업은 연구장비활용계획과 점검표를 작성해야 됩니다."

---

□ 출연금 지원기준

ㅇ 정부출연금 : 총 장비이용료의 60 ~ 70% 이내

ㅇ 기업부담금 : 총 장비이용료의 30 ~ 40% 이상

| 구 분 | 정부지원금 | 기업부담금 |
|---|---|---|
| 창업기업 (업력 7년 이하) | 70% 이내 (최대 3~7천만원) | 30% 이상 (현금) |
| 일반기업 (업력 7년 초과) | 60% 이내 (최대 3~7천만원) | 40% 이상 (현금) |

\* 정부지원금 한도(최대 3천만원)를 모두 소진 시, 검토 후 최대 4천만원 추가 지원

□ 바우처 구매

ㅇ 참여기업으로 선정되면 정부지원금(최대 7천만원) 한도 안에서 바우처(정부지원금+기업부담금)를 횟수제한 없이 수시 구입 가능하나 구입일로부터 90일이 되면 바우처 소멸(기업부담금은 자동 환불신청)

\* 바우처 순환을 고려하여 30 ~ 60일로 조정 가능

그림 4-2 출연금 지원기준 및 바우처 구매4

---

4 출처: 중소벤처기업부 연구장비 공동활용 지원사업 사업공고, www.smtech.go.kr

□ **참여기업 선정절차**

○ 중소기업 여부, <u>연구장비활용계획</u> 점검표 등을 확인하여 선정

○ 신청기업은 사업 참여 승인을 받은 후 2018년도 사업기간 내 종합관리
시스템을 통해 바우처 구매

< 참여기업 선정절차 >

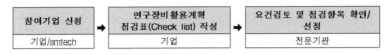

그림 4-3 참여기업 선정절차[5]

---

윤 선임연구원와 연구소 투어를 하고 있는 도중에 ㈜코팅올 대표이사님이 도
착했다는 연락을 받았다. 우리는 투어를 중단을 하고 바로 미팅룸으로 돌아갔다.
본격적으로 회의실에 모여 연구과제에 대한 회의를 가지게 되었다.

"안녕하세요. 저는 오늘 회의를 주재하게 된 ㈜올텍스 해외영업팀 박세
호 팀장입니다. 바쁘신 와중에도 이렇게 시간을 내 주셔서 먼저 감사를 드
립니다. 여기 계신 분들 일정이 바쁘셔서 오늘 회의 일정은 오후 4시부터 6
시까지 1차 회의를 한 후에 저녁 식사를 하시면 됩니다. 간단한 식사 후에
7시 30분부터 9시까지 2차 회의를 하려고 합니다. 너무 늦은 시간까지 회의
시간을 가져서 죄송합니다. 저희 팀이 내일 베트남으로 해외출장이 있어서
바로 서울로 올라가야 해서요."

내가 개별 회사와 참여자 소개를 간단하게 마치고, ㈜코팅올 대표이사에게
발언권을 넘겼다.

"박팀장님, 일정이 정말 빡빡하시네요. 저는 ㈜코팅올 대표이사 임태호
입니다. 이번 연구과제에 대해서 매우 관심이 많습니다. 우연찮게 일본 대

---

5 출처: 중소벤처기업부 연구장비 공동활용 지원사업 사업공고, www.smtech.go.kr

지진으로 인해 방사능 차폐 기능을 가진 제품이 필요하게 되었습니다. 저희 회사에서도 이번 연구과제를 준비 중이었는데 대한섬유연구원 윤성주 선임 연구원과 (주)올텍스 기술개발연구소 유선재 박사님의 소개로 금번 연구 프로젝트에 참여하게 된 것을 영광으로 생각하겠습니다."

㈜코팅올 임태호 대표이사는 회사 소개와 본인의 업적에 대해서 30분 동안 발언을 했다. 좀 짜증났다. '여기가 회사 업무 회의인 줄 아나?' 임 대표는 2시간 동안 회의 시간 내내 연구 프로젝트 내용과 상관없는 본인 자랑이 이어졌다.

그러나 이 분야에서 원단 코팅 기술이 좋다고 하니 나는 한 숨과 함께 들어 주어야만 했다. 중간중간 윤성주 선임연구원이 연구과제로 화제를 돌려주어서 그나마 참을 만 했다.

연구과제 프로젝트를 하기 위해서 선행연구가 매우 필요하고 중요하다. 서로의 역할 분담과 연구과제의 방향을 잡아 주기 때문이다. 1차 회의를 마치면서 5분간 회의 정리 발언을 했다.

"저희 회사가 주관기관이 되고, 제가 이번 연구 프로젝트 총괄책임연구원이 되어서 마음이 매우 무겁습니다. 여기 계신 분들에게 누가 되지 않도록 열심히 하겠습니다."
"앞으로 잘 부탁 드리겠습니다."

임태호 대표이사가 대답을 해주었다.

"네, 저도 ㈜코팅올 임태호 대표님의 많은 도움을 부탁드리겠습니다."
"일단, 연구과제 특허 부분은 대한섬유연구원 윤성주 선임연구원 님께서 다음 일정까지 조사를 해주시고요. 중간중간 저희가 참조할 만한 특허내용이 있으면 공유해 주세요. 참고로 저희 (주)올텍스 기술개발연구소 유선재 박사님과 저희 회사 담당 변리사님께도 별도로 유사 특허에 대한 조사를 요청하도록 하겠습니다."
"임태호 대표님은 차폐기능이 있는 코팅기술자료와 UN에서 제시하는 가이드라인에 대한 조사를 부탁드립니다."

"저희 (주)올텍스 해외영업팀 최선원 대리는 일본의 대지진 이후 방사능 오염현장에 대한 정보를 취합해 주세요. 또, (주)올텍스 기술개발연구소 연구원 이재원 대리님은 ㈜코팅올 임태호 대표님과 연락해서 ㈜코팅올 코팅공장 현장 방문을 해주시구요. 우리 회사 제품과 ㈜코팅올 코팅설비 확인과 시제품 생산을 부탁드릴게요."

"마지막으로, 금일 회의에 대해서 여기 계신 최선원 대리가 회의록을 작성해서 메일로 바로 보내드리도록 하겠습니다. 다음 미팅을 2주 후에 뵙도록 하겠습니다. 언제 시간이 괜찮으신지요?"

"2주 후 목요일 오후 4시쯤 어떠세요?"

윤 선임연구원이 먼저 제안을 했다.

다들 이 얘기를 듣자마자 스마트폰으로 들여다보면서 일정을 확인했다. 다른 분들을 일정이 괜찮은데, 내 일정이 그리 좋지 않았다. 필리핀 2박 3일 출장 후 목요일 새벽에 도착해야 했다. 우리 회사 사장은 아침에 도착해도 회사로 출근하라고 한다. 회사에 출근했다가 점심시간에 사우나 가서 좀 쉬면 되지 않냐는 것이다. 정말 지친다. 이럴 때는 회사를 그만 두고 싶을 때가 많다. 인간적으로 이건 좀 아니다 싶다.

이런 저런 스케줄을 서로 체크했는데, 일정이 잘 맞지 않았다. 그래서 그냥 내가 목요일 아침에 회사 출근했다가 오후에 대구로 이동하기로 했다. 아… 생각만 해도 인생이 불쌍해진다. 내가 왜 이렇게 살아야 하는지 하는 생각도 든다. 아무튼 R&D 프로젝트를 하기 위해서 감내해야 되는 부분이기도 했다. 이해관계자들의 참여가 중요하니깐.

회의를 마치고 우리는 대구에서 KTX를 타고 서울로 올라왔다. 밤 12시가 되어서야 서울역에 도착했다.

"안녕하세요. 박팀장입니다. 방금 전에 대구에서 회의 끝내고 서울로 가고 있습니다."

"어~~ 박팀장, 고생이 많네. 조심해서 잘 올라오고… 내일 출장은 괜찮겠어?"

"네, 내일 오전 비행기로 베트남 하노이로 가기로 했습니다."

143

"응, 그래, 오늘은 피곤하니깐, 내일 오전에 출발 전에 다시 전화 통화 하자고…"

"네, 알겠습니다."

회의를 마치고 KTX를 타기 전에 대표이사에게 간단하게 전화로 보고를 했다. 첫 번째는 연구과제 프로젝트 회의내용이었고, 두 번째는 중소벤처기업부 지원제도인 연구장비 활용 바우처 사업이었다. 대표이사는 두 번째 정부지원제도에 대해서 매우 관심이 많았다.

자세한 내용은 최선원 대리가 내일 보고 하기로 했다.

이렇게 지원제도 활용해서 회사 경비를 줄인다고 해서 따로 보너스를 주는 것도 아닌데…

대리는 그 업무가 본인이 맡아야 하는지에 대해서 걱정을 했다. 괜히 누가 알아주는 것도 아닌데 괜히 팀장이 혼자 나서서 일을 시킨다는 불만이 있었다. 이번 연구과제 프로젝트도 마찬가지이다. 본인 담당 업무라고 생각하지 않았다.

KTX 기차 안에서도 최선원 대리는 불평불만을 쏟아 냈다.

"팀장님, 저도 참여해야 하나요?"

"최대리는 메인으로 참여하는 것은 아닌데, 내가 혹시 참석하기 어려울 때, 대신 회의참석을 했으면 해서…"

나는 최대리를 안심시키는 밀로 설득을 했다.

"이번 프로젝트는 내가 주로 진행을 할 거니깐, 너무 걱정하지 않아도 돼. 최대리는 해외영업 업무에 주력하고…. 단지 내가 팀장이니깐… 가끔 업무 지원 좀 해줘…"

"네, 팀장님."

서로 침묵이 흐르자마자 KTX는 서울역에 도착했다.

나는 다른 직원들을 먼저 택시 태워 보내고 나도 상계동 집으로 향하는 택시를 탔다. 택시 타자마자 잠든 것 같았다. 금세 눈을 떠 보니 집에 도착해 있었다.

**누구나 하는 R&D 사업계획서**

3박 4일 베트남 출장을 다녀와서 계속 후쿠시마 원전 사고에 대해서 인터넷으로 공부를 하고 있었다. 금번 원전 사고는 생각보다 매우 심각했다.

그림 4-4 후쿠시마 제1원전 주변 방사능 오염상황

그림 4-5 일본 미야기현 쓰레기 처리시험에서 방사능에 오염된 물질 저장[6]

---

6 출처: 세계일보 기사 2018.03.21

일본 도쿄 전력은 후쿠시마 원전 사고로 주변에 있는 방사능 노출된 것들을 등급에 따라서 분류하고 저장과 소각으로 나누어서 진행하고 있었다. 사진으로만 봐도 실로 엄청난 양이었다. 향후 20~30년을 사후 처리를 해야 한다는 기사도 나왔다.

이러한 인터넷 정보들을 수집해서 사업계획서를 작성해야 한다. 대한섬유연구소에서 사업계획서에 필요한 서류 리스트를 받았다.

'아, 이거 정말 장난이 아닌데'

솔직히 지금에 와서는 연구소 박사님을 원망하기 시작했다. 어쩐지 나를 골탕 먹이려고 한 것처럼 느껴졌다. 아니면 최근 들어 대표이사의 눈초리가 심상치 않았는데, ㅠ·ㅠ·

과연 내가 이런 일을 해낼 수 있을지 걱정이 태산처럼 쌓여져 갔다.

일단 목차를 보는 순간 머리가 어질어질 했다. 대구에 있는 대한섬유연구소에서 회의를 했을 때에도 이런 얘기는 없었는데…

1번 기술개발의 필요성과 관련 현황의 제목만 봐도 앞길이 깜깜했다. 이걸 한 달 만에 해결해 내야 한다. 나중에 알고 보니 정부 R&D과제는 2~3년 전부터 연구 관련자들이 기획을 거쳐서 꾸준히 준비를 하는 것이었다.

정부부처에서 공고문을 보고서 참여하고자 하는 기업들은 이미 늦은 것이었다. 사장들의 과한 욕심에 괜히 직원들만 죽도록 고생하는 것이었다.

**목 차**

**1. 기술개발의 필요성과 관련 현황**
- 1-1. 개발 대상 기술 · 제품의 개요
- 1-2. 개발 대상 기술 · 제품의 중요성과 파급효과
- 1-3. 국내 · 외 기술과 시장 현황
- 1-4. 국내 · 외 경쟁기관, 지식재산권과 표준화 현황

**2. 기술개발의 목표와 추진체계**
- 2-1. 최종목표 및 평가방법
- 2-2. 연차별 개발목표 및 개발내용
- 2-3. 성과목표
- 2-4. 기술개발 추진체계
- 2-5. 기술개발팀 편성도

**3. 수행기관 현황**
- 3-1. 총괄책임자
- 3-2. 참여연구원 현황
- 3-3. 연구시설/연구장비 보유 현황 및 연구실 안전조치 이행계획
- 3-4. 기관(기업) 정보 현황

**4. 사업화 계획**
- 4-1. 생산 계획
- 4-2. 투자 계획
- 4-3. 사업화 전략

**5. 총사업비**
- 5-1. 연차별 총괄
- 5-2. 민간부담금(현금, 현물) 분담 내역
- 5-3. 정부출연금 배분 및 민간부담금(현금, 현물) 배분 내역

**6. 1차년도 사업비 비목별 세부내역**
- 6-1. 1차년도 비목별 총괄
- 6-2. 1차년도 비목별 소요명세(주관기관용)
- 6-3. 1차년도 비목별 소요명세(참여기관용)

그림 4-6 R&D사업계획서 목차[7]

앞길이 막막해서 금번 과제 참여기관인 대한섬유연구소의 선임연구원에게 전화를 걸었다.

"안녕하세요. 박팀장입니다."

"네, 안녕하세요. 박팀장님, 출장은 잘 다녀오셨어요?"

"네, 잘 다녀왔습니다. 연구원님, 며칠 전에 보내주신 사업계획서 목차는

7 대부분의 정부나 지자체에서는 개별 사업별로 사업계획서 양식을 배부한다. R&D 프로젝트 연구자나 기획자들은 이 양식에 맞추어서 미리 준비를 해 놓으면 매우 유익하다.

잘 받았습니다. 아, 그런데, 그걸 다 작성해야 하나요?"

나는 무척 당황하고 곤란스러운 목소리로 전화를 했다. 하지만, 윤 선임연구원은 당황하지 않고 침착하게 나의 물음에 대해서 이것저것 대답해 주었다.

"윤 선임연구원님, 이 사업계획서 몇 페이지 작성해야 하나요?"
"요즘은 많이 간소화 되어서 적어도 50~60페이지 정도는 작성하셔야 합니다."

윤 선임연구원에 대답에 나의 얼굴은 완전히 구겨져 버렸다.

"너무 많네요."

윤 선임연구원은 침착하게 대답을 해주었다.

"네, 박팀장님, 이해가 됩니다. 하지만, 금번 R&D 프로젝트는 총 10억 정도 사업비를 예상하고 있습니다. 참여기업도 2~3개 더 늘어날 거예요. 우리가 이번 프로젝트의 사업 계획서 페이퍼를 60장으로 가정할 때, 페이퍼 한 장에 천만 원이 넘어 갑니다."

나는 나도 모르게 입이 떡~~하고 벌어졌다. 듣고 보니 윤 신임연구원이 조언이 맞는 얘기였다. 나는 윤 선임연구원의 말에 전적으로 동감했다.

"네, 알겠습니다. 잘 모르지만, 다시 열심히 해보겠습니다. 부족한 부분은 선임연구원께서 채워 주세요."
"박팀장님, 너무 걱정하지 마세요. 금번 프로젝트 참여하시는 분들이 이미 상당 부분 방사능 폐기물 처리용 제품에 대한 정보를 많이 수집해 놓았습니다. 다른 분들에게 요청해서 자료 공유를 부탁드리도록 하겠습니다."
"네, 감사합니다. 연구원님."

나는 윤 선임연구원에 대답에 한시름 덜었다. 생각해보니 이는 일본만의 문제
가 아닌 것 같다. 우리나라도 1970년대에 지은 원전들이 곧 해체를 한다는 뉴스를
얼마 전에 본 것 같았다. 또, 전 세계적으로 2029년까지 259개의 원전이 해체에 착
수할 예정으로 해체 비용이 72조원에 이른다는 뉴스기사를 본 적이 있었다.

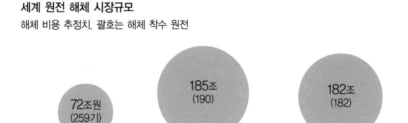

**세계 원전 해체 시장규모**
해체 비용 추정치. 괄호는 해체 착수 원전

그림 4-7 세계 원전 해체 시장규모[8]

실로 적은 금액이 아니었다. 원전 해체가 된다면 방사능 양에 따라서 고준위
폐기물 처리용과 중·저준위 폐기물 처리용으로 나누어질 것이다. 또, 폐기물의 상
태에 따라서 고체, 액체, 기체로 나누어서 저장, 폐기 및 소각 등으로 나누어질 것
이 분명하다.

이때 방사능의 추가 피해를 막고자 방사능 차폐 기능이 있는 섬유제품이 필
요할 것이다.

이런 저런 생각에 새벽 2시가 훌쩍 넘었다.

'젠장, 내일 아침에 일찍 출근해야 하는데…. 이런다고 누가 알아주는 것
도 아닌데…'

㈜올텍스는 아침 8시 30분 출근으로 다른 회사보다 30분 일찍 출근해야 했

8  출처: 딜로이트·한국원자력연구원 자료

다. 회사 위치도 강남에 있어서 상계동에서 강남으로 가려면 1시간 10분은 족히 걸린다.

아침에 지옥철을 타고 출근하는 것은 엄청 고생이었다. 그래서 나는 조금 피곤하지만, 사람이 붐비는 시간을 피해서 가급적이면 7시 이전에 집에서 나와 지하철을 이용한다.

만원 지하철은 서울 내에 근무하는 직장인이라면 그 애환을 이루 말할 수가 없었다.

6:20 AM

어제 새벽 3시에 잔 것 치고는 나쁘지 않게 일어났다. 대충 씻고 후다닥 옷을 챙겨 입고 집을 나섰다. 이른 시간임에도 불구하고, 지하철 내에는 많은 사람들이 있었다. 저마다 하나의 사연이 있는 것처럼 얼굴에 피곤한 기색이 보였다.

'나도 그들처럼 그렇게 보이겠지.'

이 생각을 하니, 더욱 더 피곤함이 몰려왔다.

8:20 AM

기술개발연구소 유선재 박사님한테 이른 시간부터 전화가 왔다.

"박팀장, 굿모닝!!"
"네, 안녕하세요. 박사님."
"박팀장, 요즘 신규 프로젝트 때문에 고생 많이 한다고 들었네. 해볼만 한가?"
"(이 양반이 놀리나? 이런 생각이 들었다.) 아닙니다. 박사님 덕분에 새로운 기술에 대해서 공부 많이 하고 있습니다. (한마디로 뻥이 치고 있다. T.T.)"

나의 이런 마음을 아는지 모르는지 이 양반은 계속 룰루랄라~~하는 목소리로 들려왔다.

"맨 처음에는 다 그렇게 고생해. 지금 중소벤처기업부에 제출할 사업계획서를 준비하고 있는가?"

"네, 맞습니다. 여러 수행기관들과 협업으로 사업계획서를 만들고 있는데 쉽지는 않네요."

"미안하네, 내가 미리 전달해 주어야 하는데. 내가 2~3년 전부터 원전 해체 시 사용할 수 있는 방사능 차폐 특수 원단에 대한 연구 자료와 시장분석이 있는데, 박팀장에게 전달해 준다는 것을 해외 컨퍼런스를 가면서 잊어버렸네. 나이가 먹으니깐 기억력이 영~~시원찮아."

"아, 정말요?"

정말 천군만마를 얻은 기분이었다. 그동안 유박사에 대한 서운한 마음이 다 사라지는 듯 했다.

"그렇지 않아도 정말 막막했는데, 감사합니다."

"괜히 박팀장을 사지로 몬 것 같아서 미안했는데, 이미 메일로 보내놓았으니깐. 사무실에서 확인해 보게."

"네, 알겠습니다. 감사합니다. 수고하세요."

나는 마시던 음료수도 다 마시지 않고 바로 엘리베이터를 타고 사무실로 올라갔다. 오늘은 아침 회의가 있어서 재빠르게 서둘렀다. 유박사 말대로 본인이 추후에 연구과제를 할 경우를 대비해서 사업계획서 형태로 기록을 해 놓으셨다.

사업계획서에서 요구하는 기술력, 시장상황, 각종 지표, 국제 기술 동향 등이 있었다. 물론 영업을 수년간 해온 나의 시점에서는 틀린 부분도 있었지만, 그것은 나의 의견을 첨가하여 수정하면 되었다.

이번에 R&D 프로젝트를 기획하면서 알게 되었지만, 필드에서 영업하는 하는 우리와 연구소에서 연구를 하시는 연구원들이 바라보는 관점을 확연히 달랐다. 연구원들은 기술력을 주로 보는 경향이 있고, 우리와 같이 영업을 하는 사람들은 그 기술의 시장성을 주로 봤다. 아무리 뛰어난 기술이라도 시장성이 없는 기술은 우리로서는 좀 곤란한 것이었다. 연구원들은 시장성이 작더라도 뛰어난 기술력을 선호하는 것 같았다.

그러나 일부 연구원들은 R&D를 위한 R&D를 해야 되는 것도 알았다. 마치 영업하는 사람들이 수당을 채워서 생계를 이어나가는 것처럼 연구원들도 R&D과제를 수주해야지만 급여를 받을 수 있는 시스템으로 되어 있었다. 어찌 보면 한 해 한 해 사는 매미와 같다고 할까? 연구라는 것이 6개월, 1년, 2년 연구해서 성과가 생기지 않는다. 이건 그냥 행정적인 편의를 위해서 만들어 놓은 틀 같았다. 이렇게 해서 선진국과의 경쟁력을 어떻게 줄인다는 것인지. 정말 내가 내는 세금이 아깝게 느껴지기도 했다.

TV에서 보면 연구비를 부정 수급하는 경우도 봤다. 하지만, 그렇게 규제한다고 해서 막을 수 있는 건 아닌 것 같다. 법이 있다고 해서 모든 이가 그 법을 다 지키지는 않는다. 그 법들이 우리 모두 개개인이나 단체의 행동 모두를 전부 일일이 막을 수는 없지 않는가? 그저 적당한 틀 안에서 사회 구성원들이나 연구에 참여하는 연구원들이 개인의 양심이 맞추어서 본인 분야에서 열심히 일할 때, 우리도 선진국과의 기술력 차이가 줄어들 것이라는 생각이 들었다.

어쨌든, 정부에서 요구하는 사업계획서에 있는 내용들이 기술력과 사업화가 잘 되는 것이었다. 그런데, 이것은 문제가 많다고 느껴졌다.

3년짜리 연구과제이면 첫 해부터 매출이 발생하거나 적어도 3년차에서는 매출이 발생해야 하는 것이었다. 이게 말이 되는 건지 이해가 되지 않았다. 기술 개발이 끝나서 시장에서 어느 정도 검증이 되어야 바이어들도 그 때서야 구매를 검토해 본다.

정말 정부 부처에서 성과 관리 위주로만 만든 샘플 서류였다. 이 샘플 서류대로 만들려면 하늘에서 '신'이 와서 쓴다고 해도 틀릴 수밖에 없다.

나는 고심 끝에 박사님께 전화를 걸었다.


"박사님, 연구과제 사업계획서 샘플을 봤습니다만, 저의 짧은 생각으로는 이해가 되지 않네요? 연구를 시작하자마자 1년차 예상 매출을 올려야 하는 건가요?"


유선재 박사님도 미안한 듯 작은 목소리로 대답을 했다.


"박팀장은 이 쪽 일을 처음 접해서 이해가 안 되는 부분이 많을 것 같네.

나도 자네가 어떻게 생각하는 줄 알고 있네."

나는 유박사님에게 다짜고짜 다시 물어봤다.

"네, 아무리 좋게 생각해도 논리적으로 모순이 많습니다. 연구라는 것이
이렇게 좋은 결과만 나올 수가 있는 게 아니잖습니까? 우리가 초등학교에
가면 학생들이 제일 먼저 배우는 것이 '실패는 성공의 어머니'라 가르치는
데!! 이 사업계획서를 보면 모든 연구에 실패는 없다라고 느껴지네요."
"나도 그런 부분에 회의감이 많이 드네. 이 연구 분야뿐만 아니라, 우리
사회가 실패를 장려하는 사회가 되어야 하는데. 자네 생각처럼 '감시와 성
공'만을 요구 받는 사회에서 새로운 테크놀로지를 찾는 게 쉽지 않네."

유박사는 미안한 듯이 본인의 평소 생각을 전해 주었다.

"우리가 빠른 기간 동안 엄청난 경제 발전을 이루었지만, 다른 선진국처
럼 GDP 3만불을 넘어서 그들을 따라 가지 못 하는 이유 중에 하나이기도
하네. 연구해서 나오는 어떤 결과물들이 꼭 사업적으로 성공하지 않을 수도
있고, 지금 평가받지 못 하는 기술이 나중에 사회적으로 유용한 기술로 발
전하는 케이스는 얼마든지 있다네. 하지만, 우리의 정부주도 연구과제들은
어떤 성과물들이 수치적인 결과물을 만들기에 급급해서 우리 연구원들조차
도 힘든 부분이 많아서 매우 힘드네. 우리가 정부에 건의를 하지만 여러 부
정 수급 케이스 때문에 항상 의심의 눈초리를 받고 있지. 우리 스스로도 이
런 자정의 노력을 해서 국민들이 주는 세금에 합당한 연구 결과물을 만들
도록 노력해야겠지."

1시간 동안 유박사님과의 통화에 나는 머리가 매우 혼란스러웠다. 실패가 없
는 R&D연구과제라는 것 자체가 말이 안 된다는 것이었다. 제출된 사업계획서 대
로 사업을 진행해야 하며 절대 실패라는 없어야 하는 것이었다.
나는 어쩔 수 없이 유박사님이 알려 주신대로 사업계획서를 만들었다. 그나
마 사업화 부분에서는 나의 업무 영역이어서 수월했다. 하지만, 연구과제에 따른

회사의 사업화 전략은 나를 아연실색하게 되었다. 어떻게 보면 맞는 말이고 어떻게 보면 안 맞는 말들이 많았다. 정부지원 R&D라는 것이 그냥 주는 것이 아니라 내가 내는 세금과 우리 국민들이 내는 세금으로 이루어져 있으며, 낭비가 없이 써야 하는 것이었다.

다시 사업계획서를 보면서 나도 지금까지 회사업무를 이렇게 해 왔나 싶기도 했다. 나름 체계적이고 필요한 내용들이었다. 단지 문제는 짧은 시간 안에 당장 써야 하는 것이 문제였다. 충분한 자료와 커뮤니케이션이 있다면 못 만들 것은 아니었지만, 우리나라 중소기업이 그렇게 준비되어서 업무를 하지 않았다는 것이 문제였다. 그냥 닥치는 대로 일 하고 문제가 생기면 덮거나 수습하는 게 먼저였다.

## 서로 눈치 보는 이해관계자들과의 협업

사업계획서를 쓰기 위해서 몇 차례 미팅을 했지만 서로 간의 의견 조율과 각자의 R&D 프로젝트 Scope 조정이 쉽지 않았다. 서로 간의 이해관계가 상충하는 부분이 많았다. 어떤 참여기관은 연구 Scope부분이 적으면서 연구비 배정은 많이 받기를 원했고, 참여연구원이 대표자가 아닌 경우에는 본인에게 할당될 일이 많을까 소극적으로 미팅에 참여했다.

내가 주관기관 총괄책임자로서 모든 것을 안고 가야 되는 부분이었다. 지금까지는 수직적인 조직에서 일관된 사장의 오더를 받고 움직이는 것이라 업무에 임해서 일만 하면 되었다. 물론 협력업체와의 협업도 있었지만, 이것도 어떻게 보면 '오더'에 의한 수직직인 관계라 보는 것이 맞다.

하지만, 연구과제에서 주관기업과 참여기관은 관계는 수직적인 면과 수평적인 면이 같이 공존하는 프로젝트이었다.

이런 부분은 나를 포함해서 R&D 프로젝트 팀 전체적으로 문제였다. 이번 프로젝트는 해외영업팀 팀장인 나를 주축으로 국내영업팀 1명, 생산팀 1명 그리고 기술연구소 1명을 포함해서 만든 프로젝트 팀으로서 각자의 부서 업무를 하면서 이번 R&D 프로젝트를 기획하게 되었는데, 팀원들에게는 매우 힘든 일이 되고 있었다.

R&D 프로젝트를 한다고 해서 부서의 일이 없어지는 것은 아니고 그 대로 프로젝트 팀원들에게는 추가 근무를 하게 되었다. 총괄책임자로서 매우 미안한 마음

이 들었지만 나에게도 뾰족한 방법이 없었다. 사장에게 이러한 고충을 말해 봐야 나만 이상한 놈이 되어버리는 회사 내 조직문화가 있었기 때문이다.

내가 지금까지 다녔던 중소기업들은 직원들에게 추가 업무에 대한 보상체계가 약하거나 아니 거의 없다고 해야 맞지 않을까 싶다. 지금에 있는 회사도 마찬가지이고, 대부분의 한국의 중소기업들이 추가 업무나 연장 근로에 대한 인식 체계가 낮거나 거의 없다고 보는 것이 맞다. 그러기 때문에 회사 내에 개인의 업무 성과 성취도가 다른 선진국에 비해서 낮은 것 같기도 하다.

특히 이번 R&D 프로젝트를 하면서 더욱 그런 면이 느껴졌다. 회사 내에서는 이렇다 할 보상에 대해서 다른 언급도 없었다. 심지어 이전 프로젝트에서 R&D 사업계획서 상에 있는 R&D 프로젝트 연구원에게 주는 인센티브조차도 주지 않아서 연구원들의 실망이 이만저만 아니었다.

비단 우리 회사에서만 일어나는 일이 아니었다. 오죽했으면 정부에서는 이러한 일들을 방지하기 위해서 강제적으로 연구원들에게 주도록 하기도 하고, 대표나 총괄책임자가 연구수당을 전부 받아가는 일이 있어서 배당 제한 조치 규칙도 만들었다. 이러한 일들이 한국의 연구환경을 어렵게 만든 것 같다. 또, 기업은 기업대로 어렵고 관리감독을 하는 정부기관에서는 이러한 감시 체계를 만들고 관리 감독하느냐 인원을 낭비하고 있으니 참으로 안타까울 뿐이었다.

저녁 때, 유박사님과 소주 한 잔을 하게 되었다.

"유박사님, 정부의 좋은 의도와는 관계없이 사용하는 기업들이 연구비 관련해서 횡령이나 악의적인 사용이 많은 것 같습니다."
"음…. 나도 박팀장의 의견에 동의하네. 자네, 내가 준 R&D 관련 설명서를 읽어봤군."

R&D 사업계획서를 준비할 때, 유박사님이 R&D 관련 설명서를 택배로 보내왔다. 며칠 동안 읽지 못 하다가 지난 주 주말에 간신이 읽어 봤는데 뜻밖의 내용들과 규제들이 많았다.

"박사님께서 보내주신 내용은 정말 충격이었습니다. 이렇게 우리가 낸 세금들이 일부 기업에 의해서 악용되고 있다니…"

"그래서 정부에서는 지속적으로 악용사례를 바탕으로 규제 안이나 규칙을 새로 만들어 대응을 하다 보니 서로 옴짝달싹하지 못 하는 상황이 생기고 있네. 기업도 양심적으로 R&D 연구 비용을 써야지."

## 누구나 하는 R&D 프로젝트 PT 발표

4:00 AM

머리가 띵하고 아프기 시작했다. 팀원들과 해장국 집에서 국밥과 소주 한 잔 마시고 나와서 호텔로 자리를 옮겼다. 호텔방에서 어제부터 지금까지 만들어진 사업계획서와 자료를 토대로 PT 자료를 만든 것을 점검하고 있었다. 밤을 새워서 그런지 두통이 오기 시작했다. 오늘 오후 2시에 방사능 차폐용 섬유백에 대한 R&D 프로젝트 발표를 하기로 했다.

발표시간은 20분이고, 질의시간은 10분으로 총 30분 동안 과제발표를 해야 한다.

어제 PT 발표 준비를 하면서 프로젝트를 그만 두고 싶었다. 지금까지 준비하고 사업계획서도 썼지만, 발표장에서 창피를 당할 수 있겠다는 생각에 먼저 들어서 PPT작성이 어려웠다. 타임머신이 있다면 과거로 시간을 돌려서 유선재 박사의 제안을 거절하고 싶었다.

어제 오전 10시부터 사업계획서를 다시 검토하고 검토해도 발표하기에는 자료와 근거가 많이 부족했다. 어쩔 수 없이 최종 PPT를 하기 전에 프로젝트 이해관계지인 팀원들과 참여기업 연구사들과 다시 한 번 회의를 했다. 전체 의견은 부족한 부분이 많지만 미해결된 부분이나 명확하지 않은 부분은 별도로 남겨서 하나하나 해결해 가기로 했다.

남은 24시간을 알차게 써야 한다. PPT 양식에 대해서도 의견이 많았다. 참여기업이나 기존의 연구소 연구원들은 비주얼적으로 화려하게 만들려고 했다. 그래서 나는 유박사님께 전화를 걸어서 자문을 구했다.

"유박사님, 참여연구원들끼리도 의견 차이가 많습니다."
"박팀장, 일단 발표는 누가 하나요?"
"발표는 과제총괄책임자인 제가 하기로 했습니다."

"그럼, 발표자가 발표하기 쉬운 걸로 하세요. PPT에 내용은 명확하게 전달하고 심사위원들도 여러 분야에서 오신 전문가들이지만, 박팀장이 발표하는 산업용 섬유에 대해서는 잘 모르십니다. 어려운 용어보다는 쉬운 용어로 설명해 주시고요. 용어에 대한 정의도 간략하게 설명해 주시면 됩니다."

"아… 네… 알겠습니다. 저는 텍스트 위주로 PPT를 써야 하나 이미지 위주로 해야 하나 고민인데요?"

"가급적이면 이미지를 넣어서 설명해 주면 좋은데, 너무 많이 넣으며 복잡해 보입니다. 간결하게 하시고요. PPT가 너무 많으면 설명하기 힘들어요. 그리고 시간 안배를 잘 해서 결론까지 발표하셔야 합니다. 중간에 설명이 길면 제목이나 요약 위주로 설명하셔도 됩니다."

"네, 감사합니다. 제가 박사님 기대에 부응해야 하는데, 이번 프로젝틀 해보니 많이 부족함을 느꼈습니다. 해외영업이라서 단순이 사람만 만나면 되는 줄 알았는데, 이번 프로젝트 끝나면 산업용 섬유에 대해서 다시 공부할 필요성을 느끼고 있습니다."

"항상 박팀장은 그런 자세가 좋네요. 우리가 섬유산업이라고 해서 단순히 봉제품만 판다고 하는 낮은 인식이 있어요. 우리는 Techtextile이라는 기술섬유를 판매하고 있으니, 당연히 기섬유기술과 적용기술 등 엔지니어링에 대한 공부도 필요합니다. 이번 기회를 통해서 박팀장도 더 성장하기를 기원할게요. 아무튼 마지막까지도 박팀장에게 미안한 마음이 있네요. 원래는 내가 해야 할 일인데, 이번에 내가 다른 프로젝트 때문에 일을 넘겨서 미안해요."

"아닙니다. 부족함이 있지만 남은 시간 동안 열심히 해서 좋은 성과를 만들어 보겠습니다."

유박사님과 통화를 다시 재충전된 느낌이 들었다. 꼬박 18시간 동안 참여 연구원들과 머리를 맞대고 마지막까지 PPT 한 글자 한 글자 의견을 조율해 가면서 썼다. 후회하지 않도록….

8:00 AM

한 시간 정도 눈을 붙이고 연구원으로 향했다. 대한섬유연구원에는 이미 대

157

한섬유연구원 윤성주 선임연구원이 PPT 오탈자 검수를 마치고 제출용 서류를 인쇄하고 있었다. 참 부지런한 분이라는 생각이 들었다.

"안녕하세요. 연구원님."

"이른 아침부터 나와 계셨어요? 조금 쉬시고 나오시죠?"

"아닙니다. 오후에 발표할려고 하면 발표자료도 인쇄해 놔야 해서 미리 준비 좀 했습니다."

"그러면, 오늘 새벽에 눈은 좀 붙이셨어요?"

"괜찮습니다. 집에 안 가고 사무실에서 잠깐 쉬었습니다. 괜히 집에 가서 잠들면 못 일어날 것 같아서요. 박팀장님은 좀 쉬셨어요?"

"저도 마찬가지입니다. 누워서 잠을 못 자겠더라구요. 침대 벽에 기대어서 잠깐 쉬었어요. 저야 이번 한 번만 하면 되는데, 연구원님은 매번 이렇게 발표하시면 너무 힘드시겠어요?"

"저야 이제는 많이 적응이 되어서 괜찮습니다. 그래도 이번 프로젝트처럼 참여하시는 기업분들이 이렇게 열심히 하셔서 저희도 힘은 들었지만 좋았습니다."

"감사합니다. 발표용 인쇄자료를 10부씩 인쇄하는 것도 일이네요."

2:00 PM

발표자료가 담긴 USB와 발표자료 인쇄물을 담당 간사에게 남기고 우리 회사 차례를 기다리고 있었다. 다른 회사도 엄중한 분위기에서 발표를 기다리고 있었다. 가끔씩 발표장 안에서 고성이 오고 가고 그러기도 했다. 아마 발표자가 심사위원들과 질의과정에서 높은 언성이 가끔 오고 간다고 윤성주 선임연구원의 부연설명이 있었다. 기다리는 동안에 약간의 발표 TIP을 연구원으로 설명을 들었다.

발표장에 들어가니 가운데에 심사위원장과 8명의 심사위원이 있었다.

"안녕하십니까? 저는 (주)올텍스해외영업팀 박세호 입니다. 이번 프로젝트의 총괄책임을 맡아서 발표를 하게 되었습니다."

이렇게 시작한 발표가 어느새 20분이 지나 심사위원의 질의 순서가 왔다.

심사위원의 여러 가지 심도 있는 질의에 다시 한 번 이 프로젝트를 바로 보게 되었고, 다행이 윤성주 선임연구원과 참여기관의 연구원분들이 대답을 잘 해 주서서 무사히 끝났다.

발표를 마치고 홀가분하고 시원섭섭한 마음이 들었고, 고생한 팀원들과 참여기관의 연구원분들에게 감사함을 표했다. 마지막으로 유박사님께 전화를 걸어서 무사히 발표를 잘 마쳤고 감사하다는 전화를 드렸다.

하늘을 보니 오늘은 유달리 파란 하늘이 이번 프로젝트와 같았다.

05

# 프로젝트의
# 답 없는 평행세계
## 자동차 글로벌 프로젝트를 향한 도전

_정준우

"다음 중 정답을 고르시오."

벌써부터 오금이 저려오면서도 어디서 많이 봐온 문장일 것이다.

누구에게는 싫은 문장일 수 있겠지만, 그 무엇보다 어릴 때부터 숱하게 봐왔던 교과서 속의 문장 중 하나일 수도 있다. 이처럼 어릴 때부터 '숱하고' '당연하게' 맞추어야 한다고 생각했던 '정답'이, '현실'에서는 그토록 찾기 어려운 '정답'이라니.

이 챕터에서는, 아직 많이 배워야 하는 Junior인 가공의 인물 준우가 여러 가지 피곤한(?), 그러면서도 계속 헤쳐 나가야 하는 '프로젝트 관리'의 평행세계에 처한 경험이 나타나 있다. 단 한 번의 '완전한 정답'을 찾아야 한다고 생각했던 관리에 대해, 자연스러운 깨달음을 얻으며 사람과 체계를 통한 '지속적인 해답'을 찾는 과정을 볼 수 있을 것이다. 모두에게 공감대 형성을 할 수는 없겠지만, 부디 누군가에게는 '당연함' 속에서 '새로운 해답'을 찾는 모험의 시작이 되길 소원한다.

Only one answer in the world? Many solutions in the world!

우리가 일반적으로 알고 있는 평행세계[1]는 같은 차원에서 존재하면서도 서로 접점이 없는 다른 세계를 의미한다. 곧은 두 직선이 꺾이거나 휘어지지 않는 이상 서로 만날 수 없듯이, 지속적인 평행상태에서 꾸준히 존재한다는 것이다. 평행세계에 대해 일반적인 사람들은, 당연히 서로 만날 수 없다고 생각을 할 것이다. 아니, 존재여부 자체에 대해서도 미지수이며 믿지 않는 경우가 대다수일 것이다. 말 그대로 답이 없는 것이다. 나 역시도 그렇게 생각을 하니까. 직업병인지는 모르겠지만, 내가 수행했던 다양한 해외 프로젝트에서 이러한 느낌을 받은 적이 있었다. 잘잘못의 차이가 아니라, 우리 입장에서는 완전히 다르고, 답이 없는 느낌의 프로젝트였으니까. 아니다. 완전히 답이 없는 것이 아니었다. 우리가 알 수도 있는 것이었지만, 답이 없으며 다르다고 느꼈다. 무엇이 그렇게도 달랐을까? 무엇이 그렇게도 답이 없었을까?

---

1 어떤 세계에서 분기하여 그에 병행하여 존재하는 다른 세계를 의미한다.

"대체 어디까지 알고, 어떻게 해야 하는 거야? 지금까지의 프로젝트랑 너무 다르잖아!!"

"아… 너무 빡빡해… 이 정도면 통과인데 정말 진짜… 다른 것도 할 것 많은데…"

"표준을 모두 반영하기에는 실무적으로 너무 어려운데, 언제 이걸 다 하지?"

얼마나 다르고 답이 없길래 고통스러운 느낌까지 받았을까? 이 느낌들이 하나에만 국한되었을까? 답은 '아니' 인 것 같다. 같은 환경에서 자란 쌍둥이 형제여도 완전히 같을 수가 없는 것처럼, 다른 세계권, 다른 문화, 다른 언어, 다른 스타일 등 많은 차이를 발생시키는 요인들이 있다. 국내에서조차 그렇게도 다르고 답이 없는데, 해외는 오죽했을까. 이처럼 다른데도 모두 같길 바라는 마음은 사람의 욕심이 아닐까? 이처럼 답이 없는데도 그 한 가지만의 답을 찾으려 하는 것은 사람의 욕심이 아닐까? 연인간 그렇게 쿵짝이 잘 맞았을 지라도, 사소한 차이(혹은 엄청난 차이일 수도 있는?)로 이별과 또 다른 만남이 시작되는 것처럼 말이다. 이럼에도 불구하고 나를 포함한 많은 사람들은 당연하게 발생하는 어쩔 수 없는 '차이', '현재로선 답이 없을 수 밖에 없음'에 대한 불만과, 그 어쩔 수 없는 '차이'를 없애고 하나의 '답'을 찾고 싶은 욕구가 생기는 것 같다. 그 차이라는 것, 명확한 하나의 '답'이란 것. 위에서 말한 평행세계에서의 두 직선을 완전히 '일치' 시킬 수는 없겠지만, '접점'을 만들 수는 있지 않을까? 또한, 그 '접점'이라는 것이 여러 개 일수도 있지 않을까?

그 '접점'의 트렌드는 현재에도 더 많은 모습을 드러내고 있다. '융합'이라는 단어가 많이 노출되고 있는 현대에서는, 모든 각 분야가 따로 놀기보다 하나의 통합이라는 전략으로 수립되고 있다. 한 예로, 과거의 자동차와 IT는 별개의 개념으로 보는 경우가 많았다. 자동차에서 사용자의 편의를 위한 혹은 안전을 위한 정보를 디지털화하여 제공하기 보다는, 성능과 자체적 안전에 더 집중했던 것 같다. 그 때는 그것이 그 시대의 '답'이었을 수 있으니까. 이제는 안전에 대해서도 '정보에 대한 알림' 뿐만 아니라, 자동차 시스템을 자체적으로 더욱 안전하게 수행하는 수많은 표준과 기술이 등장하고 있다. 이렇게 만들기 위해 IT분야도 자동차에 적용되어 이러한 트렌드를 따라가고 있다. 이럼에 따라 성능, 안전, 편의가 조화를 이루는 하나의 대형 서비스개념으로 나아감으로써, 경계가 명확해지기 보다는 희미해지고 있는 것을 볼 수 있다. 그리하여 자동차 제조업이 아닌 업체가 자동차 관련 개발에 뛰어들고, IT업체였던 곳이 자동차 관련 산업에 뛰어들듯이 '융합'이라는 개념으로 더욱이 나아가며, 그동안 유지해왔던 '답'을 지우고, 새로운 '답'을 찾고 있는 것 같다. 이러한 부분에 대해 내가 '확신'이라는 것을 하지 못하는 이유는, '답'은 한 가지가 아니며 그 기반은 너무도 빠른 시대의 변혁과 과학기술의 발전 즉, 사람의 끊임없는 '변화' 때문이다.

이렇게 다양해지면서도 경계가 희미해지며 섞이는 '접점'들을, 프로젝트 관리 및 QA(품질보증) 등 각종 업무를 거쳐 오면서 몸소 체험했던 국내와 해외과제들의 사례를 토대로 하여 겪은 바를 이야기하고자 한다. 누구나 알고 이해할 수 있으나 '당연하게' 혹은 '안이하게' 여겨 왔던 것들을 조금 더 눈여겨볼 것이다. 우리의 주변에서 '당연하게' 여겼기에 발생하는 접점의 차이(오답)가 무엇인지 '안이하게' 나오는 문제점에 대해 어떠한 방식(해결과정)을 우리가 가져가야 할지 고민해보며, 두 가지의 평행세계가 만날 수 있는 접점(해답)을 그려보는 것도 좋을 것 같다.

## 완전한 '정답'이 아닌 '해답'
형상관리와 Risk는 완전히 '해결'되는 것이 아니다.

"준우씨, 오늘은 Automotive−SPICE[2] Supporting 영역에 대한 부문을 심사할 거니까 같이 확인해 주시고 특별한 문제는 없죠?"

정원석 GPM(Global Project Manager)께서 간략한 확인에 들어가셨다.

"네. QA(품질보증)부문, Defect(결함)관리, CR(변경요청)관리, Risk 관리부문 모두 해당하는 요구사항에 따른 산출물이 준비되어 있습니다. 당장 CL3[3]가 목표는 아니어서 산출물에 대해서만 집중하여 심사를 받고 판단해보아도 좋을 것 같아요."

---

2  Automotive−SPICE(Software Process Improvement and Capability dEtermination): 자동차 임베디드 시스템/소프트웨어 개발에 대한 수준을 평가하는 방법이자 역량평가모델
3  Capability Level: A−SPICE의 역량수준이며 전체 역량수준등급은 CL0부터 CL5까지 구분되어 있다.

Automotive—SPICE 사전심사[4] 4일차, Supporting영역[5] 부문에 대한 심사를 받기 전 아침회의 때 내부 브리핑을 실시하였다. QA(품질보증)와 Risk 관리 부문은 비교적 걱정거리가 되지 않았고, 오히려 Defect(결함) 관리 및 CR(변경요청)관리 즉, 형상관리에 대한 부문이 걱정이었다. 어느 항목이든 우리 일상생활에서도 쉽게 찾아볼 수 있는 항목이면서도, 가장 관리가 어려운 항목이었기 때문이다. 형상관리라는 것은 해당하는 그 프로젝트의 모든 작업 산출물(회사별 기준에 따라 문서 혹은 소스코드 모두를 포함할 수 있음)에 대한 내용 개정관리(변경관리), 산출물 버전관리, 베이스라인[6], 상호 요구사항 간 ID나 내용이 연결되었는지 등을 관리하는 부문이다. 하나의 쉬운 예시를 들어보자. 위에서 말한 것 중 개정관리는, 우리가 작성하는 모든 문서들에 대해서 제목부터 내용까지 전체적으로 어떤 변경이든 식별되고 기록해야 하는 관리이다. 제목이 'QA(품질보증) 계획서'에서 'QA(품질보증) 관리 계획서'와 같이 '관리'라는 단어가 추가되었다면, 그 부분이 왜 추가되었고 누구에 의해 언제 바뀌었는지를 기록해야 한다. 이처럼 단순히 바뀐 항목에 대해 간단한 기록만 하면 되는데 어렵다고 이야기하는 것이 이해가 되지 않을 수도 있다. 그러면 이렇게 생각해보자. 고객한테 최종 배포(납품)가 이루어지기까지 4번의 큰 변경이 있었고, 각 변경 당 약 100가지에 달하는 변경이 있다고 치자. 그렇다면 총 변경은 400건이다. 또한 이들 중 일부는 실제 양산(생산)에 영향을 미칠 수 있는 변경이다. 이 경우 실무도 엄청 바쁠텐데, Major한 변경을 포함한 총 400가지에 대해 일일이 변경사유와 날짜, 담당자를 쓰는 것은 엄청난 업무부하가 걸릴 수 있는 일이다. 그리고 산출물이 1건이 아니라 20건이라고 봐보자. 그럼 총 변경은 무려 8000건이 되는 것이다. 물론, 고객에게 승인을 받을 때나 감사를 받을 때, 고객이나 감사자가 8000건에 해당하는 모든 변경을 확인할 수도 있고 없을 수도 있다. 고객과 기준에 따라 샘플링해서 특정 중요 부분만을 볼 수도 있다. 다만, 샘플링에

---

[4] 사전심사: 본 심사 전에 실시하는 심사로써, 본 심사 전 개선사항을 도출함과 동시에 현황을 파악한다.

[5] Supporting영역: A—SPICE에서 Supporting영역은 형상관리, 변경관리, 문제해결관리 등으로 나누어지며, 해당 프로젝트를 받쳐주는 인프라 부문 관련사항이고 관리부문에 대한 지원 영역이다.

[6] 베이스라인: 개발 생명 주기 단계를 고려하여 산출물의 공식적인 승인 시점을 말한다. 전/후 개정관리, 이력 관리 등의 명확한 구분을 할 수 있으며, 전/후에 대한 변경은 마음대로 바꿀 수 없다.

대한 확신이 부족한 이유는, 8000건에 달하는 많은 변경에 대한 사항 중 최소 10% 이상은 시스템적으로 확인할 수도 있기 때문이다. 10%여도 이미 800건이다. 특히, 개정 건수가 많은 중요 산출물의 경우에는 고객 혹은 감사자 입장에서 더욱 집중관심대상이 될 수밖에 없다. 왜 그럴까? 누구라도 개발일정, 담당자, 기술요구사항 중 1개만 Minor하게 변경이 있었던 것을 더 유심히 볼 것인가, 아니면 수천 번에 이를 정도로 많은 변경이 있었던 중요 산출물들을 더 유심히 볼 것인가? 솔직히 형상관리를 확인하고자 한다면, 변경이 가장 많은 중요문서를 확인하는 것이 감사자 입장에서는 더 좋을 수 있다. 수많은 각종 변경들이 내부 프로세스 및 시스템에 의해서 어떻게 관리가 되고 있는지 여실히 볼 수 있기 때문이다. 서로 연계되는 하나의 체계이기에 한 가지의 관리라도 원활히 이루어지지 않는다는 것이 보여져 버리면, 형상관리 프로세스 부문에 대해서는 좋은 평가를 받기가 어려웠다. 별도로 형상관리 부문에 대해 심사시간이 수립되어 있었지만, 결국 심사 시작부터 종료할 때까지 계속 형상관리는 점수가 매겨지고 있는 것이나 마찬가지기도 했다. 다른 프로세스 부문을 심사 받으면서도 어떻게 형상관리 부문을 자연스럽게 확인할 수 있다는 이야기일까? 이유는 단순하다. 예를 들어, 시스템 요구사양서7를 확인해야 한다고 가정해보자. 연계성을 위하여 쉽게 부연설명을 한다면, 아래 <그림 5-1>과 같다.

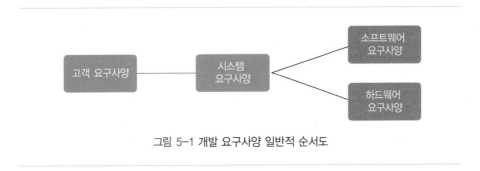

그림 5-1 개발 요구사양 일반적 순서도

시스템 요구사양서라는 것은 상위 문서인 '고객 요구사양서'를 기반으로 도출

7 시스템 요구사양서: 쉽게 말하면, 하드웨어/소프트웨어에 개발 요구사항을 할당하기 위하여, 시스템이라는 상위단에서 고객의 요구사항을 분석하고 도출하는 문서를 말한다. 회사입장에서는 개발을 위한 첫 번째 요구사양서라고 생각해도 좋을 것 같다.

되며, 시스템 요구사양서를 기반으로 하드웨어와 소프트웨어 요구사양이 도출되게 된다. 이 부분들을 어떻게 개발해야 하는지 계층적(Hierarchy)으로 분석하고, 기술적 부문을 더욱 가미하여 부문별로 구분(예를 들어, 전원부/입력부/출력부/제어부 등)한다. 그런 후, 하드웨어/소프트웨어 요구사양 부문으로 할당되어 개발될 수 있도록 우리 기준을 토대로 작성하는 것이다. 고객의 사양이 변경되면, 그 부분이 각 요구사양에 모두 반영된 뒤, 각 상세 설계서, 회로도에 반영되고 표시되며 기록 관리되어야 한다. 분명 시스템 부문만을 진행하는 것임에도 뒷 단계까지 이어지는 수많은 연계(형상)관리가 이미 내포되어 있는 것이다. 나는 사실 형상관리라고 하면 막연하게만 떠오르고 구체적으로 잘 알지 못했다. 말 그대로 해당하는 작업 산출물의 변경 등을 잘 관리하는 것 아닌가? 그러다 보니 이러한 의문점이 하나 나왔었다. "왜 이토록 어려운 것이지? 그리고 어떻게 하는 것이 잘 관리하는 거지?"

아래의 표 5-1은 과거에 자체적으로 만들어 본 형상항목 관리대장의 일부이다.

표 5-1 형상관리 항목대장 샘플

| 부문 | 형상항목 | 버전 | 형태 | 개정번호 | 관리장소 | 1단계 베이스라인 | 담당자 | 관련 형상항목 |
|------|---------|------|------|---------|---------|----------------|--------|-------------|
| 시스템 | 시스템 요구 사양서 | V1.1 | 워드 | R21 (Revision) | PMS (프로젝트관리시스템) | 18.05.28 | 박창환 | 고객 요구사양서, 하드웨어/소프트웨어 요구사양서, 프로젝트 수행계획서, 시스템 아키텍처 설계서 |

형상관리를 원활하게 하기 위해서는 먼저 형상관리 체계가 존재해야 하며, 형상관리 기준이 있어야 했다. <표 5-1>과 같이 시스템 요구사양서라는 산출물을 원활히 관리하기 위해 그 작업 산출물의 형태는 무엇인지, 공식적으로 배포된 버전이 무엇인지, 공식적으로 1.1이라는 버전이 배포되기 위하여 그 때까지 개정된 번호가 몇 번인지 알 수 있다. 또한 그 작업 산출물을 어디서 누가 관리하는

것이며, 어떤 작업 산출물과 연관관계가 있는지에 대한 정보를 볼 수 있다. 이러한 내용을 가지고 형상관리 담당자이신 김영미 선임연구원님과 논의를 해보았다.

"준우씨, 해당 관리대장 내용만을 보면 많은 내용을 알 수 있기는 하지만, 공식 배포된 일정은 어떻게 알 수 있죠? 그리고 베이스라인은 한 번만 승인을 받는 것이 아니라 내부 기준 및 고객 요구사항에 따라 여러 단계별로 수립되는 시점일 텐데, 한 단계의 베이스라인 일정만 있으면 되나요? 그리고 CR(변경요청)관리는 누구에 의해서 어떻게 이루어지나요?"

다양한 질문들이 쏟아짐과 동시에, 내 눈빛도 흔들리게 되었다. 당연히 해야 하는 일이었지만, 현실적으로 그 부분까지 관리하고 기준을 세우는 것부터 어려웠기 때문이었다.

"네… 선임님 저도 그것이 고민입니다. 베이스라인은 1번만이 아닐 테니까요. 그렇기에 모호한 베이스라인에 대한 기준부터 세워야 할 것 같습니다. 그리고 공식 배포된 일정도 함께 관리된다면 좋을 것 같아요. 다만… 그렇게 되면 관리하고 확인해야 할 일정이 많아지기에 쉽지는 않을 것 같습니다. 그러면, 베이스라인을 공식 배포일정으로 대체하는 것은 어떨까요? 또한, 시스템 요구사양서와 연관되는 문서들을 단순 나열하는 것이 아니라 선/후행 Task에 따라 구분을 지어야 하지 않을까요? 다만 지금 이 시점에서 그렇게까지 구분을 하게 되면 박창환 책임님(시스템 설계 담당)과 김영미 선임님 입장에서는 하실 일이 너무 많을 수도 있어요. 또한… 이번 프로젝트에 대한 CR(변경요청)관리는 저번 주에 진행했던 CCB(형상통제위원회)8회의결과를 기반으로 2~3일 내에 다시 이야기를 나누어 보아야 할 것 같습니다."

순간적으로 1차 CCB(형상통제위원회)회의 순간이 떠올랐다. 머리 아픈 기억이면서도, 답 찾기가 어려웠던 현실을 다시금 깨우치게 되는 회의였다.

---

8 CCB(Change Control Board): 형상통제위원회라고 하며, 해당하는 산출물에 대하여 어떻게 관리하고 변경할 것이며, 변경에 대한 영향은 얼마나 되고, 누가 할당받아 관리하고 어떻게 보고해야 하는지 논의하는 위원회이다. 회사에 따라 기준이 다르나, 일반적으로 해당 실무자와 연관된 담당자들이 모여서 실시한다.

"그럼 어떻게 해야 하는 거야?"

회의에 참석한 실무자들의 입에서 습관처럼 나오는 말이었다. Project 4987 Module 고객 사양에 대한 CR(변경요청)을 어떠한 식으로 시스템 내에서 관리할 것인지 논의하기 위해 모인 회의였다. 단순 회의라기보다는 각 실무자들의 실제 업무와 갭을 분석하고 반영하기 위한 것이 그 목적이었다. 그래서 1주일 전에 고객으로부터 배포된 시스템 요구사양 06.07일자 버전에 대해 무엇이 변경되었고, 어떠한 변경을 실무자들에게 할당할 것인지 확인하기 위해 간단한 브리핑을 하는 와중이었다.

"지금 회의의 목적은, 고객으로부터 최근에 배포된 시스템 요구사양에 대한 CR(변경요청)을 관리하기 위함입니다. 최초에 누가 고객 사양을 받고 배포할 것이며, 사양에 따라 어떤 실무자에게 할당이 되어 어떻게 관리할 것인지 이야기를 나누기 위해 모였습니다. 어찌 보면 R&R(책임과 역할)9을 정한다고 보실 수도 있을 것 같습니다만… 팀간의 공식적인 R&R(책임과 역할)이라기보다는 이 프로젝트에 대해서만 확인해보고자 함입니다."

이 부분에 대해 시스템 설계 담당자이신 박창환 책임연구원께서 냉정하게 현 상황을 직시하는 부문에 대해 말씀을 하셨다.

"김범석 책임님, 유진씨, 준우씨, 김영미 선임님은 계시죠? 다들 이 부분에 대해 불평이 있으실 수도 있을 것 같아 미리 말씀드립니다. 기존 고객으로부터 사양서의 변경이 접수되면, 저희 팀에서 주관해서 할당/배포를 진행했었지요. 하지만 이제는 파트도 달라지게 되어 예전 제 팀이 하는 것은 사실상 맞지 않아요. 그리고 현실적으로 이 프로젝트의 시스템 담당이 저만이기에 제가 다 하기란 쉽지 않습니다. 그래서 최초 변경 직후 전체 발행만 형상관리 담당자이신 김영미 선임님께서 하시고 그 이후에는 시스템/하드웨어/소프트웨어 각 부문에서 챙기는 것이 어떤가 싶습니다."

---

9  R&R: Responsibility & Role이라고 하며 책임과 역할이다.

조금 당황한 기색이 역력한 와중, 김범석 책임님께서 주제를 바꾸는 말씀을 하셨다.

"어… 잠깐만요. 이 회의에서 그 R&R(책임과 역할)을 정해야 하는 것인지요? 그 R&R(책임과 역할)과 프로세스도 중요하지만… 지금 당장은 설계 구현이 급한데… 일단은 변경사항부터 확인했으면 좋겠어요."

"음… 이러한 사항에 대해서 이야기 나누려고 CCB(형상통제위원회)회의를 하는 것입니다. 솔직히 말씀을 드리면, 지금까지 다른 글로벌 프로젝트의 경우에는 제대로 된 내부 CCB(형상통제위원회)회의를 가진 적이 별로 없었어요. 하지만 이제는 그 체계가 있어야 해요. 알죠. 실무… 급하죠… 당장 내일 혹은 내일모레 Component들이 구현되어 나와야 하는데요… 그런데, 이 부문을 어느 정도 짚고 넘어가지 않으면, 나중에 프로세스 때문이 아니라 실무자들이 모두 실무적으로 때려 맞는 상황이 발생할 겁니다. 지금 이런 바쁜 상황은 1년 전에도 똑같았구요."

김범석 책임님께서 이 반응에 대해 다소 어쩔 줄 몰라 하며 어려움을 토로했다.

"네… 그렇죠… 그런데 지금 당장은 구현이 급하다 보니 일일이 확인하고 챙길 여력이 안되네요. 심사나 감사를 위해서는 그게 맞겠죠. 그런데 지금 고객한테 배포되지 못하면 그게 더 문제가 아닐까 싶습니다."

"저희는 프로세스만을 이야기하는 것이 아닙니다. 이것도 실무인 것인데, 프로세스라고만 말씀하시는 것은 조금 갭이 있는 것 같습니다, 책임님. 단순히 구현만이 아니라 그 구현을 위한 변경 자체의 전/후 관리가 전혀 되지 않으면 어떻게 하실 건가요? 그것도 역시 실무라고 생각합니다."

난 여기서도 갭을 느꼈었다. 프로세스만을 이야기하고자 함이 아닌데 어쩔 수 없는 실무와의 차이로 인해 발생하는 반발감. 그러면서도 두 쪽 모두 이해되는 상황이었다. 실무입장에서는 당장 구현이 급하니 일일이 R&R(책임과 역할)을 정하고 흐름을 짠 후 그 프로세스대로 실무에 적용하리란 어려움이 컸다. 그러나 관리입장에서는 실무가 급하더라도 지킬 걸 지키지 않으면, 죽어라 일만 열심히 해놓고 온갖 심사나 감사 받을 때 실컷 때려 맞을 것이 역력했다. 사실 감사나 심사때 문만이 아니었다. 내부적으로도 반드시 갖추어져야 하는 부문이었기 때문이다. 무엇보다 이러한 것들이 전혀 관리되고 있지 않다는 것이 문제였던 것이다.

정원석 GPM님께서 중재를 하시기 시작했다.

"자, 자, 일단은 다 급한 상황이니 CR(변경요청)이 주로 어떤 식으로 변경이 이루어졌는지 그 트렌드부터 확인해봅시다. 김영미 선임님, 변경사항이 어떤 것인지 한 번 보여주시겠습니까?"

"네. 일단 지금 화면부터 보시면, 우리 쪽에서 고객의 사양을 가지고 반영한 버전인 Internal Baseline(IB)과 고객 사양 자체인 External Baseline(EB)이 있습니다. 둘 간의 차이에 대한 비교를 할 수 있는데요, 여기 보시면 New item이 변경된 요구사항이고, Old item이 변경되기 전 요구사항들입니다."

여기서 자잘한 것들이 너무 많은 것에 대한 불편함을 발견하게 된다.

"잠깐만… 저건 뭐가 바뀐 거야?"

"아… 저건 단순히 띄어쓰기 된 이후 줄바꿈이 된 것입니다."

"그럼 저건?"

"일반적(Common)이라는 용어에서 시스템(System)이라는 용어로 바뀐 것입니다."

"저건 똑같은 깃 같은네… 뭐가 바뀐 거야?"

"음… 잠깐만요… 똑같긴 한데… 특수문자가 빠지고 몇 줄씩 간격을 두도록 단순 enter를 친 것이네요."

모두가 얼얼해졌다. 이럴 수가… 무엇이 중요하게 바뀌었는지 보려고 했는데, 오히려 그 사소한 것들로 인해서 변경 중 무엇을 중요하게 여겨야 하는지 그 자체부터 식별하기가 어려운 상황이라니… 일일이 그 요구사항을 전반적으로 아는 담당자가 아닌 이상, 무엇이 바뀌었는지조차 식별을 못 할 담당자들이 많을 수가 있을 정도로 보기 어려웠다. 거기에다가 이런 사소한 변경(굳이 알 필요 없는 변경)까지 확인하고 넘어가야 알 수 있는 구조라니… 대다수 이런 생각을 동시에 했을지도 모른다. '이걸

어쩌라고?' 이 상황은 R&R(책임과 역할)을 정해도 문제였고, 변경된 요구사항이 뭔지 분석하는 것도 문제였다. 어찌 보면 시스템(도구) 입장에서는 당연한 이야기였을지도 모른다. 인공지능이 아닌 이상, 모든 회사 아이템 각각의 속성에 맞추어서 변경이 자동 필터링되는 것은 기술적 커스터마이징이 당연히 필요할 테니까….

나는 이 부분에 대해 김영미 선임님이 그동안 하신 것에 대해 궁금해졌다.

"김 선임님… 혹시 저런 사소한 변경까지 모두 포함해서 요구사양이 접수된 이후에 일일이 확인하시고 작업하신 건가요? 모든 테이블이나 차트까지 시스템에서 인식을 못 하거나 오류가 생길 수 있으니까요."

"네… 준우씨. 그래서 시간이 오래 걸렸던 것입니다."

"아… 미리 이야기를 하시죠… 무엇에 시간이 오래 걸리나 저 역시 알지 못했는데요… 지금 무엇을 정하는 것이 문제가 아니라, 애초에 정하고 각 실무자별로 할당을 하더라도 이런 모든 것에 시간을 쓸 여유가 안 될 텐데요… 선임님도 지금 급하신 업무가 많으신데, 띄어쓰기와 줄바꿈 등등 때문에 일일이 변경된 요구사항을 분석할 상황이 아닌 것 같네요… 애초에 Major한 변경인지 Minor한 변경인지 조차 식별이 되지 않은 상태라면, 당장 논의하기가 매우 어려운 상황입니다."

잠시 동안 그 CCB(형상통제위원회)회의에서 오고 갔던 대화들이 떠올랐다. 답이 없는 상황, 정답을 내기 어려운 형상관리였다. 항상 완전하게 관리할 수 있을 것이라 생각할 정도로 쉽다고 생각했지만, 매번 난관에 부딪혔다. 다시금 머리가 지끈해오며 아파지려고 하는 머리를 부여잡고 형상관리 부분은 일단은 현재 상태에서 이야기를 하고자 했다.

"김영미 선임님 형상관리는 너무 어려운 것 같습니다. 일상적이면서도 당연한 것 같은데, 관리 자체는 쉽지 않은 것 같아요. 정답이 없는 것 같습니다. 단순히 도구를 도입하거나 분석을 한다고 해도 딱 들어맞는 답을 찾기가 어려운 것 같아요. 일단은 사전심사 때 나오는 결과에 따라 반영여부를 확인하면 될 것 같습니다."

"네 준우씨, 일단은 사전심사 시에 다른 프로세스에 문제가 없을 것이라

볼 수 없기에 심사 시에 물어봅시다.”

"좋은 아침입니다. 여러분들, 오늘 4일차 심사를 시작하기 전에 오늘 심사하게 될 영역과 중요 포인트를 브리핑하고 시작하겠습니다.”

독일에서 온 젠틀한 느낌의 심사원 길리아스가 심사를 하기에 앞서서 간략한 브리핑을 하길 원했다.

"오늘은 management영역에 해당되는 Risk 관리와 supporting영역에 해당되는 형상/CR(변경요청)관리, Defect(결함) 관리를 보게 될 것이며, 시간은 09시부터 17:30분으로 수립되어 있습니다. 각 담당자가 해당 시간 인터뷰에 참석할 것이고 관련 자료는 사전에 송부 드린 자료와 같습니다. 현재 시간표는 형상관리가 먼저 수립되어 있는데 필요하신 경우 변경이 가능합니다. 혹시 어떠한 부문부터 보길 원하십니까?”

"그렇다면 2일차에 프로젝트 management/plan 부문을 보았으니 프로젝트 management부문과 연계될 수 있는 Risk 관리 부문을 먼저 보도록 하겠습니다.”

먼저 형상/CR(변경요청)관리를 볼 것이라 예상했으나, 엇나가고 말았다. 쉴 틈 없이 심사원은 바로 질문을 던지기 시작했다.

"Risk를 어떻게 계획하고 관리하는지에 대해 볼 수 있을까요?”

"Risk 관리는 프로젝트 관리자와 소프트웨어 설계 리더가 상호 논의 하에 진행하였습니다. Risk 관리에 대해서 계획을 수립하고 위험관리 산출물을 만들었으며, 각각의 Risk는 별도의 리스트를 만들어서 관리했습니다.”

"이 작업산출물의 문서명은 무엇인가요?”

"Project 4987 module Risk 관리 리스트입니다.”

"총 Risk가 몇 개가 있는 것이죠?”

"총 12개가 있습니다.”

"해당 문서내의 필드 값들을 간략히 설명해주시겠습니까?”

표 5-2 Risk 관리대장 양식샘플

| NO | Risk 식별 | | | | | Risk 평가 | | | | | Risk 완화 | | | | Risk 모니터링 | | | |
|---|---|---|---|---|---|---|---|---|---|---|---|---|---|---|---|---|---|---|
| | Risk ID | Risk 분류 | Risk 발생원인 | 식별일자 | Risk 내용 | 심각도 | 발생도 | 검출도 | RPN | 우선순위 | Risk 완화방법 | 완화담당자 | 시작일자 | 종료일자 | Risk 상태 | 추적일자 | 추적결과 | 비상대책 |
| 1 | P4987-01 | T | 경험부족 | 18.03.15 | 통신 인터페이스 컴포넌트 신규 개발로 인한 일정과다 소요 | 상 | 상 | 상 | 상 | 1 | 통신 인터페이스 부문에 대한 신규 컴포넌트 부문 벤치마킹/경험기반 분석→관련 인터페이스 경험 보유자 지원 (지원자: 강성화) (지원기간: 2주) | 김범석 | 18.03.15 | 18.04.11 | Open / Close | 18.03.15 / 18.04.12 | 개발 기간 과다 소요 / 개발 기간 단축 가능 | 개발 시간 단축 방법 도출(벤치마킹) / 없음 |

"해당 리스트의 필드 값들은 Risk 식별, Risk 평가, Risk 완화, Risk 모니터링의 4단계 구분에 의해 이루어지며 세부 항목들은 다음과 같습니다."

"그렇다면 여기서 나오는 우선순위는 개별 해당하는 Risk에 대한 우선순위인가요?"

"네 그렇습니다."

"Risk 분류에서 T와 C는 무엇인가요?"

"T는 Technical이고 C는 Cost입니다."

"여기 Risk 관리 부문에서 나올 수 있는 상태는 어떠한 것들이 있나요?"

"Open, 수용, 완화, 미발생에 따른 제거가 있습니다."

"그에 따른 대책들이 얼마나 효과적인지 어떻게 체크합니까?"

우리는 이 질문을 받는 순간부터 우려가 있었다. Risk 식별 및 Risk 완화에 대한 기준이 수립되어 있으나 다소 정성적인 것이 그 원인이었다. 어찌 보면 '다소'라는 말 자체도 추상적이면서도 경계가 모호하기에 이렇게 말하는 것부터가 오류였을지도 모른다.

"일정에 큰 차질이 있지 않는 이상 효과가 있다고 판단하는 부분이 있습니다."

"심각도부터 보여지는 이 필드 부분이 Risk의 세 가지 요소(심각도, 발생도, 검출도)를 평가한 항목 같네요. 평가 결과에 따라 수립된 Risk 완화 수행결과는 어떻습니까? 심각도니 발생도가 줄어들어야 하는 것 아닌가요?"

"통신 인터페이스 부문에 대해서 보면 개발할 때 2개월 정도가 소요되어 일정에 대한 Risk가 있었는데, 완화계획을 수립 후 수행한 결과, 1달 이내로 걸린 것으로 확인되며 그 근거는 경험에 의한 것입니다."

사실 여기서 우리가 말했던 '경험'이라는 것 자체부터 잠재적인 Risk일 수 있는 부분이었다. 경험에 의해서 결정하는 것은 해외 과제에 대해서 그다지 효력이 없었기 때문이다. 경험이 기반이 된 정량적 기준과 그 근거가 나오지 않는 이상, '경험'은 평가 시에 그저 '추상적인 기준'이 될 수도 있다는 위험성이 있었다. 그 경험이 근거화되어 그 근거를 가지고 고객과 협의를 한다면, 우리가 생각했던 '경험'이 효력을 가질 수도 있을 것이다. 그러나 모두가 공유할 수 있는 '문서'나 '산출물'이 아닌 특정 실무자의 머릿속에만 있는 '경험'이라면, 이것부터 'Risk'가 될 수 있었다. 이에 대해 과거 ISO 26262[10] 기능안전 프로젝트에 대한 외부인증기관 리뷰를 수행했을 때 나왔던 사례가 떠올랐다. 하드웨어 소자에 대한 소자별 자격요건(Element Qualification)이 기능안전 요구사항을 만족하는지 보증하는 부문이었다. 기억을 되짚어보면, 하드웨어 소자가 ISO 26262(기능안전) 요구사항과 부합한다는 것을 증명하기 위해서는 KS R ISO 26262－8_2012(Supporting프로세스)의 내용을 참고해야 했고, 거기서 자격요건에 대한 포괄적인 '근거'는 다음과 같은 사항에 대한 정보조합으로 이루어져야 한다고 명시되어 있었다.

1) 사용된 분석 방법 및 가정, 또는
2) 운영 경험으로부터의 데이터, 또는
3) 기존 시험 결과

(기술표준원지식경제부, 2012)

경험의 타당성을 확보하기 위해서는 근거화된 경험이어야 했다. '테스트를 100번 이상 수행해 본 경험'으로 인해 도출된 결론이 타당성을 얻기 위해서는, '100번 이상 수행해 본 테스터'가 직접 작성한 '테스트 케이스'와 '100번 수행해 본 데이터가 포함된 테스트 결과서'가 근거가 될 수 있다는 것이었다. 또한 그것이 매뉴얼화 되어 있다면 금상첨화였다. 혹은 회사에 따라 대응방안은 다르겠지만, 그 경험을 보장할 수 있는 방법과 데이터가 기반이 되어야 했다.

"Risk에 대한 재평가를 수행하나요? 재평가 후 해당 Risk의 상태가 더 심각해질 수도 있고 완화될 수 있기 때문에 확인해야 합니다."

길리아스는 재평가에 대한 핵심을 찔렀다. 이 와중에, '딱딱함', '어색함'을 느꼈다. 각 회사마다 사용하는 용어는 다르겠지만, 철저히 원론적인 듯한 느낌이 들었던 것 같다. 그와 동시에 든 염려는, 길리아스가 말한 Risk 재평가를 지속적으로

---

10 ISO 26262(Functional Safety): 자동차 전기/전자 시스템의 고장에 의해 유발되는 위험잠재원인이 도출됨에 따라 발생할 수 있는 위험을 최소화하기 위한 안전 규격

실시하는 것이 아닌, 다른 방법을 썼기 때문이었다.

"Risk는 긴 일정을 두고 진행하는 경우가 거의 없다 보니, Risk 재평가에 대해서는 별도로 수행하지 않았습니다. 그 이유는, 내부기준을 토대로 Risk 를 식별하고 Risk에 대한 우선순위 분석 등을 실시함에 있어, Risk 관리의 목적은 '발생이 되지 않게 하는 것'이라고 생각하기 때문입니다. 저희의 Risk 관리 전략은 사이클처럼 순환되는 관리이며, 최초 Risk 식별 시에 심각도와 같은 기준을 가지고 평가를 합니다. 그 세부항목은 앞서 말씀드렸던 것처럼 4단계로 이루어져 있습니다. Risk가 발생하였을 때 완화대책을 수행하며, 해당 메커니즘은 계획서에 명기되어 있습니다. 그 완화대책의 예시는 여기에 보시는 바와 같습니다. 식별된 Risk가 만약 구조적으로 조립이 어렵다는 것이라면, 그 완화대책으로는 B-sample 단계 전에 제품에 대한 외관/동작평가를 진행한 뒤, Defect(결함)이 나오면 그 개선사항을 설계에 반영하는 것입니다. 이처럼 지속적인 Risk 관리 사이클을 토대로 관리하는 것입니다."

정원석 GPM님께서 우리의 Risk 관리에 대해 말씀을 해주셨다. 말 그대로 지속적인 사이클을 토대로 초기에 식별/평가를 하고 지속적인 개선관리를 진행하기에 별도의 재평가를 가질 필요가 없었던 것이 근거였던 셈이다. 주기적인 모니터링 시점에 따라 신규 Risk를 식별하고 보고함과 동시에, 기존 Risk의 상태를 확인하고 관리하는 방법을 채택함으로써 우리의 Risk는 꾸준히 관리되고 있는 것이다. 길리아스는 다소 고개를 저으며, 아직은 부족하다는 눈빛을 보내고 있었다. 무엇이 부족했을까. 진짜 Risk 관리는 무엇일까 하는 생각이 계속 내 머리 속에 맴돌았다.

"CMMi11에서도 Risk 관리를 Risk 식별, 분류, 완화, 재평가로 정의하고 있습니다. 제가 여쭈어 보고자 하는 궁극적인 이유는, 해당 Risk의 개선 트렌드, 추세를 파악하고 싶은 것입니다."

---

11 CMMi(Capability Maturity Model integration): 연구개발 부문의 착수, 개발, 유지보수 등 조직의 연구개발 및 관리 역량을 개선하기 위한 모델(A-SPICE와 비교될 수 있는 프로세스)

"Risk 재평가에 따른 트렌드는 없고 지난번에 대비해서 Risk가 추가된 것은 확인할 수 있습니다. 재평가를 수행해서 RPN[12]값을 재산정하는 것은 있으나, 실무적 여건에서 수행하기 쉽지 않습니다. 따라서 최초단계에서 Risk를 분석할 때 재확인하는 식으로 진행하는 것입니다. 재평가를 아예 안 하는 것이 아니라 그 시점이 다른 것이고 주기적으로 돌아가 최초 시점인 분석 단계에서 다시 한다는 말입니다."

길리아스가 생각했던 답변이 아니었던 것 같았다. 길리아스는 완화에 대한 트렌드를 확인하고 싶은 것이 핵심 포인트였다.

"이해는 했습니다. 그런데 재확인은 어떤 식으로 하나요? 경험에 기반한 것인가요? 저 역시 하지 않는다고 판단한 것이 아니라 Risk 완화 이후의 트렌드들이 보이지가 않아서 말씀을 드리는 것입니다. 이것이 필요한 이유는, 빈도나 심각도에 대한 재평가를 수행하였을 때 이 Risk가 완화 되고 있는 것인지 혹은 문제가 더 커지고 있는 지를 확인할 수 있기 때문입니다. 만약 더 심해진다면 기존에 수립한 완화대책은 효력이 미미하다고 판단하고 새로운 완화 대책을 수립하기 위함입니다."

다소 Risk에 대한 접근방법의 차이가 계속 발생했다. 나는 근본적인 의문점이 생김에 따라 길리아스에게 이런 질문을 던졌다.

"길리아스, Risk라는 것은 한 가지의 방법으로 아예 없앨 수 있는 것이 아닌가요? 물론, Risk완화 방법이 효과적이지 않다면, 방법을 바꾸어야 하겠지만 솔직히 모든 프로젝트의 모든 Risk에 대해서 관리하기란 실무적인 고충이 있습니다. 이와 동시에 지속적인 재평가를 통한 관리가 아니라 완화대책(해결방법)에 의한 완전한 제거라고 보는 것입니다."

길리아스는 그에 대해 이렇게 말했다.

---

12 RPN(Risk Priority Number): 위험에 대한 수준을 정량적으로 판단하기 위한 척도. 회사에 따라 상이할 수 있으나 일반적으로 심각도, 발생도, 검출도로 나누어진다.

"준우씨, Risk는 사라질 수도 사라지지 않을 수도 있습니다. 그렇기에 프로젝트 초기에 Risk를 식별하는 것이고 그 Risk는 프로젝트가 종료될 때까지 관리되면서 확인되어야 하는 것입니다."

옆에 있던 테스트 담당자인 김재환 주임이 물어왔다.

"Defect(결함)를 해결하는 것이 Risk해결로 볼 수는 없는 것인가요? 예를 들어 식별된 Risk가 '기능 테스트 시 Defect(결함)가 다수 발생할 수 있는 가능성'이라면, 그 해결책은 발생된 모든 Defect들을 설계에 반영하여 Defect(결함) 발생률을 낮추는 것일 테니까요."

"음… Defect(결함)와 Risk완화는 다릅니다. 다소 헷갈릴 수는 있으나, Defect(결함)는 테스트 담당자께서 테스트를 수행한 후에 나오는 NG항목들을 Defect(결함)로 볼 수가 있습니다. 그 Defect(결함)는 기능적인 작동에 대해 직접적인 문제가 발생할 수 있기에 설계자와 상호 논의 및 해결을 하여 다시 설계에 반영을 해야 하는 것입니다. 하지만, 여기서 확인하고자 하는 Risk 관리 프로세스는 Automotive-SPICE에서 management 영역 쪽에 속해 있습니다. Defect(결함)관리 부문은 supporting영역 쪽에 속해 있지요. supporting 영역과 심사를 같이 보는 이유는, 관련된 Risk들이 supporting영역에서 주어지는 인프라에 맞게 수행 및 관리되는지를 확인하기 위함입니다. Risk 관리가 management 영역에 속해 있는 이유는, 프로젝트 관리의 전반적인 사항에 대한 Risk를 말하는 것이기 때문이며, 그것은 설계, 검증부문일 수도 있고, 인프라 즉 자원이나 도구에 대한 부분일 수도 있습니다."

내가 다시 물어보았다.

"길리아스, 그렇기에 저희도 Risk 관리 시 식별을 할 때 전반적인 모든 부분을 표준Risk 관리 목록을 토대로 식별을 합니다. 그러나 Risk가 제거되지 않는다면 지속적인 문제가 될 수도 있기에 당장 혹은 최대한 빨리 해결하는 것이 중요하지 않나요?"

"준우씨, Risk는 무조건적으로 해결된다고 보기 어렵습니다. Risk를 관리

하는 이유는, 해당 프로젝트를 수행할 때, 최대한 그 Risk로 인해 개발일정
을 늦추거나 개발비용에 문제가 발생하지 않도록 하기 위함입니다. 만약,
발생한다해도 프로젝트에 악영향을 덜 끼치도록 하는 것입니다. Risk 관리
의 기본적인 대응방법들을 보면 하기와 같이 볼 수 있습니다.”

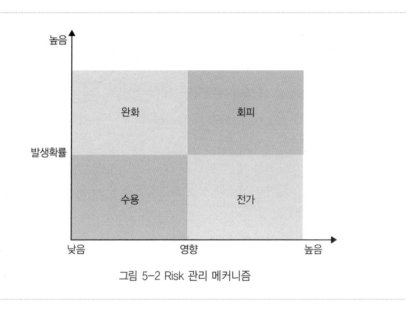

그림 5-2 Risk 관리 메커니즘

"Risk에 대한 관리방법은 회피, 완화, 전가, 수용이 있습니다. 조금 표준
적이고 이론적인 내용이라 여러분들이 와 닿지 않을 수도 있겠지만, 결국
이것부터가 출발점입니다. 여기에서 보시면 해결이라는 단어는 없습니다.
그렇기에 Risk 관리 즉 Control이라고 하는 것입니다. 영향과 발생확률에
따라 프로젝트는 네 가지의 방법을 토대로 Risk 관리 방안을 수립할 것입니
다. Risk를 받아들일 수 있을 정도로 발생가능성이 적고 영향도 적다면 수
용을 선택하겠지요. 프로젝트 관리 입장에서는 해소처럼 보일 수는 있지만,
매우 적게나마 부정적인 영향이 있는 것입니다. 또한, 전가의 경우에도 마
땅한 대가를 지불하여 Risk가 해당 프로젝트에 영향이 최대한 없도록 전가
시키는 것입니다. 다른 항목들도 유사하게 살펴볼 수 있습니다. 그렇다면
이러한 결정을 어떻게 해야 할까요? 내부적 기준에 의거한 Risk 평가가 꾸
준히 이루어지고 그 트렌드를 파악함에 따라 결정을 하거나 방법을 바꿀

수 있을 것입니다. 만약 저희가 수용을 선택하였으나, 수용할 수 있는 역량 임계점을 넘어가게 된다면 전가나 완화대책으로 전환하여 대책을 강구하겠지요. 그러한 부분을 보고자 하는 것이 금번 Risk 관리 부문에 대해 가장 중요한 부분인 것입니다. Risk는 무조건적으로 그 근본이 사라질 수 없는 것입니다. 아시다시피 ISO 26262(기능안전)에서도, Risk를 해결하기 위한 규격이라고 말하기보다, Risk를 최소화하는 것이라고 말하는 것도 유사한 부분이라고 보시면 좋을 것 같습니다."

정원석 GPM님께서 이 부분에 대해 해외고객들의 경우 어떤 식으로 관리를 진행하는지 궁금해 하시는 눈치였다. 언제 질문을 던져야 하나 타이밍을 잡던 찰나, 기나긴 길리아스의 설명이 끝났다.

"그렇다면, 해외에서는 어떠한 식으로 Risk 관리를 진행합니까? Automotive – SPICE에서 말하는 대로 하기에는 프로세스와 실무간 갭이 클 것 같은데요."

"정원석 GPM님, 해외도 국내도 사실 그리 큰 차이는 없을 수 있습니다. 다만, Risk에 대해 명확히 인식하는 것과 Risk의 지속적인 평가를 통한 관리방법이 중요한 포인트겠지요. Risk 관리 담당자가 Risk 관리에 대한 실무를 수행하며, Risk가 발생할 수 있는 부문을 각 해당하는 담당자에게 할당을 하거나 함께 조율을 할 것입니다. 그러기 위해서는 전 부문에 대한 Risk식별은 어렵더라도, 어떤 프로젝트를 진행할 때 프로젝트마다 가지고 있는 특정 Risk에 대한 명확한 인식을 먼저 해야 합니다. 그것을 기반으로 Risk를 구체적으로 식별한 후 분류해야 합니다. 앞서 말씀 드린 것과 같이 Risk를 먼저 식별한 후에, 완화, 수용, 전가, 회피의 네 가지 범주에 대해 Risk를 그룹화시켜 그에 맞는 대응책을 수립해야 합니다. 내부적으로 수용/완화 방법으로 수립된 Risk 항목들은 지속적인 관리가 되야 할 것입니다. 물론 전가/회피의 경우에도 정기적인 모니터링은 필요합니다. 실무 입장에서는 모든 Risk를 식별하고 일일이 정기적으로 재평가를 해서 관리하는 것이 힘들 수는 있습니다. 사실… 충분히 이해하는 부문입니다. 다만, 이제는 'Risk'라는 것에 대해 더 중요하게 여기는 추세입니다. Risk를 사전에 식별하여 품질비용을 줄일 수 있기 때문입니다."

18:16분, 계획된 심사시간보다 약 40분 정도 후에 끝났다. 내 머리 속에는 "Risk는 완전히 사라지지 않는다."라는 것이 계속 맴돌았다. 그러면서도 매우 표준적이고 정석적인 방법들을 보다 보니 과거 학교에서 배웠던 개념들이 떠올랐다. 다만 그것이 이론적으로는 정답이겠지만, 실무에서는 다 적용할 수 있기에는 어렵다는 것을 다시금 깨닫는 시점이었다.

"PM님, 선임님, 지금까지 배우고 수행해왔던 Risk에 대해서 계속 생각을 했습니다. Risk는 당연히 식별된 후에 해결될 수 있는 것이라고만 보았어요… 왜냐하면 Risk와 문제(Defect 및 기타 모든 문제적 요소들)를 어느 정도 동일하게 인식했기 때문입니다. 하지만 오늘 심사원님과 PM님의 이야기를 들어보니 두 분 모두 Risk에 대해서 무조건적인 해결이라고 말하는 것이 아니라 관리라고 말씀을 하셨어요. 다만 방법이 달랐던 것이겠죠. 무엇이 더 나은 방법인지는 회사의 방침 및 Risk에 따라 다르겠지만, 그 갭에 대해서 의문점이 지속적으로 생깁니다."

"준우씨, Risk라는 것은 엄연히 Defect(결함)와 Issue는 다른 것입니다. Risk는 프로젝트 전반에 걸쳐서 발생하지 않았으나 발생할 수 있는 항목들입니다. 가장 쉬운 예시를 들어볼까요? 우리가 자주 건너고 있는 건널목을 이야기해볼 수 있습니다. 과거에는 신호등이라는 시스템도 없었고 건널목이라는 개념도 없었지요. 이제는 자동차라는 운송수단이 개발된 후 교통량이 더욱 증가하게 되면서 건널목과 신호등이라는 교통시스템을 당연하게 받아들이게 되었는데요. 여기서 아무리 경고 표지판과 신호등, 건널목이 있다고 해도 교통사고는 아예 없어지지 않아요. 다만 감소는 될 수 있겠죠. 만약 교통량이 매우 많은 도로인데 건널목만 있고 신호등이 없다면 사고발생률이 더 높아지겠죠? 지금 말하는 이것이 Risk라고 할 수 있을 거예요. 그러나 신호등이라는 체계를 도입함으로써 그 Risk를 조금 더 완화시킬 수 있는 것입니다. 그럼에도 불구하고 무단횡단이나 차량의 신호무시 등에 기반한 사고는 또 다시 발생할 수 있어요. 만약 어떤 도로에 교통시스템이 다 있어도 교통사고가 줄어들지 않고 더욱 높아지기만 한다면 어떻게 해야 할까요? 우리가 지나가면서 보았던 장소들과 같이, 경찰관께서 직접 배치되어 안전통제를 해주실 겁니다. 이것이 Risk 재평가 후 완화되지 않았기에 새롭게 수립한 방법이 될 수 있겠죠? 하지만 그럼에도 불구하고 교통사고 발생률을 무조건적으로 0%라고 할 수 없어요."

기술적인 부문을 모두 제외한 매우 일반적인 일상생활에서 볼 수 있는 부분이었다. 그래 그 말씀이 맞다. 우리 주변에도 온갖 부문에 Risk가 산재한다. 그것을 모두 다 100% 해결하고 통제했다면 슬픈 인명사고는 발생하지 않았을 수도 있겠지… 다시금 깨우쳐본다. 내가 생각에 빠진 모습을 보신 김영미 선임님은 상상속에서 그만 돌아오라고 제스처를 취하신다. 그래 지금 이렇게까지 생각할 건 아닌 것 같다.

"Risk는 완전히 사라지는 것이 아니란 말을… 다시금 깨달았어요. 솔직히 아무렇지 않게 넘어가는 쉬운 단어인 'Risk'인데 그에 대한 관리는 어려운 것 같아요. 그러면서도 실무적인 입장에서 든 생각은 이런 거예요. 방금 제가 말씀 드린 것처럼… 솔직히 제대로 하기란 어렵잖아요? 아무리 관리하고 방법을 찾는다고 해도 완전하게 해결되지 않으면, 결국 누군가는 그것을 계속 관리해야 할거예요. 그러면 이 부문에 대해 지속적으로 엄청난 인력을 투입해야 하겠죠. 하지만 현실적으로 그러지는 못하지 않나요… 당장 급한 실무에 비해선 Risk라는 것이 당장 눈에 보이지 않아서 신경을 계속 쓸 수는 없으니까요. 물론… 쓸 수도 있겠죠. 하지만 이제는 그 갭을 어떻게 극복하고 관리해야 하는지 방법을 찾아야만 하네요… 정답이 없는 것을 계속 찾는 듯힌 느낌이에요…."

옆에서 같이 계시던 정원석 GPM님께서도 한숨을 쉬시며 한 말씀을 하셨다.

"접근방법에 대한 관점은 다르지만, Risk의 트렌드를 분석하고 문제가 재발하면 완화대책을 새롭게 마련하는 것에 대해서는 동의해요… 현실적으로 그렇게까지 하는 것이 쉽지 않다는 것이 문제인거죠. 문제를 해결하려고 하는 것도 문제라니 참… 아이러니 하지 않아요? 솔직히 트렌드 분석이 필요한지에 대해서는 아직 확신이 서지 않아요. 그래도 관점을 바꾸어 보면, Risk 재평가를 하다보면 자연스럽게 트렌드 분석을 할 수 있는 백데이터들이 나올 수 있다는 것입니다. 별도로 만들 필욘 없이요."

"PM님, 그토록 이야기했지만, 형상관리와 Risk 관리가 어떤 것이고, 어떻게 해야 하는지 조금씩 이해는 돼요. 그것들이 프로세스와 정량적 기준에 의해서 수행돼야 한다는 것도요. 다만, 걱정은 그것들을 실무에 반영할 수 있는지 에요. 현실적으로… 쉽지 않잖아요… 대책을 찾기 전까지는 계속 이러한 지적이 나올 것 같아요…."

쓸데없을 수도 있겠지만 반드시 해야 하는 고민을 계속 하고 있었다. 옆에서 오랫동안 가만히 듣고 계시던 김범석 책임님께서 현실적인 이야기를 하셨다.

"그… 사실 아시다시피… 당연히 Defect(결함)와 Issue와 Risk는 다르겠지만… 결국 관리 측면에서는 다 똑같이 '문제'라고 볼 수 있다는 그 관점이 '문제'겠죠… 그런데 그 '문제'들이 '당장에 해결될 수 없는 문제'라면 더 피곤해 지는 거구요…."

모두가 숙연해지면서도 당연히 다가올 분위기에 대해 이미 알고 있는 듯 했다.

그렇다. 여기서 말하는 그 관점의 차이가 존재한다는 것을… 아니 어디서든 존재할 수 있다는 것을… 다만 100%는 아니어도 국내와 해외와의 차이가 느껴지는 부분이 있었다.

어찌 보면 '국내'와 '해외'의 차이가 아니라 '현재'와 '발전해야 하는 현재'와의 차이이지 않을까 생각해보았다.

1. 'Risk', 'Issue', 'Defect'가 모두 문제인가?
2. 'Risk', 'Issue', 'Defect'는 어떻게 관리해야 하는가?

조심스럽게 다음 표 5-3과 같이 실무적 고충과 표준에 따라 담아본 차이를 기술해보았다.

185

표 5-3 Risk 관리에 대한 관점차이

| 구분 | 관점1 | 관점2 |
|---|---|---|
| Risk 인식 | Risk는 문제다. | Risk는 아직 문제가 아니다. |
| | Risk는 당장 해결해야 한다. | Risk는 당장 해결될 수 없기에 지속적으로 관리해야 한다. |
| | Risk는 우선순위 업무는 아니다. | Risk는 우선순위와 상관없이 꾸준히 관리되어야 한다. |
| | Risk가 너무 많이 식별되었으면 문제다. | Risk가 너무 많아도 기준에 맞게 식별한 것이면 아직 문제라고 보긴 어렵다. |
| | Risk가 많은 프로젝트는 원활하게 진행되기 어렵다. | Risk가 많은 프로젝트여도 많은 Risk들이 기준에 따라 담당자에 의해 관리된다면 그 프로젝트는 오히려 원활하게 진행될 수 있다. |
| | Risk식별/분석을 하기 위한 기준과 근거 마련이 어렵기에 실무적으로 제한적이다. | Risk식별/분석을 하기 위한 기준과 근거가 마련되고 실무에 적용해야 한다. |
| Risk 관리 | Risk는 해결방법을 찾아 제거해야 한다. | Risk는 관리방법을 찾아 관리해야 한다. |
| Risk 재평가 | Risk 재평가는 경험에 의해 확인될 수 있다. | Risk 재평가는 경험이 기반이 된 기준에 의해 확인될 수 있다. |
| | Risk 재평가는 초기 특정 시점에 정의될 수 있다. | Risk 재평가는 내부 기준에 따라 꾸준히 진행하여 완화방법을 갱신해야 한다. |

관점1과 관점2는 누구든 생각할 수 있는 차이이며, 한 쪽이 잘못되었다고만 말할 수는 없다. 실무와 실제 환경으로 인해 좌지우지 되는 부분이 클 수도 있기 때문이다.

"왜 그럴까요? 어쩔 수 없는 것일까요? 그 관점의 차이는 어쩔 수 없는 것인가요?"

아직 세상을 잘 모르는 어린양 마냥 물어봐댔다.

"준우씨, '어쩔 수 없다, 잘못되었다.' 라기보다 해외 프로젝트나 해외 프로세스를 완전하게 우리 체계에 그대로 적용시키기에는 어려운 부분이 있어요. 그것은 엄연히 문화적, 교육적, 관리적 차이라고 볼 수도 있어요. 우리가 잘못 알고 있다고는 생각하지 않아요. 그 차이를 인정하고 줄이기 위해 사람들과 수많은 대화를 나누고 조정하고 대응하며 체계 내재화를 위해 나아가는 것이 저희 업무겠죠."

"오… 김영미 선임…. 목소리도 진지하니까 완전 다큐멘터리 보는 것 같네요…"

평소에는 장난이 많으신 정원석 GPM님께서 어색해 하시면서 말씀하셨다.

"저도 진지한 편이 있지만… 일단 마무리하시죠… 다큐멘터리도 자주 보면 머리 아플 수도 있잖아요. 아니면 선임님만 계속 진지하게 이야기하셔도 될 것 같은데…"

"아 왜 그러세요. 얼른 마무리나 하시죠. 생각은 여기까지…!!"

집으로 돌아오는 길, 153번 버스의 창문에서 비치는 서강대교 밑 한강의 모습을 멍하니 바라보고 있었다. 항상 가던 길이었지만 그 모습은 항상 아름답게 느껴졌다. 밖에 비치는 한강의 모습을 보면서, 나름의 여유와 안식을 되찾곤 했다. 직업병인지는 몰라도 한강주변에 비치는 건물들과 다리들과 같이 각종 건축물들을 보면서도 Risk에 대한 생각이 떠올랐다.

'아니 뭐 지나간 거 가지고 또 생각 하냐. 허구한 날 했던 것에 대해 계속 생각나는 건 참 어쩔 수 없나 보다 나도….'

속마음을 내비치면서 나도 모르게 과거 기억이 필름같이 스쳐 지나갔다.

'재원아, 그런 게 위험하다고 판단되면 바로 해결해야지. 해결책은 뭐가 있어?'

187

이 말이 떠오르는 순간, 창문에 비치는 내 얼굴을 보지 않으려 순간적으로 고개를 돌렸다. 왜? 한 말들에 대해 무안해서? 그 때 했던 말은 무엇이었지? 모든 항목이 당장 해결될 수 없는 것이었는데 해결하라고 했었어. 정답이 없는 것에 대해서 정답을 찾으라고 했었지. 왜? 혼나기 싫어서? 실적이 중요해서? 관리하기 귀찮아서? 실무적으로 시간이 없어서? 당연히 해결해야 하는 문제니까? 수많은 생각이 스쳐갔다. 무의식적으로 스스로를 위로하고자 했는지, 나의 선생님이셨던 분의 말씀이 떠올랐다.

"준우야, 그래서 관리라는 게 어려운 거야. 관리, 관리, 관리. 무슨 무슨 관리라고 해서 지금 나와 있는 건 굉장히 많을 거야. 그렇기에 그 '관리'라는 것이 더 쉽다고 체감상 느낄 수는 있지. 보편적으로 쓰는 말이니까. 당연한 것이니까. 그런데 말이야, 준우야. 그 관리라는 것이 원래는 진짜 힘든 거야. 왜? 답이 없기 때문이지. 사람마다 다 다르고 회사마다 다 다르고 모든 것이 다른데 어떻게 한 가지의 정답만이 있겠니. 사람관리, 자원관리, 품질관리 이 모든 것을 관리한다는 것 자체부터가 정답이 아닌 해답을 찾아야 하기에 현실적으로 어려운 거야. 그렇기에 상/하한선을 정해놓고 회사나 시스템에 맞는 개별 대응책을 찾고 수립해서 반영해야 하는 것이지. 그래서 당장 해결될 수 있는 문제는 해결책을 찾아서 해결하면 되지만, 당장 '해결할 수 없는 문제' 혹은 '아직 문제라고 보기 어려운 문제'들은 틈틈이 정기적으로 관리해서 피해가 없도록 줄여주어야 하는 거야."

우리의 손에 큰 상처가 났을 때도 꾸준히 소독하고 약을 처방받고 밴드를 붙이는 것처럼, 관리는 이미 우리의 삶 속에 다양하게 녹아 있다. 이처럼 국내와 해외의 관점적/태생적 차이라고만 보는 것은 선입견일 수 있다. 진짜 필요한 관심과 접근에 대한 차이이지 않을까. 중요한 것이어도 우리 머릿속에 당연하다는 생각과 함께, 일반적이기에 안이하게 둬버리면 언젠가 문제가 터질 것이다. 나는 오늘 길리아스의 그 말로 인해 Risk뿐만 아니라 프로젝트 관리의 전 부문에 대해서 생각을 해보게 되었다. 안이하게 넘기면 안 되는 부분이었다. 그렇다면 우리가 앞으로 해야 할 일은 무엇일까? 상처가 곪아 터지기 전에 막는 것. 곪아 터지지 않도록 소독해주는 것. 정답이 아닌 해답을 찾는 것. 항상 해왔던 일을 개선하는 것은 반발력이 생기기 마련이다. 그동안 그렇게 해왔었으니까. 그 부분을 잘 정리해서 큰 토대에서부터 바꾸어 나가야 할 것으로 보인다. 그러기 위해서는 모두의 힘이 필요하다고 생각한다. 3의 법칙처럼 혼자서는 해답을 찾기가 어렵겠지만 3명 이상이 모이기 시작하면 다양한 방법을 찾아낼 수 있을 테니까. 진짜를 위해서 그리고 실무자의 어려움을 위해서 또한 고객을 위해서.

"형상관리와 Risk는 완전히 한 번에 해결(정답)되는 것이 아니기 때문에."

## 이 나이에 "응애~" 하면서 울어도 누구나 받아줄까?
### 당연한 의사소통, 어려운 의사소통

여유롭게 연남동 근처 조용한 카페에서 혼자 앉아 공부를 하고 있었다. 아니 하는 척이 맞을 수도 있겠지. 카페에 도착한 지 약 3시간이 지난 시점, 나름 잘 하지도 않던 공부를 하겠다고 나선 것치고는 기나긴 시간이 흘렀다. 잠시동안 스트레칭 하며 나름대로 따분함을 달래고 있었다. 따분함이란 녀석이 계속 내게 머물고 싶었는지, 그렇게 쫓아내려고 해도 남아있었다. 다행스럽게도 한 순간에 그 따분함을 날려주는 소리가 들려왔다. 너무나 오랜만에 듣던 정겨운 소리였다. 아마 내가 어렸을 때는 귀가 닳도록 부모님께서 들으셨을 소리.

"응애~ 응애~ 응애~"
"아유 귀여워라. 웃는 것도 잘 웃네. 어찌 이리도 잘 울고 잘 웃니? 얼른 잘 커서 엄마! 아빠! 하는 것을 보고 싶네. 어떤 말이든 하기만 하면 진짜 너무 예쁠 것 같은데!"

부부로 보이는 분들이 얼마 전에 태어났을 아기에게 하는 말을 보며, 나 역시 아무 생각 없이도 흐뭇한 미소가 지어졌다. 잠시 집중되지 않은 상태였는데, 근래에 잘 듣지 못했던 소리를 듣게 되어 나 역시 아기 때로 돌아간 듯한 느낌이 들었다. 내가 태어났을 때의 기억까지는 가지고 있지 않다. 하지만 주변에서 보다 보면 많은 부모님들이 저 모습과 같지 않을까 하는 생각을 하며 밖을 바라보았다. 그러면서도 방금 그 부부가 아기에게 한 말 중 일부가 떠올랐다.

'어떤 말이든 하면 더 예쁠 것 같은데…. 참 직업병도 아니고… 꼭 이런 식으로 연결이 된단 말이야.'

"내가 무슨 말을 하더라도 알아들어주는 사람이 있을까?"

순간 지금의 내 나이와 맞지 않는 생각을 하고 있었다. 목적이 있어도 누구나 알아듣기 어렵게 내뱉은 '응애'와 같은 말을 해도 알아줄까? 아니, 오히려 이상하게 나를 쳐다볼 것이다. 계속 '응애'라는 단어를 내뱉으면 잘못하면 이 카페에서 쫓겨날 지도 모른다.

"말하는 것도 듣는 것도 참 어려운 일이야. 옛날에는 어떤 말을 해도 다 받아들일 수 있을 것 같았는데… 이제는 불필요한 말은 시간이 가면 갈수록 하지 않아야 하는 나이로 가고 있는 것 같으니까. 복잡해… 뭔가 이래서 더 어려운 부분이 많다고 하는 건가…."

혼자 중얼거리면서, 먼 산을 바라보다보니 곧 다가올 중요한 프로젝트의 마일스톤[13]이 떠올랐다. 사실 떠오르고 싶지 않던 기억이었는데, 꼭 이럴 때는 같이 떠오르는 습관 자체가 단점인 것 같았다. 그냥 떠오르는 것도 아니고 급작스럽게 공중에서 가상현실처럼 그 마일스톤이 두둥실 떠다녔다.

"어쩌라고. 이렇게 여유롭게 주말에 잠시 공부 좀 하겠다는데, 어쩌라고."

그러는 와중 그 중요한 마일스톤에 관련되어 최근 회사에서 겪은 일이 생각났다. 말, 즉 의사소통이라는 것이 참 어렵다는 것에서 나왔던 경험이었다.

"김범석 책임님, 다른 분들은 몰라도 이 시점에서 Power seat쪽 Component 중에 신호를 모니터링하는 부문은, 최소한 저와 테스트 담당자는 직접적으로 확인해야 하니까 공유 부탁드려요. 그리고 저는 전반적인 부문을 모두

---

13 마일스톤: 특정 프로젝트에서의 중요한 시점 혹은 중요한 시기를 의미한다.

봐야 하기에 되도록이면 앞으로 모두 공유해주세요. 모든 Component의 중요변경이나 모니터링, 고장/진단코드 등에 대한 것들이요. 메일 참조자에 제 이름만 넣어주셔도 좋을 것 같아요"

한동안, 계속 공유가 되고 있지 않고 아무도 모를 정도로 책임님만 그 내용을 알고 있었다. 나중에 수소문해서 찾게 되면 본인만 알고 있었던 것이었다. 개인적 불만보다는 업무를 위해서 말씀을 드리게 되었던 것이다.

"알았어, 보내줄게."

그 뒤에도 계속 동일한 상황이 벌어졌다. 여전히 공유가 되지 않고 극소수의 인원만 해당 내용을 알고 있었다. 찾으려면 일일이 발품을 팔아야 했다. 그러다 보니 자연스레 어려움이 생길 수밖에 없었다. 아니, 나뿐만이 아니었다. 그 프로젝트의 관련 팀 담당자들조차 해당 내용을 늦게 접하는 것이 지속적인 문제점이었다.

"아니 왜 혼자만 알고 계시는 거지? 지금 이 단계에서 모니터링이나 신호 주고받는 것, 그리고 고객이 중요하게 여긴 전원 On/Off 부문은 기본적으로 공유가 돼야 평가를 하든 QA(품질보증)를 하든 할 텐데… 메일 참조자에 사람을 넣는 것이 그렇게 힘든가?"

모두가 가지고 있었던 어려움. 그러나 쉽사리 이런 내용을 계속 꺼낼 수도 없었던 노릇이었다. 왜? 그 책임님도 소프트웨어 구현으로 인해 정신이 없었기 때문이었다. 일일이 내용마다 누구한테 보내고 공유해야 할지 판단할 수 없을 정도로 일정에 쫓기고 있었으니까. 사실 이렇게 이해하는 것도 초반에는 쉽지 않았다. 처음에는 단순히 이해가 되지도 않았다. 사실 나도 이러한 행동을 한 적이 있었기에 어찌 보면 조금 빨리 이해를 했을 지도 모른다.

"재원아, 지금 네가 프로세스 체크리스트로 테스트 결과서를 점검한 결과를 관련된 모든 분들한테 메일 참조로 넣어서 보내."
"네. 선배님, 그러면 누구누구를 더 넣어야 할까요?"

191

"음… 일단 관련 담당자분들은 다 넣고, 해당팀장님도 모두 포함시키자."

"준우씨, 굳이 그 팀까지는 넣을 필요는 없지 않을까요?"

"아니에요. 일단 직접/간접적으로 관련된 분들은 모두 송부하는 것이 나을 것 같습니다."

관련된 분들께는 모두 다 공유드리는 것. 내가 지금까지 생각해왔던 것이었다. 이유는 단순했다. 관련된 담당들에게 모두 공유해서 확인되어야 하니까.

나는 이러한 의사소통 스타일과 같이 어떠한 내용을 공유/공지하거나 요청할 때 관련된 분들을 모두 수신자 및 참조자에 포함시켰었다. 예를 들어 프로젝트 관리자로써 소프트웨어 단위 설계, 단위 테스트와 같이 연계되는 내용을 같이 확인하고자 할 때, 그 외 하드웨어 설계 담당자 및 통합/실차 테스트 담당자에게도 메일을 송부했다. 직접적인 연관성이 아직은 없다고 해도 이러한 부분에 대해 자연스러운 공유를 하기 위함이었다. 이와 동시에 개발일정이 다가올수록 다른 부문도 알아야 하니 참조가 되게끔 하는 목적도 있었다. 이러한 스타일을 해외 프로젝트 관리를 할 때 동일하게 수행을 하였다. 초기에는 전혀 문제가 없었다. 왜냐하면 나쁜 의도로 포함시키는 것이 아니라 명확한 목적이 있다고 생각했었으니까. 이러한 생각을 가지고 오늘도 시스템 설계 부문에서 하드웨어와 소프트웨어로 요구사항이 할당되어야 할 항목에 대한 범위와, 할당하는 요구사항의 내용을 분석 점검할 때 똑같이 수행했다. 해당 회의는 시차로 인해 오후 5시에 시작하였고 점검회의는 원활히 진행되었다. 마무리 단계에 이르자, 해외 고객 설계 담당자 중 하드웨어와 소프트웨어 간의 인터페이스를 담당하는 시스템 설계 담당자인 제이가 내게 물어왔다.

"정준우 선임님, 혹시나 해서 여쭈어 보는 것인데, 우리 쪽 단위 테스트 담당, 하드웨어 테스트 담당도 있어야 하는 것인가요?"

나는 잠시 당황했다. 왜냐하면 내가 별도로 참석해달라고 요청을 하지는 않았으니까.

"아닙니다. 현재 이 회의는 시스템 설계나 HSI(하드웨어-소프트웨어 인터페이스 문서)14에 해당하는 분들만 있으면 되고 단위 테스트 담당은 소프트웨어 요구사양서, 하드웨어 검증은 하드웨어 요구사양서가 진행될 때만 참석하면 될 것 같습니다."

제이는 약간 어리둥절하며 내게 다시 물어왔다.

"아… 네… 그런데 왜 그 쪽에도 모두 메일을 보내셨던 것이지요? 그 쪽 담당자들이 제게 해당 회의를 참석해야 하는지 지속적으로 물어왔었거든요."

나는 그 이야기를 듣고 잠깐 생각에 잠겼다.

'내가 무슨 이야기를 했었지? 나는 별도로 요청을 한 적이 없는데… 그런데 지속적으로 물어왔었다고?'
"아, 제이 내가 특별하게 그 쪽에 별도로 요청 메일을 보낸 것은 없습니다."

그러자, 제이가 직접 메일을 열고 내용을 보여주었다. 거기에는 이렇게 적혀있었다.

---

14 HSI(Hardware−Software Interface): 시스템 관점에서 하드웨어와 소프트웨어 간의 인터페이스를 확인하기 위한 설계적 문서이며, 하드웨어/소프트웨어 관점에서 내용이 보충될 수 있다.(e.g., 상호 간의 신호통신 요구사항이 포함될 수 있다.)

| 메일제목 | Project 4987 프로젝트 시스템 요구사항 점검의 건 |
|---|---|
| 수신자 | 제이(고객 시스템 설계 담당), 박창환(내부 시스템 설계 담당)<br>스니퍼(고객 하드웨어 설계 담당), 정유진(내부 하드웨어 설계 담당)<br>아르민(고객 소프트웨어 설계 담당), 김범석(내부 소프트웨어 설계 담당)<br>카일(고객 시스템 검증 담당), 박해우(내부 하드웨어 검증 담당)<br>제임스(고객 소프트웨어 단위 테스트 담당), 최호립(내부 소프트웨어 단위<br>테스트 담당), 엠케이(고객 소프트웨어 통합 테스트 담당), 김재환(내부<br>소프트웨어 통합 테스트 담당) |
| 참조자 | 각 팀장/실장<br>정원석(GPM), 김영미(형상관리 담당자), 허재원(프로세스 담당) |
| 내용 | 안녕하세요. 프로젝트 관리 부문 정준우입니다.<br>상기 제목과 같이 시스템 요구사양 중 소프트웨어 및 하드웨어로 할당되<br>어야 하는 부문에 대한 범위와 해당 부문의 요구사항 점검 확인을 위하여<br>합동검토를 수행하오니 하기를 참고하시고 참석 부탁드립니다.<br><br>−하기−<br>(이하 생략)<br><br>감사합니다. |

그림 5-3 메일 내용 예시

고객 쪽 뿐만 아니라 우리 쪽 관련 담당들도 모두 들어가 있었다.

"정준우 선임님, 수신자의 경우에는 관련이 직접적으로 있다고 생각하고 해당 메일을 확인 후에 회의를 참석하게 됩니다. 관련된 사항이어도 현재 참석할 단계가 아니거나 단순 공유 시에는 포함시키지 않고 차후에 공유를 하면 좋을 것 같습니다."

망치로 맞는 듯 했다. 지금까지 그렇게 해왔고 공유와 공지 및 암묵적인 전달을 하기 위함이었는데, 고객측으로부터 이런 말이 나올 것이라고 예상을 못 했기 때문이었다.

"제이, 해당 부문에 대해서는 착오가 있었던 것 같습니다. 다만, 공지와 공유의 목적을 위하여 관련된 담당들에게도 모두 전달을 하게 된 사항입니다."

"네. 전달하시는 것은 크게 문제는 없으나, 지금처럼 실질적인 회의 참석 요청과 같은 경우에는 혼동을 야기시킬 수 있습니다. 오히려 해당 회의를 한 뒤 회의록이나 핵심내용에 대한 공유는 좋으나 그것이 아닌 이상, 보내시는 메일에 대한 신뢰성이 떨어지고 혼동이 생길 수도 있어요 다음부터는 유념해서 송부해주세요."

그 이유에 대해서 이야기를 해보았지만 지금은 그 부문에 대해 더 이야기하는 것은 좋지 않은 듯 했다. 다시 간단한 확인을 하는 것으로 하고 회의를 종료하였다. 사소할 수도 있으면서 안이하게 생각하면 안 되는 부분에 대해 생각해보았다.

'좋은 목적임에도 불구하고 혼동을 가져와 오히려 역효과를 만드는 것인가.'

아직은 내 스스로가 제이가 한 말에 대해 크게 공감을 하지 못하는 상태였었던 것 같다. 사실 큰 문제도 아니었다. 제이가 이야기할 때에도 최대한 배려하면서 좋은 뉘앙스로 말해주었으니까. 그러나 지속적으로 이 부분이 고객 내부에서 이야기가 나왔다는 그 '혼란'에 대해 다소 오금이 저려왔다. 그러면서 동시에 든 생각은, 이 부분 역시 고객 측과 별도로 우리 내부에서도 일어날 수 있는 문제가 아닌가? 최근의 사례로, 단순히 해당 소프트웨어 Component의 Function뿐만이 아니라 관련된 Component들과 상호 통신을 하여 이상이 없는지 확인해야 하는 부문에 대한 설계 변경을 논의할 때도, 모든 해당 프로젝트 설계/검증 담당자들에게 메일을 보냈었다. 그 신호를 주고받는 Timing 요소를 기반으로 신호가 이상이 없는지 진단해야 하는 중요한 항목이었다. 이 부분이 하드웨어 소자측면과 통합 테스트 부문에서 중요하게 고려할 수는 있으나, 아직은 고려 대상이 아니거나 시스템 레벨까지 따지게 될 경우에만 포함되어야 할 담당자들도 더러 있었다. 하지만 나는 그런 항목들을 고려하기보다 관련된다고 생각하면 무조건 공유를 했었다.

'지금까지 우리 프로젝트 멤버들도 고객이 생각한 것처럼 유사하게 생각할 수 있는 것 아닌가?'

입장 바꾸어 생각해보면 나 역시 비슷한 느낌이 든 사례가 있었다. 그 때 내 입에서 나왔던 말은

"나랑 전혀 상관없는 메일인데 이런 메일이 왜 이렇게 전체로 다 오는 거지? 메일 용량만 계속 차지하고 메일용량도 적어서 꾸준히 지워야 하네."

였다.

그 때에도 특정 선행 아이템에 대한 디자인 리뷰 내용이었는데 관련된 담당자뿐만이 아니라 관련된 담당자가 속한 팀 전체에 보내졌었다. 매일 아침 메일을 확인하고 나에게 해당되는 부문을 분석하는 시간뿐만이 아니라, 나와의 상관유무를 확인하는 시간 역시 필요했다. 결국 그 뒤부터는 그 메일제목과 동일하거나 같은 담당자가 송부한 메일이면 자연스럽게 신경 쓰지 않고 바로 삭제 버튼을 누르기 마련이었다. 나조차도 그 때 받은 그 메일에 대해 신뢰성이 떨어진다고 판단하여 제대로 된 확인을 하지 않았다. 만약 차후에 그 프로젝트에서 나의 업무와 관련된 내용이 갑작스럽게(혹은 일정에 맞게) 등장했을 수도 있었을 것이다. 이때도 확인조차 하지 않고 삭제했다면 어떠한 결과가 초래되었을까? 중요한 고객일정이나 업무를 놓쳤을 수도 있고, 상호간의 입장차이에 대한 논쟁이 있었을 수도 있었다. 그렇게 느꼈던 '내'가, 팀원들을 그렇게 느끼게 만들 수 있는 '내'가 되어 버렸다니… 그러면서도 계속 드는 생각은

'나 역시 좋은 목적이었는데?'

라는 생각을 아직 떨쳐버리지 못했다.

반대로 생각해보면 메일을 송부했던 상대방도 우리에게 좋은 목적으로 보내지 않았겠는가? 지금까지 당연히 소통이 잘 되고 있고 모든 관련 담당자들이 중요하게 공지했던 모든 내용을 인지하고 있을 것이리라 믿고 있었다. 아니 믿고 싶었던 것일 수도 있다. 왜냐하면, 항상 다 공지하고 말해왔으니까. 그런데 누구한테 무엇을 어떻게 말하는지에 대해선 외면했던 것 같다. 단순히 '했다'라는 것으로 끝난 것일 수도 있다. 너무도 궁금했다. 일반적 공지나 핵심 Issue를 받았던 담당자들은 어떻게 생각하고 있을까? 이 부분을 조금 더 확인하고자 15분 뒤부터 1명씩

이야기해보기로 마음을 먹고 502호 회의실을 예약하였다.

첫 번째로 이 변경을 반드시 알아야만 하는 담당자인 재환씨(소프트웨어 통합 테스트 담당)가 들어왔다. 간단한 인사 후에 최근에 송부한(위에서 말한) 메일에 대해서 이야기를 해보았다. 최근 메일 중 가장 최신인 내용이었고 테스트 측면에서도 굉장히 중요한 변경이었기에 충분히 알고 있을 것이라 기대했다.

"재환씨, 3일전에 공유해드린 내용인데요, Power seat 내에서 진단기능을 보기 위해 MCU와 컨트롤러 간 신호부문의 설계 변경에 대해 확인하셨나요? 그 부분은 통합 테스트 진행할 때 상호 신호와 진단이 원활하게 이루어지는 지 확인해야 하거든요."

그 순간 돌아온 첫 반응부터 나를 놀라게 했다.

"음… 어떤 공지를 말씀하시는 지 잘 모르겠어요. 고객과 내부에서 전달해준 것들이 너무 많았고 어떤 것이 제 파트에 해당되는 것인지 잘 모르겠어서요. 메일 오는 것을 어느 정도 확인을 하긴 하는데 계속 'Re: Fw:'가 붙여져서 오면 어느 것이 최신인지 조금 헷갈려요. 혹시 언제 보내주신 거죠?"

나는 이 말을 듣고 다소 당황했다.

"3일 전에 보내드린 거예요…."
"음… 죄송해요. 읽은 것 같기는 한데, 확실히 기억은 나지 않네요."
'금번 소프트웨어 2차 배포 시에 매우 중요한 핵심 변경 중에 하나인데… 이것을 토대로 테스트 케이스15들을 변경해서 다시 테스트를 수행해야 할 텐데 인지를 못하고 있다니….'
"4월 17일 오후 3시경에 전달 드린 공지 내용입니다. 간략히 요약해서 보내드렸는데…."

---

15 테스트 케이스: 테스트를 수행하기 위해 만들어진 항목들을 의미한다.

한참을 메일을 찾아보더니 다소 멋쩍은 듯 반응을 보였다.

"아… 그러네요…. 그런데 사실 메일이 너무 많이 오기도 하고 답장할 때 자동적으로 메일제목에 붙는 글자들이 너무 많아서 일일이 확인하지 못했어요. 그리고 언제 온 것이 가장 최근 것인지도 파악이 잘 되지 않았구요. 물론, 일단위로 온 메일을 제가 확인하고 그래야 하긴 하는데 지금 테스트 케이스 도출하는 것도 시간이 없다 보니 확인을 잘 못했어요. 죄송합니다. 그런데 지금 보니 이 변경 때문에 테스트 케이스의 평가 신호 범위를 조금 수정해야겠네요."

그 죄송하다는 이야기를 듣고 마음속에서 내가 오히려 멋쩍었다.

'죄송하다… 죄송하다라… 물론 모든 사람들이 메일을 확인해야 하지만, 너무 많은 메일이 오고 제목부터가 헷갈리게 되면 놓칠 수 있는 부분이긴 하지… 근데 하… 이것은 확인되었어야 하는데… 당장 이번 주 안에, 아니 내일 모레는 테스트 결과가 나가야 하는데 이제 확인하면 어쩌지….'

멋쩍음과 불안감이 교차하는 와중, 이미 상황을 어느 정도 알게 되었기에 그 다음의 미팅은 더 이상 하지 않았다. 이미 첫 번째 미팅부터 문제점은 나왔기에 추가 확인은 필요없다고 판단했다. 아마 다른 부문도 비슷할 테니까. 나는 이 상황에서 어떻게 해야 하나 고민하면서 저녁시간에 선생님이셨던 분께 전화를 드렸다.

"선생님 안녕하세요. 잘 지내시죠? 다름이 아니라 궁금한 것이 있어서요."
"네놈… 아주 그냥 필요할 때만 찾고 본론부터?"
"아유… 죄송해요. 급해요. 제가 한 번 찾아뵐게요."
"됐다. 이놈아. 이야기나 해봐 어차피 너 고민 있을 때 바로 그런 톤이 버젓이 나오잖아."

이후부터 최근 발생한 사소한(?) 문제점에 대해 설명을 드렸다. 선생님께서는 헛기침을 하시며 차분히 내 이야기를 들어주셨다. 말이 너무 길었는지 선생님께서 거의 다 끝날 때 즈음 마무리를 지어주시면서 말씀하셨다.

"됐다. 무슨 말인지는 알았다. '사소'한 것 같지는 않은데… 그런데 이미 네가 해답을 알고 있지 않니?"

"아뇨. 해답이라기보다는 지금 이 상황에서 어떻게 해야 하는지 명확하게 판단이 서지 않아요. 변경을 하기에는 당장 고객 배포도 얼마 남지 않았고 일일이 재선정하거나 다시 보내기에도 쉽지 않거든요…. 그렇다고 매번 회의를 할 수도 없구요."

"판단이 서지 않는 것이 아니라 확신이 없는 것이겠지. 네 프로젝트의 담당자들이 너가 그렇게 해왔던 것에 대해서 좋지 않게 보고 있지 않을까 하는 걱정도 있을 것이고."

별다른 반응없이 잠자코 듣고만 있었다.

"이놈아, 내가 너한테 무슨 이야기를 할 때도 너는 내 말을 다 알아 들을 수 있었니?"

"아뇨, 선생님 말씀은 사실 너무 거창하기도 하고 재미없잖아요."

"예끼, 이놈이 선생님한테 대고 못 하는 말이 없냐. 됐고, 네가 그리 느꼈던 것을 누군가와 이야기할 때 상대방도 그리 느끼고 있지 않겠냐? 너한테는 그 이야기가 필요하다고 생각할 수 있겠지만 상대방한테는 그 이야기가 전혀 중요하지 않을 수 있으니까 말이야."

"하지만 이 프로젝트에 대해서는 매우 중요한 핵심공지였는데요? 최소한 직접적인 설계 담당자와 관련된 테스트 담당자는 당연히 신경을 써야 하는 것 아닌가요?"

"그게 바로 네 문제점일 것 같은데. 그 '당연히'라는 거 말이야. 모든 것은 내 입장에서가 아니라 상대방 입장에서 봐야 하는 거야. 특히나 관리를 받는 입장이 아니라 관리를 하는 입장이라면 말이다. 말은 네가 뱉더라도 그것을 받아들이는 것은 상대방이니까. 그리고 무엇보다 그것이 업무라면 전달되어야 할 사람에게 해당 시점에 맞는 명확한 내용이 전달이 되어야 하는 것이겠지. 지금 네 말을 들어보면 그것이 잘 되고 있지 않은 것 같은데? 만약 전달이 되었다고 해도 너무 많은 양이 접수되면 힘들지 않을까? 진짜 필요한 것이라면 네가 회의를 하거나 별도로 연락이라도 취했을 수도 있었을 텐데. 무엇보다 너도 메일에 엄청난 과거 이력과 함께 끝도 없는 Re:, Fw:자가 붙어오면 애초에 읽기 싫어했잖니?"

아무 말 없이 고개를 끄덕이며 선생님의 말씀을 듣고 있었다.

"너 역시 동일하게 느꼈던 적이 있잖아. 그 때도 네가 나한테 이야기를 했던 것 같은데?"

난 그 말씀을 듣고 순간적으로 내가 방금 전에 떠올렸던 경험이 생각났다.

"네. 그렇죠. 불특정 다수에게 보내는 메일이나 너무 많은 메일송부는 어느 누구도 신경 쓰기가 어렵다는… 아뇨 신경조차 아예 쓰지 않을 수 있다는 걸요.

"그래. 참 이게 지금도 느끼는 것이지만 의사소통이라는 것은 너무 어려운 거야. 때때로 자기 자신이 하는 말의 양은 상대방보다도 많으면서, 자신이 기억하지 못하는 것들이 있지. 그러면서 상대방이 말한 것은 잊고 말이야. 그런데 그런 사항이 업무에까지 자주 나오면 안 되지 않겠어? 솔직히 네 입장에서는 충분히 이야기를 해주었을지라도 상대방 입장에서는 아직 정보가 불충분한 경우가 있잖아. 그건 당연한 걸 텐데. 물론 메일이나 회의를 토대로 공지를 하거나 전달을 할 때, 관련자들을 모두 포함시키거나, 참석시키는 것이 네 입장에서는 나을 수도 있겠지. 아니, 서로 소통해야 하는 담당자들이라면 그 담당자들 입장에서도 나을 수도 있을 거야. 모든 사람들이 한 번에 듣고 이야기할 수 있는 자리니까. 그런데 상대방 입장에서는 없는 시간을 빼서 온 것인데, 2시간 중에 본인에게 관련된 항목은 10분만이라면, 집중이 안 되지 않겠니? 그리고 메일을 보냈지만, 수신자와 참조자가 너무 많다 보니, 그 메일 내용에 담당자를 일일이 지정해주지 않는 이상 누구한테 어떤 목적으로 보냈는지 혼동이 오게 되고 말이야. 스스로에게 만족감을 느꼈을지라도 진짜 되어야 하는 중요한 의사소통이 되지 않는 문제가 이미 나타나고 있는 거야."

"그럼, 메일 보낼 때도 딱 관련된 담당자들에게만 보내는 것은 또 너무 제한적이지 않을까요? 그 문제가 다른 부문도 관련된 것으로 나올 수도 있으니까요."

"그렇겠지. 나올 수 있겠지. 만약에 그러려면 그 문제를 해결하는 핵심 담당자들과 먼저 이야기를 나누고 보고 관련되는 부문들을 조금씩 추려나가야 하지 않을까? 문제가 해결되지 않는다고 해서 무슨 문제일지도 모르는데, 무턱대고 불특정다수에게 보내는 것을 해답이라고 보긴 어렵구나. 결국 네가 메일을 보내든 공지를 하든 직접적으로 관련된 담당자를 수신에 넣고 정말 그 내용을 알아야 하는 팀장이나 너의 의사결정을 승인해주는 관리자에게 보내야 하겠지. 그런데 위에서도 신경 쓰지 못할 수도 있어. 너도 신경 쓰지 못하는 것들도 있잖아. 정답이 없는 이야기일 수도 있지만, 이런 부분에 대해 그 제이라는 고객이 너에게 어느 정도 해답을 풀 수 있는 팁을 준 것 같은데. 사실 고객 입장에서나 네 입장에서나 그 방법이 제일 깔끔할 수도 있지. 앞서서 답이 없다는 말을 한 것처럼 말이야. 국내나 해외로 구분 짓지 않더라도 그 회사나 그 팀의 특성에 따라, 혹은 그 회사의 업무방침에 따라 관련이 없으면 굳이 그런 공유메일을 보내서 혼동을 가져오지는 않게끔 하는 경우도 많단다. 그 해외고객이 너한테 이야기한 것도 유사한 것 같구나. 상세하게 네가 보낸 메일을 확인해본 뒤에 본인 파트와 전혀 상관없는 것을 알게 되면, 이젠 네 메일을 제대로 확인하지 않을 수도 있어. 그런 와중에도 지속적으로 네게서 메일이 온다면 자연스레 이해가 되지 않는 상황이 오지 않겠니? 회의 참석이나 리뷰의 경우에는 전체 리뷰가 아닌 이상, 직접적인 담당자들에게만 보내고 그 후에 공유를 하는 것이 더 현명할 것으로 보이는 구나. 그렇다고 또 너무 공유의 폭을 줄이면 안 돼. 그래서 이런 부분은 정답은 없다고 계속 말하는 거야. 그 때의 상황과 중요도에 따라 판단해야겠지. 네가 결정하고 만약에 미흡한 사항이 나온다면 그 즉시 수정해서 다시 보내거나 직접 대화를 해야 하겠지. 그것만은 꼭 알고 있거라. 네가 한 말을 상대방이 모두 다 알아주기는 힘들다는 것을. 특히나 업무에 대해서는 더욱이 말이다. 진짜 필요한 곳에 필요한 이야기를 나누거

라. 그것이 네 말에 대한 신뢰도도 높이는 일이 될 거야."

난 사실 선생님의 말씀에 대해 변명하지 못했다. 내 입장에서만 판단했기 때문이었고 효율적이라는 결론은 내 관점에서만 나왔기 때문이었다. 선생님의 말씀처럼 나도 모르게 의사소통 문제가 이미 발생한 것이라고 볼 수도 있었다. 그런 문제를 말해준 것이 해외고객이었다니.

"참, 내 옛날 경험도 그렇고 지금 이 상황도 그렇고 너무 반대되는 상황이야."

나 혼자 중얼거리면서, 헛웃음을 짓게 되었다. 과거의 기억과 선생님의 말씀이 떠오르면서 지금의 이 상황이 그 반대로 나타난다는 것이 아이러니하면서도 한편으로는 이해되는 부분도 있었다. 둘 다 본인 입장에서는 문제가 없다고 해도 이미 문제는 나타났기에 자연스럽게 나왔던 헛웃음이었다.

'참 생각보다 이런 반대의 상황이 잘 벌어지지 않을 것이라고 생각하는데, 우리 주변에서 이리도 잘 일어난다니….'

김범석 책임님에 의해 공유가 되지 않는 불만에 대한 담당자들의 이야기를 들으며, 진짜 필요한 의사소통을 하기 위해서 어떻게 해야 할까 고민을 하고 있었다. 사실 고민할 필요도 없이 단순한 문제였다. 단지, 다시 명확한 논점을 가지고 말하기가 귀찮았을 뿐이었다. 그렇다면 어떻게 이야기하는 것이 원활한 의사소통일까? 고민을 반복하다 책임님께 가서 상세한 내용을 설명을 드렸다.

"김범석 책임님, 최근에 고객으로부터 책임님께만 전달된 내용은 현재 B-sample 배포 직전 단계로 이제는 설계뿐만이 아니라, 소프트웨어 테스트 담당자와 QA(품질보증)담당 및 프로젝트 관리 부문에서 해당 부문을 알고 테스트하고 점검해야 하는 내용입니다. 설계 변경이 고객에 의해 공식적으로 이루어졌으면, 그에 따라 테스트 담당자들은 테스트 케이스를 갱신해야하는 항목들이 있는지 확인해야 합니다. QA(품질보증) 담당자는 그것을 가지고 확인해야 할 산출물과 Component 및 테스트 결과들의 체크항목들을 재점검할 수 있구요. 또한, 형상관리 측면에서도 역시 고객 공식 배포버전이면 그에 따라 내부적 베이스라인을 그어야 해요. 이후에는 저희가 관리하는 ALM(어플리케이션 생명주기 관리 시스템)16도구에도 해당 부문을 업데이트해야 하는 활동까지 연계가 됩니다. 책임님… 책임님께서 당연히 정신없고 뭐 하나 보실 시간조차 되지 않으신다는 것을 모두가 압니다. 하지만 공유가 되지 않으면 연계업무나 후속업무가 느려지게 되어 결국 책임님께서도 실무를 다시 확인해야 하는 시간이 들거에요. 현재 커뮤니케이션 채널이 이쪽은 김 책임님 쪽으로만 되어 있는 것으로 판단되기에 말씀드리는 것입니다.”

나름대로 정리해서 말씀드렸다고 생각했지만, 길었던 나머지 '아차' 싶었다. 그렇게 느낀 이유는, 김 책임의 눈빛이 그다지 좋지는 않았기 때문이었다.

“내가 왜 그렇게 보내야 하지? 안 그래도 여러 가지 메일 많이 오는데 그걸 일일이 판단해서 공유해야 하나? 이 업무는 테스트나 QA(품질보증)와 연계될 수는 있어서 고객과 공식적으로 논의한 사안이긴 하지만, 일단 내 담당 항목에 대해서만 고객과 먼저 논의한 내용인데 공유를 꼭 해야 하나? 그리고 ALM(어플리케이션 생명주기 관리 시스템)에 내가 갱신을 하면 그것을 가지고 알아서 테스트나 QA(품질보증)를 보면 될 것 같은데 말이야.”

솔직히 말해서 짜증났다. 워낙 늦게 끝나기에 이해를 못 하는 것은 아니었다. 다만, 어찌 이리 이기적일 수 있단 말인가. 한두 번도 아니고 말이다. 뻔히 자기 파트가 관련된 사항과 직접적인 영향이 끼친다는 것을 알고 있을 것이다. 그럼에도 오로지 본인 것과 본인 시간만 생각한다. 다 이런 것인가? 뒷 단계 망하든 말든 결국 그 영향이 자기 자신한테도 갈 텐데 그 건 그 때 가서 생각해보자는 뉘앙스인가. 답답할 지경이다. 아니다. 아니다. 인내해야 한다. 지금 당장 설계가 급하다.

---

16 ALM: Application Lifecycle Management로써 전체 생명주기를 관리하기 위한 시스템이다. Issue/Defect, 상호간 추적성, 중요 설계부문 산출물, 배포버전, 소스코드 부문에 대해 중요하게 관리할 수 있는 시스템이다.

다른 것은 일정을 조금 지연시켜도 일단 설계가 나와야 한다. 오히려 집중할 수 있게 지원을 해야 한다. 본인 혼자 감당할 양이 너무 많기 때문이다. 항상 이런 평행세계의 양 극단을 왕복하며, 가장 좋은 방법을 생각해보려 애쓰지만 추스르는 것부터도 쉽지 않았다.

　"책임님, 바쁘신 것 당연히 알고 있습니다. 그리고 고객한테도 내부에서도 메일이나 전달사항이 많이 온다는 것을 알고 있습니다. 다만, 현재 고객과 내부에서 책임님이 커뮤니케이션 채널이시기에 그 역할이 중요하다고 조심스럽게 생각합니다. 관련된 담당들에게 필요한 시기에 필요한 정보가 전달되지 않으면, 프로젝트 수행 간에 의사소통 자체부터 Risk가 될 수 있습니다."

　"무슨 말인지는 알겠어. 다만 나도 조금 정신이 없다 보니 일일이 앞뒤를 확인하기가 어려운 거야. 그리고 내가 이 부문 커뮤니케이션 채널로 되어 있다고? 공식적으로 되어 있지는 않을 텐데… 물론 내가 전반적으로 관리하고 확인하고는 있지만, 이미 그런 채널은 실무자선에서도 고객과 빈번하게 하고 있다고."

　김범석 책임의 말도 일리가 있었다. 그리고 무엇보다 나도 바쁘다 보니 이해되는 부분도 충분히 많았다. 만약 우리가 메일을 하루에 100개를 받고 고객과 회의를 10번을 하는데 이 모든 것을 공유할 수 있으랴? 당연히 어려운 일이다. 그렇다고 실무적인 어려움을 생각하지 않고 요구할 수는 없는 것이다. 다만 여기서도 커뮤니케이션 채널에 대한 명확한 구분과 할당의 어려움이 느껴졌다. 그러면서 이러한 부문을 전체적으로 함께 확인하고 공유하고 지원해주는 사람도 필요하다는 생각이 들었다.

　앞서 말한 바와 같이 일부 보완할 수 있는 해결책을 찾을 수 있었다. '일부'라고 말한 이유는, 현재 시점에 와서 전체를 뒤흔들 수는 없었기에 쓴 단어이다. 여기에서는 커뮤니케이션 수행 계획이 실무에 맞게 정의되지 못하였고 꾸준히 업데이트가 되지 않은 상태였다. 그것에 대한 공지가 이루어지지 않았고 동시에 내부적으로 조정이 되지 않은 것이었다. 또한, Risk 관리에서도 Contingency plan(비상대책)이 있듯이, 의사소통에 대해 Risk가 있을 경우 Contingency plan(비상대책)을 가동하는 계획이 전무후무했다. 최소한 과부하 시 누군가가 조정해주거나 그것을 서브로 지원해주며 돕는 사람이 있었다면 이렇게까지 의사소통하기가 어렵진 않았을 텐데… 실무적으로 매번 누구랑 이야기해야 하는지를 확인할 수는 없겠지만, 최소한 각 담당자가 인지한 상태에서 관리자가 지시를 하여 사전에 보완을 했을 수도 있었을 텐데… 이 역시 Risk 관리와 연계될 수 있는 중요 포인트 중에 하나였다.

해외 프로젝트에서 이러한 점을 확인할 수 있는 중요한 초기 산출물이 하나 있었다. 그것은 'Communication management plan' 이었다. 고객과 정의되지 않은 상태에서, 개별 부문 모두가 별도로 고객과 의사소통을 하게 되면 혼동을 가져올 수 있다. 그렇기에 정해진 채널을 토대로, 그 채널에 속한 관리자가 고객과 의사소통하고 해당 부문을 내부에 공지/공유 혹은 교육을 하도록 하여 협업이 되도록 해야 했다. 그렇기에 고객이 최초에 중요하게 요구했던 산출물 중에 하나였던 것이다. 사실 쉽게 넘어갈 수도 있고, 중요하지 않게 볼 수도 있었던 산출물이기에 더욱 유의할 부문이었다. 왜냐하면, 사실 이러한 산출물들은 당장 계획수립, 구현, 검증에 완전히 직접적인 영향은 없기에, 초반에 수립만 하고 추후의 지속적인 관리가 어렵기 때문이었다. 물론, 어느 정도 큰 테두리가 정해지면, 설계에 대한 세부적인 사항이나 테스트 Issue, QA(품질보증) Issue들은 메일/회의를 토대로 각 담당자가 협의 하에 고객과 주고받을 수는 있다. 다만, 이 경우에도 정리가 되어 있지 않음과 동시에 개별로 공유 없이 의사소통이 이루어진다면, 그 담당자 외에는 전혀 모르는 상황이 발생할 수 있다. 이런 상태에서 그 담당자가 퇴사했을 경우가 발생하면 Risk가 Issue가 되어 큰 공백이 발생하게 되는 것이다. 이 경우에는 관련 담당자들을 메일 참조자에 포함시켜 공유를 함과 동시에, 중요 연계 사안은 상호 간에 짧은 회의 등을 토대로 공유를 해야 한다고 생각했다. 그리고 가장 중요한 것은 이러한 커뮤니케이션 프로세스가 회사 내에 정립되어 있어야 한다는 점이다. 나는 이 부분에 대해 우리 팀에서 수도 없는 이야기를 함께 나누었다. 하지만 현실적으로 프로세스와 실무 간의 큰 갭이 있기에 프로세스만 생각하는 것은 어려웠다. 많은 실무 및 관리입장에서도 비슷한 부분이 있을 것이라 생각한다. 당장 실무가 바빠 죽겠는데 중요하지 않은 산출물과 프로세스를 언제 다 지키고 근거를 남기며 일을 하랴? 그렇다고 다 배제하고 일을 하랴? 엄청날 정도로 이상적인 이야기일 수 있지만 결국 그 회사의 프로세스를 기반으로 실무적 업무가 함께 체질화가 되어야 한다고 생각했다. 비교적 해외 프로젝트에서는 이러한 부분을 더 중요하게 여기는 경험을 겪었었다. 그래서 글로벌 트렌드가 더욱이 표준, 프로세스, 체계역량을 꼭 확인하는 Automotive-SPICE(자동차 소프트웨어 개발역량 평가모델)나 ISO 26262(기능안전), CMMi프로세스에 대해 중요한 감사와 요구사항이 있었던 것이었다. 이러한 부문은 수주감사 때도 반드시 확인하는 항목이었다. 과거 독일 OEM 프로세스 수주 감사 때에는 고객이 이런 코멘트를 한 적이 있었다.

"프로세스가 수립된 것에 더해, 그것이 업무에 녹아들고 체질화가 되어 있어야 합니다. 또한 그러한 역량을 뒷받침할 수 있는 작업 산출물이 일정에 맞게 나와야 합니다. 그렇기에 지금 감사도 세부적인 내용을 보기보다 프로세스와 함께 큰 테두리에 있는 산출물들을 보며 전체적인 개발의 흐름과 가능성을 확인하는 것입니다."

라고.

사실 모든 최초 감사는 이와 비슷하다. 아직 개발진행을 하지도 않았는데, 일일이 세부적인 개발의 역량과 설계적 세부 산출물까지 볼 필요는 없지 않은가? 다만, 배울 것이 많다고 느끼면서도 한 편으로는 엄청난 일이 다가오는 무서움을 느꼈던 점은 이런 것이었다. 실제 프로세스 및 개발역량 감사 시에 확인하고 요구했던 것들을, 똑같이 개발초기부터 종료 단계까지 일관되게 확인한다는 점 말이다. 어느 정도 상호 간 조율은 가능하겠지만 결국, 큰 테마에서 요구하는 것은 변하지 않았다. 예를 들어 '소프트웨어 개발 계획서'와 '소프트웨어 요구사양 명세서'를 요구한다면 이 요구 산출물 자체에 대한 조율은 불가능하다. 무조건 작성 후 검토하여 고객 승인을 받아야 하는 산출물이다. 또한 해당 작업 산출물 내에 들어가야 하는 큰 항목들은 타협이 어렵다. 애초에 계약을 맺을 때 'QA(품질보증) 및 프로세스 요구사항'에서 박혀서 나온 산출물의 큰 항목들까지 계약 범위에 들어가기에 바꿀 수 없는 것이었다. 시간이 없다고 계약을 내 마음대로 바꿀 수는 없지 않은가? 결국 그 대항목 안에 들어가는 세부내용들에 대해서만이 상호 조율이 가능한 것이었다. 일정에 대해서도 중요 마일스톤은 반드시 맞추되, 중간중간 서브 일정들은 전부는 아니어도 어느 정도 조율은 할 수 있다는 것이었다. 이러한 부문들이 현실적으로 매우 어려운 일이지만 이제는 해외뿐만이 아닌 국내에서도 더욱이 요구해왔던 트렌드이자 요구사항이라는 것이다. 그렇기에 이 부분은 피할 수 없었다.

허나 지금에 와서 새롭게 Communication management plan을 재수립하여 고객의 승인을 받고 공지하기에는 시간적 어려움도 있었고, 고객의 추가 승인이 필요하다는 것도 있었다. 그렇다면 지금은 어떻게 해야 할까? 이것이 답이라고 볼 수는 없지만, 수많은 논의 결과, 가장 효율적인 항목은 이러했다. 각 부문에서 Control tower격인 담당들이 있고 각 부문의 Control tower들을 전체 확인하고 관리하는 Main control tower가 필요했다. 결국 사적인 대화로서가 아니라 공적인 채널과 그 채널들의 통합관리가 필요하다는 점이었다. 이에 더해 이러한 부문들이 명확히 명시되고 전체 공지를 하여 각 담당들이 인지할 수 있도록 하는 것. 마치 이러한 문제가 생겼을 때 어떻게 해결하고 누구와 이야기를 해야 하는지 무의식적으로도 각 담당들의 머리속에 남게 해야 한다는 것이었다. 그렇기에 불필요하게 긴 회의의 연속은 프로젝트에 악영향을 끼칠 수도 있지만, 필요한 대화를 나누는 짧은 회의의 연속은 프로젝트의 수행이 더욱 원활하게 만들 수도 있을 것이라 생각했다. 모든 각 부문이 개별로 맡은 바 업무를 수행함과 동시에, 각각 그리고 전체 Control tower가 통합되어 처음부터 한 번에 움직이고 계획-구현-검증의 전 과정을 통합하며 수행하는 것. 개념이 완전히 똑같을 수는 없지만, 유사하다고 볼 수 있는 개념은 'Concurrent Engineering[17](동시공학)'에 비유할 수 있을 것 같다. 의사소통도 단계별로 전달된다면 와전될 수도 있고 그만큼의 시간이 걸릴 수도 있다. 하지만 수립된 기반 하에 처음부터 동시에 통합적으로 이루어진다면 시간을 확보할 수 있고 고객의 요구를 맞추며, 품질을 더 빠르게 높일 수 있다. 결국 쉽고 당연하다고 생각하는 의사소통이 원활하면, 고객의 요구를 만족시키며 내부적인 비용을 절감할 수 있는 가능성이 높아진다는 것이다.

잠깐 동안, 현재 개발과정과는 별도로 김영미 선임님과 함께 Communication plan table을 만들어 보았다. 보면서도 아직 고칠 부문이 많았지만 어떠한 항목들이 더 추가되고 어떻게 관리해야할지 의문점에서 시작한 작업이었다.

---

17 동시공학: 제품 설계와 제조, 지원 요소들을 동시에 고려하여 제품을 개발하는 체계적 설계 공학. 이러한 설계 공학은 품질, 비용, 일정, 요구 사항 등이 포함되는 개념 단계부터 폐기될 때까지의 제품 수명 주기 동안의 모든 요소들을, 개발자들이 착수 단계부터 고려할 수 있도록 한다.(출처: 국방과학기술용어사전)

표 5-4 Communication plan 테이블 샘플

| 구분 | | 1단계 | 2단계 | 3단계 |
|---|---|---|---|---|
| 샘플단계 | | B샘플 | C샘플 | P샘플 |
| 메인 의사소통 채널 | | 프로젝트 관리자 프로세스 및 QA 관리자 | 프로젝트 관리자 프로세스 및 QA 관리자 | 프로젝트 관리자 프로세스 및 QA 관리자 |
| 서브 의사 소통 채널 | 시스템 | 시스템 설계 파트 리더(→필요시 검증 파트 리더 확인 필요) | | |
| | 소프트웨어 | 소프트웨어 설계 파트 리더(→필요시 검증 파트 리더 확인 필요) | | |
| | 하드웨어 | 하드웨어 설계 파트 리더(→필요시 검증 파트 리더 확인 필요) | | |
| 공유 의사 소통 채널 | 시스템 | 산출물 / 요구사항에 따라 상이(별도 맵 필요) | | |
| | 소프트웨어 | | | |
| | 하드웨어 | | | |
| 관련사항 공유(전달) 수행자 | | 시스템 설계/검증 파트 담당자 | 소프트웨어 설계/검증 파트 담당자 | 하드웨어 설계/검증 파트 담당자 |
| 의사 소통 방법 | 공식 | 온라인 화면 공유 회의 시스템 | 온라인 화면 공유 회의 시스템 | 온라인 화면 공유 회의 시스템 |
| | 상시적 | 메일, 단기회의 | 메일, 단기회의 | 메일, 단기회의 |
| 고객 합동 검토 회의 | 설계 | ▶매주 화요일 | | |
| | 검증 | ▶매주 목요일 | | |
| | 관리 및 QA | ▶매주 금요일 | | |
| 내부 개발 검토 회의 | | ▶매주 월요일 | | |
| 검토 주제 | 설계 | 고객 요구사항 요구사양서 및 아키텍처 설계 이슈 | 고객 요구사항 요구사양서 및 상세 설계 이슈 | 고객 요구사항 최종 설계 이슈 |
| | 검증 | 테스트 환경, 플랜 테스트 케이스, 테스트 결과 | 테스트 환경, 테스트 케이스, 테스트 결과 | 테스트 케이스, 테스트 결과 |
| | 관리 및 QA | 고객 요구사항, 프로젝트 계획수립 개발일정 및 현황 이슈모니터링, 프로세스 및 산출물 요구사항 | 고객 요구사항 개발현황, 이슈모니터링, 프로세스 및 산출물 요구사항 | 고객 요구사항 개발현황, 이슈모니터링, 프로세스 및 산출물 요구사항 |
| 회의 주관 | 고객 | 고객 | 고객 | 고객 |
| | 내부 | 프로젝트 관리자 해당하는 각 부문 파트 리더 | 프로젝트 관리자 해당하는 각 부문 파트 리더 | 프로젝트 관리자 해당하는 각 부문 파트 리더 |

위의 양식에서도 문제점과 확인해야 할 부문이 더 있다. 바로 '공유 의사소통 채널' 부문이었다.

"김영미 선임님, 작성을 하다 보니까 이 표에는 다 넣지 못하는 항목이 있는데요…. 가만히 생각해보면 어디에 공유해야 할지에 대해서는, 개발아이템의 요구사항과 요구 산출물 및 프로세스 요구사항을 전반적으로 알아야 수립할 수 있는 것 아닌가요?"

"그렇죠…. 준우씨… 결국 그 말은 전반적으로 알아야 이러한 항목들을 수립할 수 있다는 의미겠죠…. 그런데 일일이 모든 개발 아이템에 대해서 처음부터 모든 것을 알고 파악할 수 있는 사람이 현실적으로 있을까요? 당장 다른 아이템으로도 너무나 바쁘고 개발하는 과정 자체도 정신이 없는데, 일일이 그 많은 고객 기술 요구사항과 프로세스 요구사항을 다 분석할 시간이 될까요? 다만 메인 의사소통 채널 담당자들은 어느 정도 알아야겠죠. 프로젝트 관리자가 혼자 모든 것을 하기엔 어려울 수 있어요. 그래서 개발 전체계획 및 일정과 전반적인 기술적 사항은 프로젝트 관리자가 하고 기술의 세부 내용과 프로세스/산출물 요구사항에 대해서는 시스템/QA(품질보증) 관리자가 나누어서 빠르게 확인해야 할 것 같네요."

현실적으로 가능할까? 그것부터가 의문이었다. 이 단계에서 위에서 말했던 '동시공학'을 한 번 더 내비칠 수 있을 것 같았다. 그럼 힘들면? 어떻게 해야 할까? 모든 아이템을 수주받아 개발하기 전에는 항상 수주검토가 들어간다. 확정도 되지 않았는데 모든 설계를 할 수는 없기에, 그 개발이 가능한지 여부에 대해 자체적인 검토를 하는 것이다. 최초 단계부터 기술적 부문과 품질/프로세스적 부문을 나누어서 개발자들의 검토와 의견을 받고 영업에서는 그 자료와 의견을 받아 고객과 함께 조율을 하는 것이다. 이미 이때부터 위에서 말한 '공유 의사소통 채널'을 수립할 수 있는 백데이터가 만들어질 수 있다는 의미이다. 이러한 부문을 개발과정 간에 조금 더 내재화를 시키려면, 그것을 정기적으로 관리해야 한다. 최초단계에서 그리고 필요 시 관련 프로젝트 팀 전원에게 오리엔테이션 식으로 필요한 핵심 내용만 전달한다면 듣는 사람입장에서도 다시금 중요한 채널이 무엇이고 본인이 어떠한 채널이며 공유를 어떻게 누구에게 해야 하는지 각인시킬 수 있는 계기가 될 수도 있다. 이처럼 시간을 너무 많이 들이지 않는 상태에서 고효율을 내는 대안을 찾아야 한다. 항상 실무로 시간이 없는 것은 어디에서든 오십보백보이다. 그렇기에 최소한의 시간을 투자하여 가장 효율이 높은 방법을 선택해야 한다. 그것이 우리에게 '정답'이 아닌 '해답'인 거겠지.

'응애'와 같은 아기들의 울음소리와 우리가 지금 해야 하는 의사소통은 명백히 다르다. 하물며 가족 간에도 연인 간에도 다르듯이 사실 답은 없다. 다만, 우리 일상생활과 엄연히 다르지 않다는 점. 어디에서든 그 상황과 체계, 흐름, 실무에 맞게 다 다르기에 맞추어서 나아가야 하는 것 같다. 그것이 회사별로 체계화되어 있고 그 체계화가 내재화까지 되어 있다면 더욱 안성맞춤이겠지. 하지만 그 전에 사람이 해야 한다. 의사소통은 체계가 하는 것이 아니라 사람이 하는 것이니까. '응애' 같은 말을 받아주기만 바라지 말고, 진짜 필요한 대화를 필요한 시기에 전달하기, 그러다보면 가끔 '응애'같은 의미없는 말을 해도 누군가는 받아 줄(?) 수 있지 않을까? 하는 허무맹랑한 생각을 가끔은 해볼 수 있을 것 같다.

"응애~"가 ⇒ "엄마 사랑해"로 될 그날까지.

### 3Q(진정한 3가지의 QA)
WHAT? HOW? WHO?

"오늘 무슨 점검이 남아 있었던 것 같은데… 출근해서 PMS(프로젝트 관리 시스템)[18]를 확인해보자."

출근하는 와중에 갑작스럽게 불안해졌다. 버릇이 다시 도진 것 같다. 그놈의 버릇이란…

"분명 어제 PMS(프로젝트 관리 시스템)에서 진행해야 하는 점검이 있었는데…."

무언가 위화감이 들었다. 3일이라는 기간이 남아있는 것 같으면서도 왜인지

---

18 PMS(프로젝트 관리 시스템): Project Management System으로써 프로젝트를 관리하기 위한 시스템으로 주로 표준WBS(작업 분할 구조도)에 따른 산출물과 일정관리를 수행할 수 있으며, Task별 dependency(종속 관계)가 있기에 선/후행 task간의 관계를 확인할 수 있다.

더 빠를 것 같았기 때문이다. 3일도 부족할 수 있는 기간이기에 오늘 오전 내로는 점검만이라도 꼭 했어야 했다. 출근하자마자 아침식사와 함께 PMS(프로젝트 관리 시스템) 업무 현황을 같이 확인해 보았다.

"밥 좀 먹자… 밥 좀… 일찍 와도 한 가지만 하기란 참… 어? 잠깐만… 3일이 아니라 내일까지네. 뭔 점검이여? 분석 단계라…. 오전 내로는 처리해야겠네."

라고 혼자 중얼거리는 와중 팀장님께서 출근인사와 함께 내 마음을 아시는 듯한 말씀을 하셨다.

"준우씨, 내일까지 완료해야 하는 점검이 있더군요, 지연 발생하면 안 되니까 미리 완료시키세요."

짧은 대답 뒤에 해당 점검 체크리스트 파일을 열어보았다. 분석단계에 대한 점검항목은 총 60개, 분석 단계였기에 프로젝트 착수, 계획, 요구사항 분석 부문을 확인하는 점검이었다.

표 5-5 체크리스트 일부항목 샘플

| 구분 | 체크리스트 | 평가 |
|---|---|---|
| 프로젝트 계획 | 1. 프로젝트 팀 조직은 구성하였는가? | Y/N |
| | 2. 프로젝트 일정은 수립하였는가? | Y/N |
| | 3. 인력, 인프라 계획은 수립하였는가? | Y/N |
| | 4. 프로젝트 수행계획은 수립하였는가? | Y/N |
| | 5. QA(품질보증) 계획은 수립하였는가? | Y/N |
| | 6. Risk 관리 계획은 수립하였는가? | Y/N |
| | 7. 형상관리 계획은 수립하였는가? | Y/N |
| | 8. 검증계획은 수립하였는가? | Y/N |
| 사양 | 1. 고객사양에 대한 분석자료가 있는가? | Y/N |
| | 2. 고객사양이 관리 시스템에 등록되었는가? | Y/N |
| | 3. 고객사양과 내부 시스템 사양이 추적되는가? | Y/N |

<표 5-5>와 같이 존재 유무를 묻는 체크항목들이 있었다. 대부분 기술적인 부문의 QA(품질보증)라기 보다는, 해당 업무가 프로세스를 준수하면서 표준 WBS(작업 분할 구조도)[19] 에 따라 선정된 담당자가 업무를 하였는지, 프로세스 흐름에 맞추어 산출물이 원활하게 작성되었는지 등을 확인하는 것이었다. 그 항목 중에는 내가 굳이 확인하지 않아도 PMS(프로젝트 관리 시스템)에서 관리되는 것 자체만으로도 이미 자연스럽게 확인이 되는 항목도 더러 있었다. 그 이유는 PMS(프로젝트 관리 시스템) 내에 신규/파생 프로젝트가 등록되면, 그 프로젝트에 맞는 표준 WBS(작업 분할 구조도)를 선택해서 activity들이 자동수립 되기 때문이었다.

"흠⋯ 이 프로젝트는 다른 프로젝트에 비해 아이템에 대한 상세 설명이 기술되어 있고, 일정도 PMS(프로젝트 관리 시스템)와 산출물 간에도 동일하네. 담당자도 PMS(프로젝트 관리 시스템)에 맞게 산출물에도 수립이 되어 있고, Risk 관리 부문도 Risk식별부터 완화대책, 모니터링까지 타당하게 기술되어 있네⋯ 다른 우선순위 업무가 있으니까 개별 항목 단위로 더 깊이 볼 필요는 없겠다."

동일한 파생차종에 대한 프로세스 점검을 하면서 자주 되뇌던 말이었다. 그러면서도 항상 의문점이 스스로에게 들었다.

'회사 프로세스 흐름대로 업무가 수행되었고 작업산출물이 나왔으며, 테스트 결과에 따른 Defect(결함)조치를 했는지 확인하는 것도 중요하긴 한데⋯. 산출물 세부적인 내용이 고객과 프로세스의 기술적 요구사항까지 만족하는지 확인해야 하지 않을까?'

이 생각을 가지고 설계문서와 테스트 결과 문서를 깊이 살펴본 적이 있었다.

---

19 WBS(작업 분할 구조도)(Work Breakdown Structure): 프로젝트 목표를 달성하기 위해 필요한 활동과 업무를 세분화하는 작업이다. 프로젝트 구성 요소들을 계층 구조로 분류하여 프로젝트의 전체 범위를 정의하고, 프로젝트 작업을 관리하기 쉽도록 작게 세분화한다. 이때 계층 구조에서 최하위에 있는 항목을 작업 패키지(work package)라고 하는데, 작업 패키지는 해당 업무의 담당자를 할당할 수 있을 정도로 작게 나눈다. (출처: 쉽게 배우는 소프트웨어 공학, 2015. 11. 30., 김치수)

결과는, '시간이 너무 오래 걸리고 모르는 부분이 많네'였었다. 기술적 부문에 대한 지식이 부족했다. 또한, 다른 우선 업무로 인해 현재 진행하는 점검의 깊이까지 모두 보기에는 시간적 여유도 없었다. 한 프로젝트 당 점검은 분석과 설계단계를 포함하여 총 4~5단계로 구성되어 있다. 만약 내용적 완성도까지 모두 점검하려면 단계별 점검 당 최소 2일은 잡아야 할 정도로 많은 양이었다. 이것도 전 부문을 다 알지 못한다면, 부족한 부분에 대해서는 실무자와 직접 인터뷰까지 해야 했다. 물론 설계부터 검증 및 프로세스까지 전 부문을 아는 담당자라면 시간이 절약되긴 할 것이다. 그러나 모든 담당자가 전 부문을 다 알 수 있을까? 아니 전 부문을 알아야 할까? 그 많은 양을 프로젝트 당 4번에서 많으면 5번 이상을 점검해야 했었고, QA(품질보증) 담당자인 내게 할당된 프로젝트는 40개 이상이었다. 간단하게 계산해보면, 적으면 160번에서 많으면 200번을 수행해야 했었고, 한 점검 당 2일씩 잡게 되면 적으면 320일, 많으면 400일의 공수를 투입해야 했었다. 애초에 프로세스와 산출물의 세부내용까지 확인하기에는 시간이 너무나 부족했다. 그렇다. 문제는 시간이었을 수도 있었다. 그렇게 핑계를 대고 싶었지만, 결국 내 괴리감은 없어지지 않았다. 끊임없이 겉만 핥는 느낌 말이다. 속을 보지 못 하고 겉만 보는 이 괴리감은 끊이지 않는 나의 고뇌였던 것이다. 누군가는 '욕심'이라고 했다. 모든 것을 '당연히' 알 수 없는 데, 모든 것을 알고 싶다는 그 '욕심'. 누군가는 '이상'이라고 하기도 했다. 그러면서도 그 이상이 현실과는 맞기가 어렵다는 의견들. 진짜 욕심일까? 진짜 현실에서는 적용될 수 없는 이상일 뿐인 걸까? 한 편으로는 업무가 아니라 인생까지 바라보게 되는 고민이었다. 일반적인 프로세스 점검을 할 때에 고려하였던 부분 중 일부는 <표 5−6>과 같다.

표 5-6 프로세스 점검 주요 포인트 샘플

- 문서 오타 및 오기 점검
- 연계되는 문서 간 상호 추적성 점검(예시. 시스템 요구사양서−시스템 설계서)
- 프로젝트 계획, 테스트 계획, 품질보증 계획 등 일정/내용/담당자 부문 점검
- 각 계획서 및 결과서 내 R&R(책임과 역할), 환경, 도구, 범위, 요구사항 점검
- 테스트 케이스, Fail, Issue 부분에 대한 조치사항 점검
- Risk 관리 결과서 내 모니터링 및 완화대책 유효성 점검

"프로세스 측면에서는 확인해야 하지만 실무 입장에선 당장 중요하지 않은 항목은? 프로세스와 실무가 결합된 체계가 있지 않으면 결국 따로 놀게 될 텐데⋯ 이것도 결국 '이상'이고 '욕심'인 걸까? 당연히 모든 것이 100% 부합할 수는 없을 거야⋯. 그래도⋯ 그래도⋯. 어떻게 해야 할까? 따로 놀게 되면 팀별로도 담당자별로도 모두 다를 수도 있을 것이고. 그럼 담당자가 퇴사하게 되면 다시 처음부터 시작이겠네."

계속 이상적 괴리감이 나를 들이 밀었다. 그러면서도 실무와의 차이로 인한 현실적 괴리감까지 들이 밀기 시작했다. 어떻게 해야 할까?

소프트웨어 부문을 점검하는 도중 Automotive—SPICE PAM[20]의 소프트웨어 부문을 확인해보았다. 'SWE.1'이라고 기술된 '소프트웨어 요구사항 분석 프로세스' 부문을 펼쳤다. 소프트웨어 요구사항 분석 프로세스는, 시스템 요구사양서에서 소프트웨어적인 부문을 도출하고 분석하는 부문에 대해 요구하는 프로세스이다. 거기서 말하는 첫 번째 요구사항인 'BP[21] 소프트웨어 요구사항을 구체화해라'를 보면서 생각에 잠겼다.

"소프트웨어 요구사항을 어떻게 구체화하라는 거지? Specify라는 것은 추상적인 느낌이 강해."

이걸 가지고 소프트웨어 설계 담당자에게 이렇게 물어볼 수는 없을 노릇 아닌가.

"소프트웨어 요구사항이 잘 구체화되었나요?"

이러한 질문을 받게 될 실무자는 고개를 갸우뚱거리면서

---

[20] PAM: Process Assessment Model로써 A—SPICE 구조를 점검하기 위한 프로세스 평가모델이다.

[21] BP: Base Practice로써 앞서 언급한 CL1을 만족하기 위한 기본 요구사항이다. 이에 심화되는 요구사항은 GP(Generic Practice)라고 한다.

"구체화라는 것은 어떠한 것이죠?"

라고 물어볼 수 있을 것이다. 어찌 보면 당연히 나올법한 질문이다. 조금 더 질문을 이해되도록 바꾼다면 속뜻은 이럴 것이다.

"구체화라는 것은, 어떤 기준을 가지고 무슨 방법으로 분석하는 것을 말하나요?"

이러한 질문을 받게 되었을 때 나는 무엇이라고 말할 수 있을까? 이것이 바로 지금까지 Automotive−SPICE와 ISO 26262(기능안전), CMMi(Capability Maturity Model integration)를 기반으로, 연구개발 부문 국내/해외과제 QA(품질보증) 담당자로써 업무를 수행해 온 경험속에서도 끊이지 않는 고뇌였던 것이다. 결국 기술적인 부문을 함께 이해하지 못한다면 BP(Base Practice)1에서 말하는 요구사항을 점검하고 가이드하는 것 자체부터가 어려울 수 있다는 이야기이다. 물론 QA(품질보증) 담당자나 프로젝트 관리자가 세부 내용까지 모두 다 알 거나 확인해야 할 필요가 없다고 생각하는 사람들도 있을 수 있다. 기술적인 부문은 시스템 설계 담당자가, 프로세스/관리적은 부문은 QA(품질보증) 담당자가 확인하는 것이라고 생각할 수도 있다. 모든 것을 알고 확인하는 것 자체가… 앞서 말했던 것처럼 '현실'과는 거리가 먼 이야기인 것처럼. 하지만 이 경계가 너무 명확해질수록, 프로세스와 실무 간의 갭이 더욱 커질 것이라고 생각했다. 그렇기에 프로세스와 기술이 모두 기반이 된 개선점이 도출된다면, 실무적 입장에서는 갭을 더욱 줄일 수 있을 것이라 판단했다. 프로세스와 기술적 부문 둘 다 전반적으로 알아야 한다는 이야기이다.

"추상적으로 이해할 수 있어도 실무적 관점으로 이해할 수 없다면, 그저 존재유무만 지적질하면서 욕만 먹을 뿐이야. 그렇다면 대체 무엇부터 해야 하지?"

꼭 이럴 때 기회는 찾아온다고 했던가, 아니 어찌 보면 엄청난 고난일 수도 있겠지…. 나는 현재 진행하고 있는 해외 과제에서 이미 QA(품질보증) 담당자로 지정되어 있었다. 그동안은 개발의 실무적 부문을 일부만 알고 있었다. 하지만 이제

215

는 몸소 겪고 직접 고객과 해당 부문을 가지고 이야기할 때가 다가왔다. 프로젝트 관리자이신 정원석 GPM님께서는 이번 해외과제 QA(품질보증) 점검 및 가이드 도출의 중요성에 대해 말씀해주셨다.

"준우씨, 준우씨가 지금까지 해왔던 프로세스, QA(품질보증)나 ISO 26262 (기능안전)만으로는 이번 프로젝트에서 모든 것을 만족하기가 어려워요. 고객이 원하는 것은 프로세스 QA(품질보증)뿐만이 아니라, 전 부문에 대한 기술적 QA(품질보증)까지 같이 요구를 하고 있어요. 준우씨의 경험이 다소 기술적 부문을 확인하긴 쉽지 않을 거예요. 그래도, 준우씨의 미래도… 미래라고 하니까 굉장히 거창한 것 같은데… 그냥 말 그대로 준우씨가 계속 생각해왔던 거잖아요. 이제는 각 프로세스들이 기반이 된 상태에서, 기술적 부문을 보면서 저와 실무자들을 도와주어야 해요. 또한 각 실무자별로도 상이한 스타일과 전략이 있을 수 있기에 함께 확인해야 합니다."

항상 생각했던 일념을 단숨에 정원석 GPM님께서 실행에 옮기라고 하시는 것 같았다. 또한 김영미 선임님이 옆에서 '다큐'처럼 진지하게 거들었다.

"준우씨가 생각하는 이상향을 현실로 실현시키기 위해서는 많은 고난을 겪어야 해요. 어찌 보면 이건 시작이에요. QA(품질보증)라는 것은 그 품질을 보증할 수 있도록 수준을 끌어올리고, 고객의 요구에 부응 할 수 있도록 점검하고 개선시키는 것이에요. 단순히 시석실을 하는 것이 아니라 진정한 개선, 진정한 가이드, 진정한 점검을 하는 것이지요."

진정하다. 무슨 의미일까 생각해 보았다. 사전적 의미를 신경 쓰지 않고 '진정'이라는 의미에 대해 생각해보았다. 무엇을 할 때 명확한 목표와 확고한 전략/콘셉트를 가지고 진심으로 임하는 것이었다. 항상 과거의 스스로에게 '이 많은 것을 언제 알고 공부하고 검토하지?'라고 어려움만을 토로했었다. 하지만 이제는 진짜 수행해야 한다는 일념 하에 두 가지의 경로를 설정하였다.

1. 프로세스와 실무가 기반이 된 Automotive−SPICE 총괄 체크 가이드 완성

2. 기술적 부문을 커버하기 위한 자체적 분석 및 개발의 전 부문
   F/UP(FOLLOW-UP)

1번과 2번은 서로 연계됨으로써 상호 보완하며 발전해 나갈 수 있었다. 1번에서 말하는 Automotive-SPICE는 VDA Scope[22]이라는 범위에 해당되는 16개의 프로세스를 구축하고 개선하는 것이었다. 다음 <그림 5-4>는 Automotive-SPICE의 참조 모델이다. 거기서 빨간색 상자로 표시한 프로세스들이 VDA scope로써, 기본적으로 준수하고 수행해야 할 프로세스들을 별도로 표시한 것이다. 간략하게 살펴보면, 시스템 엔지니어링 부문과 소프트웨어 엔지니어링 부문이 V자 모양으로 구성되어 있는 것을 볼 수 있을 것이다. V모델은 폭포수 모델과는 다른 모델이다. 각 설계 프로세스에 해당되는 테스트 프로세스들이 서로 같은 레벨에서 연계되어 동시에 테스트를 진행한다. 결함을 발견되면 그 문제점을 개선하여, 다음 단계로 넘어가도록 되어 있다. 쉽게 말하면, 처음에는 비용 1만 지불하면 될 것을, 방치했다가 나중에 100을 내지 않도록 하기 위한 단계별 게이트 전략인 것이다. 예를 들면 SYS.3의 시스템 아키텍처 설계 프로세스는 그 요구사항이 오른쪽의 SYS.4 시스템 통합 테스트에서 확인하게끔 되어 있다. 이에 더해, 협력업체 모니터링 및 프로젝트 관리 부문이 들어가 있는 것을 볼 수 있을 것이며, 또한 supporting영역에서 QA(품질보증)와 형상/변경/문제해결 관리가 들어간 것을 볼 수 있을 것이다. 결국, management와 supporting영역뿐만이 아니라 엔지니어링 부문까지 V모델에 입각하여 매우 중요하게 수행/점검해야 한다는 점을 기본 모델에서도 보여주고 있다.

---

[22] VDA Scope: Automotive-SPICE의 전 프로세스를 만족하기에는 어려움이 따르기에 필수적으로 만족해야 하는 프로세스를 각 OEM들이 모여서 정의한 범위이다.

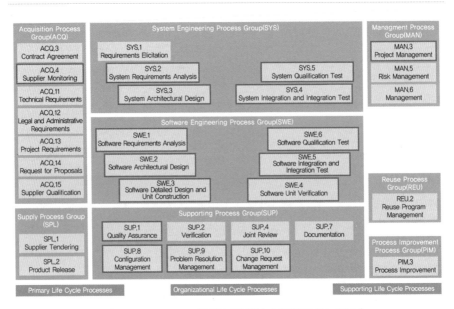

그림 5-4 Automotive-SPICE 프로세스 모델(SIGVDA, 2017)

이러한 참조 모델을 기반으로, 각 회사의 구조와 환경 및 실무에 맞게 내재화를 시켜야 하는 것이 우리가 나아가야 하는 방향이다. '내재화' 라는 단어는 쉬워 보이지만 제일 어렵다. 이 내재화를 위해서는 프로세스와 실무를 모두 파악하고 분석하는 것이 첫 번째 단계이다. 그 후에 조금씩 상호 간의 갭을 줄여야 한다. 그렇기에 1번과 2번의 목표가 서로 연계된다고 이야기를 했던 것이고 떨어질 수 없는 관계인 것이다. '이것을 다 안다?' 라는 것은 설계, 검증, 프로세스, supporting 영역 모든 부문에 대한 지식과 실무를 가지고 있어야 안다고 말할 수 있다. 그렇기에 난 스스로를 아직도 많이 부족한 햇병아리라고 여기는 것이다. 괴리감의 연속은, 스스로를 주눅들게 하는 것 같았다. 이런 기분이 싫었다. 주눅드는 느낌. 어쩔 수 없다고 스스로 핑계를 대며 지는 듯한 느낌. 진짜 정말 억지로 이러한 괴리감 속에서 <표 5-7>과 같이 생각해 보았다.

218

표 5-7 3Q(진정한 QA의 범위)

---

- 프로세스 QA(Process Quality Assurance) － WHAT
- 기술 QA(Technical Quality Assurance) － HOW
- 업무담당자 QA(Person Quality Assurance) － WHO

---

3Q가 떠오르게 된 또 다른 사례가 있었다. 참으로 당황스러우면서도 식은땀이 폭포수처럼 흐르는 경험이었다. 몇 년 전 인도, 독일, 프랑스 고객 등과 하드웨어 설계, 테스트 부문을 점검할 때 였다.

"준우씨, 이 Component 부문에 해당되는 하드웨어 설계 회로도를 보여주세요. 그 회로도에 소프트웨어적인 진단기능 말고 하드웨어적인 진단기능을 보는 부문이 어디에 있나요? 모니터링이나 센서, 진단 다이오드 등이요. 저기 보이는 220V 부문은 GND(접지)와 연결되지 않은 것 같은데요."

"네. 확인해보겠습니다. 잠시만요."

"준우씨, 시스템 테스트 케이스 중에서 하드웨어의 전원 On/Off나 진단기능을 보는 항목들이 어디에 있나요?"

"잠시만요. On/Off를 보는 부문은 Script 첫 번째 항목에 하드웨어 reset에 대해서 보는 테스트 케이스가 있구요. 진단은 잠시만요."

"준우씨, 저희가 함께 배포한 소프트웨어 coding rule 기준을 보면, pointer[23]에 대한 요구사항이 있는지 확인해보셨나요? 그리고 prefix(접두사)나 suffix(접미사)[24]에 대한 요구사항은요? 코드 기반이 자동으로 생성되는 code generation말고 hand-coding된 것에 대한 점검은 어떠한 식으로 진행을 하나요? Static verification(정적 검증)[25] 도구로 하게 되더라도 MISRA rule[26] 외에 추가적인 rule을 검증하기 위한 검증도구 커스터마이징이 필요

---

[23] Pointer: C언어 문법 중에 하나로써, 어떠한 값의 주소를 저장하는 것을 말한다. 그래서 그 주소에 해당하는 값을 가져오는 역할을 한다.

[24] Prefix, suffix: C언어에서 가독성을 높이기 위한 역할을 한다. 예를 들어, 상수(constant)임을 나타내야 할 경우, 해당 언어 앞에 CONST_를 붙이는 등의 예시가 있다.

[25] Static verification: Runtime error등을 보는 것과 같이, 해당 C언어를 돌려보았을 때 나오는 오류를 잡는 검증이다. 정적 검증에 대해서는 회사마다 일부 상이한 범위가 있을 수 있다.

[26] MISRA rule: MISRA에서 개발된 C언어 표준을 지키기 위한 기본 규칙들을 말한다.

하지 않나요?"

"네. 그 부분은 일단 정적검증 도구를 이용하여 MISRA rule 부문을 점검하구요. 커스터마이징이 필요한 부문은 별도 체크가이드를 만들어서 확인할 예정입니다. 커스터마이징 부문은 잠시만요…."

끝도 없는 '잠시만요.' 식은땀이 흘렀다. 고객의 리뷰 질문 중 일부를 떠올려 본 것이다. 실제로는 복잡한 하드웨어 회로도와 테스트 명세서, 코딩된 결과들을 보고 있었다. 거기다 속도가 굉장히 빠른 영어로 2, 3명의 고객이 물어보거나 확인하고 있었다. 한글로 해도 어려운 것을, 영어로 길게 남기는 코멘트들을 듣고 있노라면, '난 누구인가? 난 지금 어디에 있는가?'를 떠올릴 수밖에 없었다. 아, 여기서 '난 무엇을 위해 여기에 있는가?' 하는 생각까지… 단어의 경우에도 반은 알아도 반은 모르거나 의미가 다른 것이 많았다. 여기에다가 기술적인 부문의 깊이까지 보는 상황이었다. 또 여기에 각 나라별로 다른 영어스타일을 듣고 있노라면 내가 지금까지 그토록 해왔던 영어는 무엇이지… 하는 생각이 하루에도 100번이 넘게 들었다.

이처럼 지금까지 과거에 해왔던 점검만으로, 이 모든 것을 확인하고 고객과 논의하는 것은 당연히 어려울 수 밖에 없었다. 이러한 경험을 수십 수백 번 거쳐 오면서, <표 5-7> 3Q에 대해 생각해 볼 수 있었다. 멋진 법칙을 만들고 싶었던 것이 아니었다. 괴리감 속에서의 한계점들을 느낀 그대로 나열해본 것이다. '나열'이라고도 말한 이유가 있다. <표 5-7>에서와 같이 순서가 Process → Technical → Person으로 이루어져 있다. 어찌 보면 이 순서는 한계점을 느낀 순서일 수도 있다. 겉(Process)과 속(Technical)을 알고 누구 혹은 무엇(Person)인지 안다? 겉을 볼 때 어려움을 느끼며 경험을 해보니, 이제는 속이 문제였다. 속에 대한 한계점을 느끼며 경험해보니 이제는 사람이 쉽지 않았다. 그런데 왜 누구(Person)가 마지막 순서일까? 마치, 사람이 우선일 것 같은데 말이다. 사실 어느 회사든 업무든, 그 체계와 매뉴얼을 가지고 있다. 누가 오더라도 배우고 수행할 수 있도록 표준이 있다는 뜻이다. 만약 표준이 없더라도, 선임자나 전임자에 의해 배우고 수행할 수 있는 환경이 있을 수도 있다. 그러면 신규 업무 담당자는 어려움을 느끼다가도 시간이 지나면 익숙해질 것이다. 더 시간이 지나면, 본인의 스타일에 맞게 업무를 개정하거나 새로운 아이디어를 도출할 수 있을 것이다. 결국 위에서 말하는 3박자가 서로 어우러지며,

나아간다고 본 것이다. 그래서 순서는 위와 같았던 것이다. 어느 한 항목도 배제할 수 없었다.

등에 땀이 나는 사례들은 이 뿐만이 아니었다. 해당 점검 이후 바로 다음 날 다시 끝없는 리뷰시간이 돌아왔다. 이 날은 소프트웨어 부문의 coding rule에 대해서 분석하는 시간이었다. 현실적으로 복잡한 아이템의 코딩된 모든 결과들을 점검하기에는 코드라인수가 너무 많았다. 몇 백 줄에서 몇 천 줄 이상이 되는 결과들을 하나하나 일일이 보면서 점검하는 것은, 하루가 약 120시간이 된다고 하여도 부족할 지경이었다. 그렇기에 정적 검증 도구를 이용해서 표준 rule 검증을 실시하는 것이다. 다만, 도구를 가지고 수행을 한다 하여도, 내부 혹은 고객의 코딩기준을 알지 못하면, 도구에서 기본적으로 제공되는 기준 외에 추가적으로 커스터마이징해야 하는 규칙들을 빠뜨릴 수가 있는 것이다. 또한, 도구에서 모든 것이 제공된다 하여도, 해당 검증 담당자와 QA(품질보증)담당자가 내용을 알지 못한다면 정적검증 결과서를 점검하기에도 어려움이 따를 수밖에 없었다.

"설화씨, 여러 단어로 구성된 함수는, 단어별 약어의 앞 글자가 대문자로 되어 있어야 하는데 어떤 함수가 대문자로 되어야 하는지 내부적 기준이 있나요?"

"설화씨, hand-coding된 결과물들 중, 특정 함수 내에 중복되는 이름들이 있나요?"

"설화씨, 함수이름이 63글자가 넘는 것도 있나요?"

"설화씨, 지역함수에서 prefix(접두사)가 포함된 경우도 있나요?"

"설화씨, ENUM값의 이름은 모두 대문자로 기술되어 있나요?"

"설화씨, Constant(상수)값은 대문자로 작성되어 있나요?"

나와 김영미 선임님은 끝도 없는 질문을 연거푸 던졌고, 던지면 던질수록 어려움은 더욱 커져 갔다.

"와… 정말 많은 항목인 것 같아요. 이 모든 것들을 언제 어떻게 다 준수해야 하는 것인가요?"

설화씨가 어려움이 짙게 깔린 말투로 여러 가지를 토로하기 시작했다.

"준우씨… 모든 코딩기준들을 일일이 하나하나 보면서 지키기에는 어려움이 있어요. 그래서 점검할 때는 정적검증 도구와 같이 코딩기준을 점검해주는 도구를 활용하는 것이죠. 이와 관련된 내부기준들이 다 있답니다. 또한, 손으로 직접 코딩하는 것과 코드가 generation(특정 포맷까지 자체적 발생)되는 것은 점검 시에 나누어서 확인해야 해요. 엄연히 스타일(포맷)이 다르거든요. Hand-coding의 경우에는 사람마다 스타일이 다르기 때문에 아무런 코딩기준이 없는 곳에서는 매우 힘들겠지만, 당연히 기준을 준수하기 위한 기본항목들은 가지고 있어요. 거기서 고객이 요구하는 코딩기준에 대한 부문을 추가적으로 점검하고 도구를 이용하여 설정 후 돌리는 것이지요."

"네… 기본적일 수도 있는 항목들에게 대해서 질문이 너무 많았죠? 오랜만에 보는 부문들에 대해 기준이 궁금했어요. 이렇게 해외고객이 요구하는 바가 반영된 내부기준이 있는 것이지요?"

약간의 침묵이 흐른 뒤

"음… 한 번 확인해볼게요."
"네. 그럼 일단은 바로 다음에 신뢰성 테스트 부문에 대한 점검회의가 있으니 나머지는 다음 주 화요일에 다시 볼게요. 오늘 수고하셨습니다."

그리 많은 항목들을 보지 않았음에도 불구하고, 2시간이라는 시간이 흘렀다. 이 2시간 동안 이러한 생각을 하게 되었다.

'몇 백줄 이상이 되는 hand-coding 부문들이, 다양한 코딩기준을 만족하기 위해서 내부적인 리뷰까지 하려면 얼마나 많은 시간이 걸릴까? 기본 항목들을 정적검증 도구로 확인한다고 해도, hand-coding된 부문은 다 다를 수 있을 텐데… 설계자마다 다른 스타일을 통일시키는 핵심기준들을 알고 싶다.'

필수적인 내부 핵심코딩기준이 무엇인지 알면, 그 팀에서 중요하게 여기는 부문도 볼 수 있고, 아이템에 따라 중요한 항목들을 캐치할 수 있을 것이기 때문이었다.

"김 선임님, 참 어렵네요. 아이템에 따라 핵심기준들이 다를 수 있잖아요? 아이템별로 적용해야 하는 코딩기준들이 다를 수도 있겠네요?"

"네 준우씨, 그럴 수도 있겠죠. 아직 이 해외 프로젝트에 대해 확인하지는 못했으니 어떻게 구성되어 있는지는 모르지만, 아마 고객입장에서도 이 많은 기준들 중 특히 중요하게 여기는 것에 대한 요구사항이 있을 거예요. 그것을 나중에 한 번 확인해보죠."

알겠다는 대답과 함께 화장실 갈 시간도 없이 고객과 신뢰성 테스트 부문을 확인할 시간이 다가왔다. 내부검토가 아닌 독일 고객과의 검토회의여서 자리를 쉽사리 비울 수는 없는 노릇이었다.

"안녕하세요. 보영씨. 신뢰성 테스트 부문도 고객이 매우 중요하게 보고 있는데, 할 일이 많으시겠어요."

"네. 이미 너무 많아서 어찌해야 될지 모르겠네요. 일단은 이번 고객 검토회의 때는 어떠한 것을 보는 거죠?"

"아. 네 이번에는 보영씨가 고객 요구사양 기준으로 작성하신 테스트 일정을 먼저 확인하고자 해요. 그런 후에 테스트 절차에 대한 내용을 확인할 것으로 보여요."

"네. 알겠습니다. 안 그래도 여러 번 피드백이 오긴 했는데, 혼자서 일일이 보지는 못했네요. 같이 보시죠."

합동리뷰를 위해 사전에 접속해 있던 음성 회의 시스템에 제이가 접속해와 영어로 인사를 하며 회의는 시작되게 되었다.

"안녕하세요. 준우씨 오늘의 검토주제는 무엇인가요?"

"네. 안녕하세요. 제이씨 오늘은 먼저 시스템 요구사양 기반으로 수행하는 신뢰성 테스트 계획과 절차에 대해서 검토할 예정입니다. 간단하게 저희 ALM(어플리케이션 생명주기 관리 시스템) 구조 내에서 어떻게 테스트 계획이 수립되어 있고, 그 테스트 계획이 테스트 항목에 어떻게 연계되고, 테스트 절차는 어떻게 수립하였는지 보여드릴 것입니다."

"네. 알겠습니다. 먼저 설명 부탁드립니다."

제이는 언제나 친절하면서도 매우 많은 가르침을 주는 고객이었다. 어떨 때는 영어발음 속도가 너무 빨라 알아듣기 쉽지 않았지만, 여러 번 물어봐도 친절하게 대답해 주었기 때문이다.

"먼저, 신뢰성 테스트 계획은 별도로 '테스트 계획'이라는 폴더에 구분되어 있구요. 보시는 바와 같습니다. 해당하는 테스트 계획을 보면 관련된 테스트들을 구분하고 그 큰 테스트 범주 안에 상세한 세부 테스트 항목들이 포함되어 있습니다. 예를 들면 온도 테스트에 대한 부문을 예시로 들겠습니다. 온도 테스트는 온도/습도 테스트 부문에 구분되어 있구요, 그 안을 보시면 별도의 온도 테스트 케이스 항목들이 나타나져 있습니다. 그 온도 테스트의 세부적인 명세는 이것을 클릭하면 테스트 명세 폴더로 이동되게끔 되어 있습니다. 이동된 테스트 명세를 보시면 −50도에서 100도에 이르는 온도 테스트 수행 조건과, 환경 및 입/출력 기술서를 보실 수 있습니다. 그에 해당하는 고객 요구 절차들을 직접 기술하여 상호간의 연계성까지 같이 확인할 수 있습니다."

"네, 설명 감사합니다만, 왜 수행조건 및 세부 구성환경까지 여기에 한번에 다 있는 거죠? 너무 내용이 많고 명세가 복잡하게 된 것 같습니다."

"아. 네. 그 부분은 하나의 테스트 명세 안에서 모든 내용을 볼 수 있도록 하기 위함입니다."

"음… 무슨 말인지는 알겠지만, 테스트 환경이나 진단환경 등을 별도로 구성하는 것이 나을 것 같아요. 별도로 시스템 내에서 항목을 하나 만들어, 추적할 수 있도록 등록하면 더욱 깔끔할 것 같아요. 그렇게 되면, 하나의 테스트 명세 안에 많은 내용이 들어가서 복잡하게 만들지는 않을 것 같습니다. 또한, 입/출력 관련 기능적 기술서까지 이 부분에 중복으로 들어갈 필요는 없을 것 같습니다."

"네. 테스트 환경이나 구성에 대한 부문은 말씀하신 바와 같이 별도의 폴더로 구분하여 간단하게 추적될 수 있도록 하겠습니다. 다만, 중복이라는 것은 어떤 말씀이시죠?"

"네. 이미 여기에서 볼 수 있는 입/출력 신호와 예상되는 결과들은, 모두 도구에서 나오는 결과서에서도 볼 수 있는 내용들입니다. 그러한 내용들을 테스트 명세마다 일일이 중복 기술할 필요는 없다는 것입니다. 중복으로 넣게 되면 그만큼의 공수를 더 투입해야 하고 테스트 명세가 간략화되어 있지 않아 가독성이 떨어질 수 있습니다."

"네. 알겠습니다. 신뢰성 테스트 담당자와 짧은 이야기를 나누어 보니 결과서로 그 부분을 확인할 수 있는 것 같습니다. 하지만 하나만 더 확인할 것이 있습니다. 잠시만 기다려 주실 수 있을까요?"

잠깐 회의를 멈춘 상태에서 보영씨와 이야기를 나누었다.

"보영씨, 도구에서 나오는 결과서에서 입/출력 신호 및 예상되는 결과와 실측값을 알 수는 있을 것 같아요. 그런데 고객이 요구한 테스트 절차와는 어떻게 연계성을 보일 수 있는 것이지요?"

"아, 그 부분은 저희가 테스트 결과서에 별도로 항목을 추가 하면 됩니다. 다만, 양식은 조금 더 확인을 해보아야 할 것 같아요."

"그런데, 그 경우에도 역시 연계성을 보여주기 위한 작업 시간이 들겠네요? 그리고 도구에서 나오는 포맷에 항목을 쉽게 추가할 수 있는 구조인가요?"

"음… 솔직히 말씀드리면, 쉽지는 않아요. 결국, 별도 엑셀 작업을 하는 것이니까요."

"지금 당장은 확신을 못하겠네요. 일단 알겠습니다. 고객한테는 확인한다고 하고 나중에 같이 확인해 봐요."

잠시 기다려준 고객에게 감사하다는 표현을 하며 말을 이어갔다.

"제이씨 기다리게 해서 죄송합니다. 짧은 논의를 해보니 요구하신 테스트 절차와 테스트 결과서가 연계되는지는 한 번 확인이 필요할 것 같습니다."

"네 알겠습니다. 한 번 확인해주시고 피드백 부탁드립니다. 아 그리고 추가적으로 빠르게 말씀드리면 모니터링은, 저희가 요구한 각 온도사양 별로 모니터링이 추가로 들어가야 합니다. 일단 급한 다른 회의가 있어 내일 다시 회의하도록 하겠습니다. 참석하실 수 있도록 안내장 보내드릴게요. 수고하셨습니다."

빠른 마무리와 함께 금세 회의가 종료되었다. 모니터링이 온도사양 별로 추가가 되어야 한다는 점은 확인이 필요했다. 어느 부문에 대한 모니터링인지 알아야 했기 때문이다. 이처럼 모든 부문을 한 번에 알아듣기란, 사막에서 오아시스를 찾는 느낌마저 들었다.

폭풍 같은 회의가 지속적으로 지나가고 있었고, 이러한 회의들은 하루에 4, 5개 이상씩 자리 잡고 있었다.

"김영미 선임님, 이번 신뢰성 테스트에 대한 테스트 명세가 훨씬 더 많이 추가되어야 하겠네요. 어려움이 많겠어요… 이 파트만 그런 것이 아닌데…."

"네 그러게요. 저희도 회의가 끊이지 않겠네요. 지금 일단 지속적으로 F/UP(FOLLOW-UP)해야 하는 부문들이 신뢰성 테스트, 통합 테스트, 하드웨어 요구사양 명세, HSI(하드웨어-소프트웨어 인터페이스), coding rule, 각 항목의 플랜들이죠?"

"네. 하루 종일 회의만 하겠네요. 개인 업무는 언제 해야 하나요. 안되겠습니다. 파업할게요."

"항상 이 시점에 나오던 그 단어는 이제 익숙하답니다."

"익숙해지시면 안돼요, 진짜 파업이 필요할 정도로 피곤합니다."

피로를 가득 멘 상태에서, Project 4987 전체 현황 회의로 밖은 벌써 밤을 향해가고 있었다. 이 회의는, 전 부문을 확인하고 문제점을 찾고 필요한 부문을 실무자들이 직접 상호 간에 논의를 할 수 있도록 고안되었다. 어찌 보면… 사실 이런 회의를 미리 했어야 했다. 해당하는 대상은 전 부문이었다. 거기에 중국 연구소까지 포함되어 말이다. 전 부문에서 F/UP(FOLLOW-UP)해야 하는 건은 총 82건. 1건당 하루 종일 이야기할 수도 있는 Action list들이었지만, 그럴 시간은 없었다.

"자… 다 모이셨으면 이제부터 전체 현황회의를 시작하겠습니다. 시간이 다들 없으시니까 최대한 빨리 끝내겠습니다. 여러분들도 필요한 부문은 바로 바로 말씀해주세요. 그리고 다 급하지만 일단 소프트웨어부터 우선순위를 잡고 들어가겠습니다. Memory parameter에 대한 구현이 모니터링 되었나요? 각 필요한 parameter 값들을 받아내는 상황에서 중간에 데이터가 유실되던데, 무엇이 문제인지 원인파악 되었나요?"

"아직 원인 파악 중에 있습니다. 각 parameter에 해당하는 memory 데이터 값들이 생략되거나 비트 오류가 생기는 것이 아니라, 아예 유실되기에 분석이 필요합니다."

해당 하는 소프트웨어 Component에 필요한 memory 데이터들이 받아져야 그 백 데이터에 따라 기능동작에까지 capability가 가능한 흐름이었다. 하지만 중간에 불명확한 원인으로 갑자기 비트들이 소실되는 문제였다. 비트 자체의 오류가 생기거나 순서가 잘 못 오는 것이 아니라 아예 유실되었다? 실질적인 내용에 대한 분석이 있지 않으면 모든 것은 가정에 불과한 추측이었다.

"일단, 원인 파악 되시면 바로 말씀부탁드립니다. 그리고 김범석 책임님, 아키텍처 설계는 별도 언어를 사용하는 만큼, 그 언어로 출력된 문서가 저희 ALM(어플리케이션 생명주기 관리 시스템)에 호환되는지 확인해야 하잖아요? 그쵸?"

"응. 김 선임, 해당 부문 확인 됐어?"

"아뇨. 책임님께서 샘플파일을 주셔야 되요. 확인하는 데까지 1일을 잡아주세요. 준우씨."

"네. 알겠습니다. 파일은 저도 참조로 해서 같이 보내주세요."

"그리고 기은진 선임님, 중국 쪽에서 소스코드 관련되어 검토하는 건 진행이 되고 있나요?"

"아뇨, 일단 구현이 당장 급해서 그 부분은 관리자급과 중국 QA(품질보증)

엔지니어와 함께 확인이 필요할 것 같아요. 준우씨 시간되시면 QA(품질보증) 엔지니어와 미팅 가능하신가요? 정확히 어떤 coding rule을 따라야 하는지 그리고 어떠한 것을 확인해야 하는지 알아야 할 것 같습니다."

"네. 일단… 만족해야 하는 룰은 MISRA rule과 소프트웨어 metric입니다. 또한, 고객의 별도 요청사항으로 QA(품질보증) 코딩 가이드가 별도로 있어야… 아닙니다. 별도로 이야기하시고 잠깐만요, 유진씨(하드웨어 설계 담당)가 급하게 가보셔야 하니까 하드웨어 쪽 action list 확인 할게요. 지금 하드웨어 요구사양서, 하드웨어 설계서는 1차 작성은 되셨죠? 하드웨어 요구사양서는 다음주 화요일에 고객 리뷰하니까 이번주 안에 내부 리뷰를 해야 할 것 같아요."

"네. 준우씨. 일단 스니퍼가 이야기한 것처럼 각 Component 별로 개회로/폐회로/전압율 구조로 동일하게 가져가고 있구요. 폐회로 부문에 대한 저희 쪽 테스트 요구사항을 정의 중에 있습니다."

"알겠습니다, 그 부문 저와 별도로 이야기하고 계시니 이 회의 이후에 이야기하시죠. 그리고 시스템 부문은 시간이 없을 것으로 보이오니 내일 시스템 전체 리뷰 시 확인하는 것이 좋을 것 같습니다."

어려웠다. 몇 건을 이야기하지도 않았는데, 시간도 빠르게 흐르고 머리는 복잡해져 갔다. 어려운 것들은 끝도 없이 찾아보고 물어보는 데도 쉽지 않았다. 여기에서도 내용을 축약해서 일부만 예시로 보인 것이다. 즉, 회의의 일부 내용을 중간 설명 없이 가져온 것이다. 이 어려움에 대해서 잠시 내비추어보고 싶었다. 그것이 바로 QA(품질보증)에 대해 지속적으로 느꼈던 가장 큰 한계점이었기 때문이었다. 그동안 꾸준히 생각해왔던 프로세스와 QA(품질보증)는 이런 것이 아니었다. 이렇게까지 범위가 넓고 알아야 할 것이 많다는 것을 깨닫지 못했으니까. 지금도 모든 것을 안다는 것은 아니다. 다만 앞서 말했던 것처럼 QA(품질보증)의 3Q(진정한 세 가지 범위)가 여실히 드러나는 부분이었다. Person에 대해서는 단순해보이지만 가장 어려운 부분이다. 이미 지금까지의 사례들을 토대로 살펴볼 수 있다. 요약하자면, 담당과 파트별로 업무 스타일과 의사소통 등 모든 것이 서로 다르기 때문에 어려운 것이었다. 각 파트/업무/현황을 토대로 그 담당 스타일에 맞게 이야기하고 논의하고 가이드하는 것이 가장 큰 난제였다. 같은 말을 해도 누군가는 화를 내고 누군가는 웃으면서 이야기를 하니까. 나도 속으로 욕한 적 엄청나게 많다. '어쩌라고, 다 힘든 거잖아.' 이러한 생각이 끝도 없이 났다. 잘 모르는 부분뿐만이 아니라, 사람에 대한 스트레스까지 받으니 또 다른 한계점에 다가오는 것이었다. 농담삼아 '파업'이라는 단어를 이야기할 정도니까.

그림 5-5 개발 메커니즘

<그림 5-5>처럼 사실 전체 흐름은 복잡한 것이 아니라 단순하다. 어찌 보면 당연한 이야기니까. 하지만 저 흐름 안에는 수많은 업무, 분야, 스타일이 산재한다. 그것들을 다 커버하는 것이란, 당연히 말도 안 될 정도로 어렵다. 아니 못한다. 다 안다고 해도 24시간 내내 그 이상으로 확인하며 해답을 찾아야 하니까. 그러나 그것이 QA(품질보증)의 일이다. 그 모든 요소들과 결과물들을 가지고 실무적 프로세스를 수립하는 것이 궁극적인 목표인 것이다. 아마도, 이러한 궁극적 목표는 모든 회사들이 함께 가지고 있는 생각이 아닐까. 단지 너무나도 엄청나게 어려운 일 일뿐… 연구개발 부문의 QA(품질보증)는 생산이 되기 전, 즉 연구개발 단계가 종료되어 생산으로 넘어가기 전, 품질비용의 손실이 크지 않도록 완화시켜야하는 직책 중의 하나일 것이다. 개발의 큰 흐름 속에서, 미미한 차이와 큰 차이간의 갭은 각 관리자/실무자와 QA(품질보증)가 어떻게 하느냐에 달려있을 것이다. 물론, 몸은 하나기에 전 부문을 다 할 수는 없다. 핵심 포인트들만을 잡고, Issue들을 해결하고 상시적으로 고객과 리뷰하며 계속 바꿔 나가는 것이 해결책일 것이다. 다만 그렇게 하려면 핵심포인트와 중요 Issue들만을 잡고 이야기할 수 있을 정도로 알아야 한다. 모르면 바보 되는 것이다. 차라리 망부석 같은 바보 될 바에 미리미리 물어보고 확인하고 계속 옆에 붙어있으면서 이런저런 이야기를 나누는 것이 낫다. 때때론 한계에 다다르지만 말이다. 한계에 다다르면 속으로 함성 한 번 지르

229

는 것도 해결책이 될 수 있다. 아니면 요새 스트레스를 풀만한 장소(운동이나 특이한 카페들)들이 있으니 찾아가서 해보는 것도 좋을 것 같다. 궁극적으론 정답보다 해답을 찾는 것이 정신 건강에도 좋은 것 같다. 정답은 무조건 정해진 답이기에, 우리의 상태를 그 정답에 맞추기 위해 통째로 바꾸어야 할 수도 있기 때무이다. 시간이 다소 걸리긴 하겠지만, 여러 상황에 적용할 수 있는 '해답'을 찾고 내재화하여 재사용을 하는 것이 좋지 않을까?

　'프로세스'와 '기술'과 그 중심인 '사람'.
　"유레카."

**에필로그**　현재 함께 이 책을 낸 위원분들께서는 이미 2019년 4월에 첫 번째 공동 저서인 "열정은 혁신을 만든다"를 출간하셨다. 그 뒤로 2nd 프로젝트로서 함께 참여하여 활동하고 있다. 나는 아직 경험이 한참 부족한 Junior다. 다만 그 짧은 기간 동안 진짜 필요한 부문 혹은 모르고 안이하게 넘겼던 부문들을 느끼게 되었다. 느낄 수밖에 없었던 상황들도 있었다. 다른 사람 없이 자기 분야를 맡아서 업무를 수행해야 했었으니까 말이다. 모르고 안 하면 내 부문은 자연스럽게 도태될 수밖에 없다고 생각했다. 도태되는 것을 막고 싶었다기 보다는, 알고 싶었을 뿐이고, 같이 즐겁게 일하며 좋은 방향으로 개선하고 싶었을 뿐이다. 누군가를 지적하고 문제점만을 거론하기 위함이 아니다. 나와 상대방의 시각에서 느낄 수 있었던 것들에 대해 독자들과 함께 생각을 나누고 싶었다. 아무런 혜택이 없더라도 최소한 시간이 지난 뒤에, "힘들었지만 우리 그 때 보람있고 좋았잖아?"라고 떠올려보고 싶다. 물론 혜택이 함께 주어진다면 더욱 앞으로 나아가는데 원동력이 되겠지만 말이다. (지금 이 말은 현실적인 부분을 반영한 생각이다.) 물론 누군가는 잘못하고 누군가는 잘할 수도 있을 것이라 생각한다. 내가 틀린 부분도 있을 것이고 맞는 부분도 있을 것이니 말이다. 다만, 그것을 어떻게 받아들이고 행동하고, 어떻게 방법을 찾는지에 대해 지금도 끝없이 고민해야 한다는 점을 알게 되었고, 그와 동시에 알수록 더 어려워졌다. 그래서 때론 속으로 욕할 때도 있었지만, 함께 해나가 보는 것이 어떨까?라고 느끼기 시작했다. 문제를 해결하는 첫 번째 단계는 문제 자체가 있다고 인정하고 받아들이는 것. 대다수의 문제는 결국 본인한테 다시 귀결된다는 것을 어린 시절을 보내며 배우게 되었다. 슬프게도 어쩔 수 없이 포기하거나 현실을 받아들이는 사람, 그 최악의 상황에서도 이상향을 보며 딛고 올라서는 사람이 있다는 것을 보면서 말이다. 그 경험은 너무도 고통스러운 기간을 주기도 했었지만, 그 대가로 선택할 수 있는 힘을 주게 되었다. 그렇기에 난 단지 선택을 했을 뿐이다. 부족한 자신이지만 그래도 주변에서 "그 사람이 있어서 그래도 즐거웠어.", "그 사람이 있어서 그래도 많은 것이 바뀌었어.", "그 사람은 뭔가 해내는 사람이었어." 라고 생각되며 남들에게 좋은 영향을 주는 그런 사람이 되고 싶다. 나와 상대방이 서로 영향을 끼치며 긍정적인 가치를 높이는 것이 꿈이니까. 무엇보다도, 이러한 가치관과 일념을 일깨워준, 사랑하는 사람들께 감사를 표현하고 싶다. 반드시 이렇게 좋은 영향을 끼치도록 포기하지 않을 것이다. 사랑하는 부모님과 가족들, 사랑하는 사람과 친구들, 선/후배, 직장 동료들에게 많이 의지하고 힘을 얻은 만큼, 내가 이제는 그런 사람이 될 것이니까. 지금도 주변에서 나를 응원하고 북돋워주고 챙겨주고 사랑을 주는 분들에게 이 모든 영광을 돌리고 싶다. 아직 바보 같고 어리고 이상적이기만 할 수도 있겠지만, 조그마한 언덕 위 그 자리에 굳건히 또한 티 나지 않게 서있는 느티나무가 되고 싶다. 그 느티나무 아래에 여러 나무가 자라고 함께 우거진 숲이 되는 것을 꿈꿔본다. 사람들의 마음과 진심을 지키고 '희망'과 또 다른 '진심'을 남기는 것이 내가 있는 이유니까 말이다.

# 06

# 수렁에 빠진
# 프로젝트 구출하기

## _조원양

프로젝트 관리에 있어서 비전, 목적 그리고 목표를 명확하게 수립하는 것이 중요하다. 항상, 수단과 목적을 혼동해서는 안 된다. 'Agile' 방법론이 프로젝트 관리의 유일한 해답이 아니라는 가정 하에서 'Agile'을 알기 쉽게 설명했다.

No Silver Bullet[1]. 이 세상에는 완벽한 해답은 없다. 프로젝트를 성공으로 이끄는 마법 같은 방법론은 없다. 적시 적소에 적절한 방법론을 사용하는 것이 바람직하다.

하지만, 변화에 대한 적응력이 강한 애자일 방법론은 오늘 날 AI와 4차 산업 혁명과 관련된 프로젝트를 성공적으로 이끌 수 있는 방법이다.

먼저 기존의 전통적인 방법론과 애자일 방법론을 비교해보자.

---

1  No Silver Bullet: 1986년. Fred Brooks이 소프트웨어 공학에 관련된 논문에서 사용한 문장이다. 모든 문제를 해결해 주는 마법 같은 방법은 없다는 뜻이다.

그림 6-1 전통적인 소프트웨어 개발

그림 6-2 일반적인 애자일 개발 형태[2]

<그림 6-1>의 전통적인 방법은 계획에서 종료 까지 각 단계가 순차적으로 진행된다. 이 방법에 적합한 프로젝트는 목적과 범위가 명확하고 각 단계별로 해야 할 일이 명확할 때 적합하다. 이와 반대로 <그림 6-2>의 애자일 방법론은 프로젝트 기획을 한 후 '이터레이션 0'에서 요구사항 정의 및 계획을 수립한다. '이터레이션 1'부터 각 이터레이션은 계획, 설계, 구현 및 테스트 그리고 리뷰를 반복하면서 종료까지 진행이 된다. 각 이터레이션에서 계획을 다시 수립하기 때문에 변화에 적응할 수 있는 것이다. 이 이터레이션은 애자일 방법론의 핵심 요소다. 그리고 각 이터레이션에서 실제로 동작이 가능한 산출물이 나오기 때문에 적시에 고객에게 배포할 수 있다.

그 다음으로 애자일 방법론을 제대로 이해하기 위해서는 4대 가치를 알아야 한다.

애자일 방법론은 2001년 소프트웨어 업계를 주도하는 리더들이 애자일 소프트웨어 개발을 위한 선언을 공표하면서 공식화 되었다.

---

2 "SW중소기업을 위한 경량 개발 방법론. 국내외 현황 분석" 과학기술 정통부, NIPA.

우리는 소프트웨어를 개발하고, 또 다른 사람의 개발을
도와주면서 소프트웨어 개발의 더 나은 방법들을 찾아가고
있다. 이 작업을 통해 우리는 다음을 가치 있게 여기게 되었다.

공정과 도구보다 개인과 상호작용을
포괄적인 문서보다 작동하는 소프트웨어를
계약 협상보다 고객과 협력을
계획을 따르기보다 변화에 대응하기를

가치있게 여긴다. 이 말은, 왼쪽에 있는 것들도 가치가 있지만, 우리는
오른쪽에 있는 것들에 더 높은 가치를 둔다는 것이다.

그림 6-3 애자일 소프트웨어 개발 선언[3]

애자일 소프트웨어 개발 선언은 형식주의보다 실용주의를 추구한다. 제품의
진행 상황을 실제 동작하는 제품을 고객에게 리뷰함으로써 고객이 생각하는 것과
프로젝트팀이 생각하는 것의 차이를 계속 줄여 나간다. 또한 프로젝트를 진행하는
동안에 계속 고객과 협력함으로써 진정한 가치를 창출한다. 그리고 전통적인 방법
과는 다르게 초기에 수립한 계획을 계속 고수하는 것이 아니라 수시로 진행상황과
우선순위를 확인하며 계속 변화를 수용함으로써 최대한 빠르게 고객에게 가치를
있는 산출물을 전달하겠다는 것이 핵심이다.

이 애자일 선언의 4대 가치는 열두 가지 원칙으로 파생되었다.

---

3  https://agilemanifesto.org/iso/ko/manifesto.html

· 우리는 다음 원칙을 따른다. 우리의 최우선 순위는, 가치 있는 소프트웨어를 일찍 그리고
지속적으로 전달해서 고객을 만족시키는 것이다.
· 비록 개발의 후반부일지라도 요구사항 변경을 환영하라. 애자일 프로세스들은 변화를 활용해
고객의 경쟁력에 도움이 되게 한다.
· 작동하는 소프트웨어를 자주 전달하라. 두어 주에서 두어 개월의 간격으로 하되 더 짧은
기간을 선호하라.
· 비즈니스 쪽의 사람들과 개발자들은 프로젝트 전체에 걸쳐 날마다 함께 일해야 한다.
· 동기가 부여된 개인들 중심으로 프로젝트를 구성하라.  그들이 필요로 하는 환경과 지원을 주고
그들이 일을 끝내리라고 신뢰하라.
· 개발팀으로, 또 개발팀 내부에서 정보를 전하는 가장 효율적이고 효과적인 방법은 면대면 대화이다.
· 작동하는 소프트웨어가 진척의 주된 척도이다.
· 애자일 프로세스들은 지속 가능한 개발을 장려한다. 스폰서, 개발자, 사용자는 일정한 속도를
계속 유지할 수 있어야 한다.
· 기술적 탁월성과 좋은 설계에 대한 지속적 관심이 기민함을 높인다.
· 단순성이 – 안 하는 일의 양을 최대화하는 기술이– 필수적이다.
· 최고의 아키텍처, 요구사항, 설계는 자기 조직적인 팀에서 창발한다.
· 팀은 정기적으로 어떻게 더 효과적이 될지 숙고하고, 이에 따라 팀의 행동을 조율하고 조정한다.

그림 6-4 애자일 소프트웨어의 열두 가지 원칙4

즉, 애자일 방법론의 핵심 가치는 변화하는 환경에서 적시에 고객에게 의미 있
는 가치를 제공하는 것이라 말할 수 있다.

따라서 애자일 방법론은 오늘날 계속 빠르게 발전하고 변화하는 4차 산업혁
명과 AI에 관련된 프로젝트에 적합하다.

일반적으로 AI 프로젝트도 이터레이션을 따른다. 모델을 만들고 학습을 시키
고 이 학습된 모델이 실제로 잘 추론하는지 확인을 한 후에 잘 맞지 않는다면 모
델을 다시 검토하거나 하이퍼파라미터를 조정해서 다시 훈련을 시킨다. 이 과정을
반복하게 된다.

---

4 http://agilemanifesto.org/iso/ko/principles.html

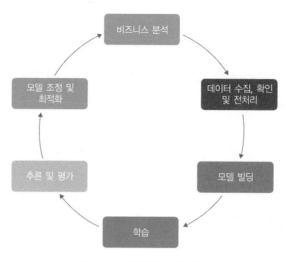

그림 6-5 AI 프로젝트 프로세스

선언문이 발표될 당시에는 주로 소프트웨어 개발에 국한되었지만, 지금은 SW기업뿐만 아니라 제조업, 그리고 은행을 비롯한 금융업에 적용이 되고 있다.

애자일 방법은 하나의 방법론이 아니라 여러 가지 방법론의 합집합이라 할 수 있다.

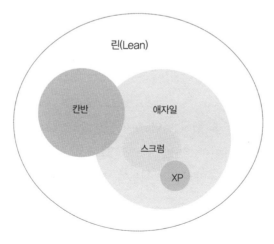

그림 6-6 애자일, 수많은 방식을 총칭하는 포괄적 용어[5]

239

이 글의 프로젝트에는 '스크럼 (Scrum)'이라는 방법론을 주로 적용하였지만, 필요에 따라 '린(Lean)', 'XP' 그리고 '칸반(Kanban)' 방법론을 부분적으로 적용하였다. 각 방법론의 개념을 간략하게 살펴보면 다음과 같다.

'린' 방법론은 도요타의 효율적인 생산 방식에 근거하여 만들어진 하나의 경영 기법이다. '린' 방법론은 '낭비'를 찾아 제거하여 고객에게 빠르게 가치를 전달하는 것이 핵심이다.

'칸반' 방법론도 도요타 제조 공정에서 사용했던 방법이다. '칸반'은 '간판(Sign board)' 라는 뜻을 가지고 있는데 각 단계별로 진행 중인 작업을 표시한다. '칸반'의 장점은 투명성 그리고 업무의 흐름이다. 또한 프로젝트의 상태를 시각화하여 병목 지점이나 업무의 속도와 같이 작업 흐름을 관리할 수 있다는 장점이 있다.

그림 6-7 칸반(Kanban)의 예시6

아래 그림은 PMI 한국 챕터 번역 출판 위원회의 2분과에서 김용회 위원장님이 작성한 '칸반'의 한 예이다. '칸반'은 SW 개발뿐만 아니라 번역, 출판 프로젝트 및 개인 일정 등 다양한 분야의 프로젝트에 쉽게 적용할 수 있는 장점이 있다.

---

5 "애자일 실무 지침서(Agile Practice Guide)" PMI(Project Management Institute)

6 https://en.wikipedia.org/wiki/File:Simple−kanban−board−.jpg

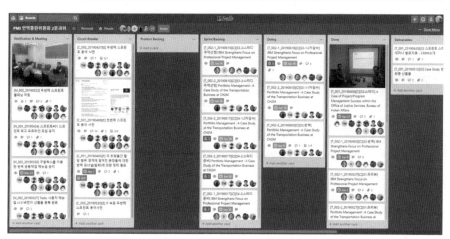

그림 6-8 PMI한국 챕터 번역 출판 위원회에서 번역 프로젝트에 사용한 칸반(Kanban)

'스크럼'은 현재 전 세계적으로 가장 많이 사용되는 애자일 방법론이다.
'스크럼'의 프로세스는 다음 그림과 같다.

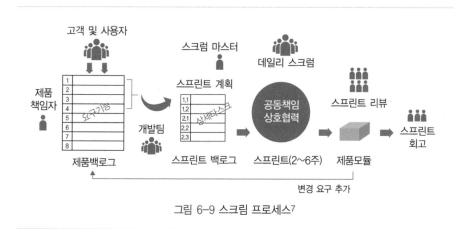

그림 6-9 스크럼 프로세스7

'스크럼'은 보편적인 애자일 방법론의 특징인 반복적 프로세스와 적응형 기획
(Adaptive Planning) 단계로 구성되어 있다. '스크럼'에서는 반복적인 프로세스를 '스

---

7 "SW중소기업을 위한 경량 개발 방법론. 국내외 현황 분석" 과학기술 정통부, NIPA.

프린트(Sprint)'라고 부른다. 이 '스프린트' 동안 계획한 기능을 '완료'[8]하여 출시 가능한 '제품 증분(Product increment)[9]'을 만들어낸다. '스프린트' 기간은 일반적으로 1–4주로 잡는다. 적응형 기획은 곧 착수할 작업은 하위 수준까지 세밀하게 계획하고 먼 미래의 작업은 상위 수준만 계획하는 반복적 기획 기법을 말한다.

포괄적으로 정리를 하면 처음에 제품 비전을 만들고, 제품의 기능 목록을 우선순위에 따라 정리한 '제품 백로그(Product backlog)'를 작성한다. 그리고 '스프린트 기획 회의(Sprint Planning Meeting)'를 통해 스프린트를 계획한다. '스프린트 기획 회의' 후에는 스프린트 동안에 해야 할 작업을 우선순위에 따라 정리한 '스프린트 백로그(Sprint backlog)'를 작성한다. 스프린트 동안에 스크럼 팀은 '일일 스크럼(Daily Scrum)[10]'를 진행하고 한 스프린트가 끝나면 개발한 제품을 '스프린트 리뷰(Sprint Review)'에서 작업한 것을 데모하고 피드백을 받는다. 스프린트의 마지막에는 '스프린트 회고(Sprint retrospective)'를 진행하는데 스프린트의 과정에 대해 잘된 점, 개선해야할 점 등에 대해 토의를 하면서 하나의 스프린트가 마무리 한다. 이 방법론들은 프로젝트의 종류에 따라 조정(tailoring)해서 혼용할 수 있다. 나는 이번 프로젝트에서는 이 세 가지 방법론을 적절히 섞어서 사용하였다.

이 글의 목적은 프로젝트 적용사례를 통해 일반인도 쉽게 이해할 수 있도록 애자일 방법론의 기본 개념과 방법론을 설명하는 것이다.

**다급한 요청**

오랫동안 다니던 직장을 그만둔 지 2년 째. 회사를 다니면서 퇴근 후와 주말을 이용해서 공부를 한 것이 나에게는 새로운 인생의 전환점이 되었다. 다시 공부를 한 것은 기술의 급속한 발전으로 인해 그저 그런 개발자가 되지 않을까라는 두려움 때문이었다. 기술의 흐름을 쫓아가기 위해 딥 러닝과 프로젝트 관리 방법인 애자일을 공부했다. 그래서 현재는 내가 기획했던 딥 러닝 기반 솔루션을 개발하면서 틈틈이 다른 회의 기술 자

---

8 완료(Done): 팀에서 고객이 사용할 수 있는 수준으로 완료된 인도물로 간주하기 위해 충족해야 할 모든 기준을 명시한 팀 점검 목록 – "애자일 실무 지침서(Agile Practice Guide)" PMI(Project Management Institute)

9 제품 증분(Product increment): 조금씩 기능이 추가되면서 완료되기 전 출시 가능한 중간 상태의 제품.

10 애자일 방법론에서는 통상적으로 스탠드 업 미팅(Standup meeting)이라고도 한다.

문과 강의를 하고 있다. 오늘은 몇 달 동안 기술 자문을 했던 프로젝트가 끝나서, 따뜻한 햇살과 커피 그리고 책 한권으로 여유를 느끼고 있다.

'따르릉~' 고요한 적막을 깨며 휴대폰이 울린다.

'아~ 또 어디지?'

오랜만에 느끼고 있는 여유를 망치고 싶지 않아 전화를 받을까 말까 망설였지만 휴대폰에 찍힌 발신자 번호를 보니 받아야만 했다.

"여보세요."
"팀장님. 저 최동수 입니다. 통화 괜찮으세요?"

현재는 혼자 일을 하고 있지만, 아직은 팀장이라는 직책으로 불리는 것이 마음이 편하다.

"안녕하세요. 사장님. 오랜만이시네요. 잘 지내시죠?"
"저야 뭐 항상 똑같습니다. 팀장님. 혹시 내일 시간 있으신가요? 급하게 만나야 할 것 같습니다."
"네. 사장님. 무슨 일 있으세요? 내일은 괜찮습니다."
"상의 드릴 일이 생겼네요. 저희 사무실로 오시면 좋겠습니다. 점심시간에 오시면 같이 식사하시고 이야기를 나누면 좋겠네요."
"네 알겠습니다. 최 사장님. 내일 뵙겠습니다."

최동수 사장. 몇 년 전에 AI 컨퍼런스에서 만난 분이다. 우연히 옆자리에 앉아 인사를 나눈 후, 그 뒤로도 가끔 만나 이런저런 얘기를 나누면서 계속 친분을 유지하고 있다.

최동수 사장이 경영하는 DR Tech라는 회사는 추천 솔루션을 개발했고 최근에는 기존 운영하고 있는 서비스를 딥 러닝 기반 추천 서비스로 대체하려고 준비 중이다.

DR Tech에서 개발 한 추천 솔루션은 공예품, 인테리어, 가구 등 고객의 취향에 맞춰 제품을 추천을 하는 솔루션이다. 이 솔루션을 이용해서 자체적으로도 인테리어 소품들을 추천하는 서비스를 운영 중이다. 이 솔루션을 다양한 분야에 적용이 가능해 커스터마이즈하여 다른 업체에 판매도 하고 있다. 최근에는 고객 만족도를 높이기 위해 딥 러닝 기반 솔루션을 기획하고 개발하기 시작한 것이다.

갑자기 만나자고 하니 무슨 일인지 궁금했지만, 읽던 책을 계속 읽으면서 이 순간을 즐기겠다고 생각했다.

다음 날, 시간에 맞춰 최 사장님 사무실에 갔다. 최 사장님 사무실은 IT 회사들이 모여 있고 젊음이 넘쳐 나는 거리에 있다. 사무실에 들어서기 전의 카페에서는 노트북으로 작업하는 사람들, 또 종이에 뭔가 적으면서 얘기하는 사람들이 모여 있었다. 이런 광경을 보면 나도 모르게 활기를 얻는다.

사무실 앞에서 벨을 누르니 최 사장님이 직접 나오셨다.

"안녕하세요. 최 사장님."
"어서 오세요. 조 팀장님. 이리로 들어오세요. 먼 길 오시느라 힘드셨죠?"
"아닙니다. 최 사장님."
"잠시 얘기 먼저 나누시고 식사 하러 가셔도 괜찮으시겠습니까?"
"네, 괜찮습니다."

언뜻 보이는 사무실은 바쁘게 보였지만, 개발자와 직원들의 표정이 어두웠다. 뭔가 지쳐있는 듯한 느낌도 들었다. 아마도 과거에 나의 일상처럼 야근과 버그를 잡는 것 같았다.

우리는 회의실에 가서 잠시 이야기를 나누기 시작했다.

"최 사장님. 어떤 문제가 있으신지요?"

최 사장님의 안색이 살짝 어두워지셨다. 무엇인가 문제가 있는 것은 틀림없다.

"조 팀장님. 저희가 새로 서비스를 준비하고 있는 것은 알고 계시죠?"
"네. 알고 있습니다. 곧 베타 서비스 예정 아니신가요?"
"네. 그렇습니다. 계획상으로는 그렇죠. 그런데 그 준비 중인 서비스에 문제가 생겼습니다."

"네? 어떤 문제가……"

"제가 며칠 전에 확인을 해보니, 이미 일정은 지연이 되었습니다. 그리고 게다가 핵심 엔지니어가 이번에 회사를 그만두겠다고 하네요. 아무리 말려도 소용이 없네요. 게다가 예산도 초과되기 직전입니다. 어느 상태인지 간단히 기능 테스트를 해보니 버그도 너무 많습니다. 아. 이를 어쩌면 좋을까요? 왜 아무도 미리 얘기를 해주지 않았을까요?"

예상했던 대로 진행 중인 프로젝트에 문제가 있었다. 이 프로젝트가 어느 정도 진행되고 있었을 때 나는 최 사장님께 어떻게 진행되고 있는지 여쭤본 적이 있었다. 프로젝트 매니저와 개발자들은 동시에 여러 프로젝트를 진행하는 듯 했었다. 그 때 난 애자일 방법 중에 반복 개발을 제안 했었다. 개발과 동시에 테스트를 진행해야 한다고 했었다. 그때 최 사장님은 개발팀에서 중요한 기능을 먼저 다 해놓고 테스트는 나중에 해도 하겠다고 보고를 했다고 한다. 이렇게 되면 '기술 부채(Technical Debt)'가 발생하게 된다. 즉, 개발 당시에 제대로 하지 않고 나중에 하려고 미루다가 나중에 더 많은 추가 작업을 하게 된다.

"아 그렇군요. 제가 어떤 것을 도와드리면 될까요?"

답을 알고 있지만 예의상 여쭤본다.

"조 팀장님이 지금이라도 좀 확인을 해주시고 프로젝트를 맡아 주셨으면 좋겠습니다."

"최 사장님. 당연히 사장님 부탁이니 들어 드려야죠. 그런데 기존의 프로젝트 관리자가 있지 않습니까?"

"네. 있습니다. 그래도 그 친구는 조 팀장님이 관리 해주신다고 하면 좋아할 겁니다. 물론, 다른 프로젝트를 맡겨도 될 것 같습니다."

"아니에요, 사장님. 퇴사 의사를 밝힌 엔지니어 외에는 인력 변동이 없었으면 합니다. 저는 컨설팅 즉 조언을 해드리는 역할을 했으면 좋겠네요."

"조 팀장님. 그렇게라도 도와주시면 감사하겠습니다. 그러면 저희랑 같이 일하시기로 결심 하신 거죠?"

"네. 사장님 전화를 받고 대충 짐작은 했습니다. 그리고 사장님 부탁이니 제가 거절을 할 수가 없네요. 제가 많이 부족하지만 사장님께 조금이나마 힘이 되어 드리고 싶네요."

"너무 감사합니다. 필요하신 것이 있으시면 말씀해 주세요. 우선 식사부터 하시죠."

최 사장님의 낯빛이 살짝 밝아 지셨다. 식사 하는 동안에 사장님은 프로젝트 진행 상황에 대해 자세히 설명을 해주셨다. 충분히 예상은 할 수 있는 문제였다. 어려움을 겪고 있거나 실패를 하는 프로젝트의 공통 요소를 그대로 가지고 있었다.

"사장님. 내일부터 일을 시작하겠습니다. 어떻게 진행할 것인지 계획을 세운 후 말씀드리겠습니다."

**목적과 목표 설정**　다음 날 아침, 나는 먼저 신규 프로젝트를 기획했고 프로젝트 매니저인 송 팀장을 먼저 만났다.

"안녕하세요. 송 팀장님."

"오랜만입니다. 조 팀장님"

"송 팀장님. 한 가지 여쭤볼 것이 있습니다. 이번에 진행 중인 프로젝트를 기획하신 것으로 알고 있습니다. 이 프로젝트의 목적과 목표가 무엇인지요?"

프로젝트를 시작하는 이유는 여러 가지가 있다. 고객의 요청, 사업 전략, 새로운 제품이나 서비스에 대한 필요성 그리고 사회적 요구사항 등이다. 중요한 것은 어떤 프로젝트를 기획하고 계획 할 때 목적과 목표를 명확히 설정해야 한다. 목적은 프로젝트의 방향이고 목표는 그 방향으로 가기 위해 구체적으로 달성해야 하는 기준이다. 아울러, 이 프로젝트를 성공적으로 끝냈을 때 얻을 수 있는 비즈니스 가치와 이 프로젝트를 수행하지 않았을 때 잃게 되는 비즈니스 가치를 분석하는 것도 필요하다. 즉 프로젝트에서 '가치 창출'은 필수 조건이다.

"조 팀장님. 추천 솔루션에 딥 러닝을 이용하게 되면 좀 더 정확하게 사용자에게 추천을 할 수 있고 그러면 고객의 만족도가 올라가서 매출도 올라가고 다른 업체에 솔루션 자체를 더 많이 팔 수 있어서 매출이 올라가지 않을까요? 그리고 경쟁사도 AI를 적용해서 마케팅 측면에서도 필요하구요."

"제가 비즈니스 분석의 전문가는 아니지만, 말씀하신 내용을 정리를 하면, 목적은 '고객 만족도 향상을 위한 추천 솔루션 개선'으로 하면 좋을 것 같군요. 목표는 정확하게 정량화를 하면 좋을 것 같습니다. 예를 들어, 고객에게 제안하는 상품이 몇 초안에 보여줘야 한다든지, 아니면 추천한 상품에서 판매로 이어지는 목표 비율을 산정해도 좋을 것 같습니다. 추천된 상품에 대한 사용자의 만족도나 선호도를 측정해서 10% 개선을 한다고 목표를 잡아도 좋을 것 같네요."

"아. 네 그러네요. 기존 솔루션에서도 사용자 만족도를 조사는 하고 있었습니다. 목적과 목표를 다시 정리를 해서 배포를 하겠습니다."

나는 비즈니스 분석은 잘 모르기 때문에 지금도 계속 이 부분을 보완하려고 노하고 있다. 하지만 최소한 고객에게 가치를 제공하고 또 그로 인해 우리가 가치를 얻지 못한다면 그 프로젝트는 진행할 이유가 없는 것은 알고 있다. 수단이 목적이 되어서는 안 된다. 딥 러닝이란 방법은 가치를 창출하기 위한 하나의 수단이다. 단순히 요즘 트렌드이고 최신 기술이라 적용하면 큰 효과를 얻을 수 있다고 착각하면 안 된다. 딥 러닝이 효과를 발휘하려면 선행되어야 할 조건이 있다. 예를 들어, 구조화 되지 않은 대용량의 데이터가 있는 구체적인 작업인 경우 큰 효과를 얻을 수 있다. 데이터가 부족하거나 데이터가 잘 정제 되어 있는 경우에는 기존의 기계 학습이나 기타 다른 알고리즘으로도 충분히 좋은 효과를 얻을 수 있다. 목표를 설정하고 그 목표를 달성하기 위해 적절한 방법을 적용하는 것이 바람직하다.

며칠 뒤 송 팀장은 마케팅팀을 비롯해서 여러 팀과 상의를 한 후, 비즈니스 목적과 목표를 도출했다. 그리고 사내 게시판을 비롯해서 눈에 띄는 장소에 게시함으로써 회사 조직원들이 신규 프로젝트를 왜 하는지 공유했다.

**장애물**
대부분의 관리자들은 업무의 효율성을 높이고 가치를 창출하기 위해서 제일 먼저 하는 일이 프로세스를 개선하거나 새로 만들고 관리체계를 수립하려 한다. 하지만, 그것 보다 더 먼저 해야 할 것이 있다. 바로, 직원들이 일을 할 때 어떤 어려움이 있는지 파악하는 것이다.

린 소프트웨어 개발 에서는 가치를 창출하지 않는 작업은 '낭비'로 간주한다. 일곱 가지 주요 제거해야 할 '낭비'에 대해 언급하고 있는데, <그림 6-10>과 같다.

그림 6-10 린 소프트웨어 개발의 일곱 가지 낭비[11]

1) 미완성 작업은 작업을 시작했지만 완료하지 못한 것을 말한다. 작업이 완료되지 않았기 때문에 '낭비'다.
2) 과잉 프로세스는 가치를 올리지 못하는 추가적인 작업을 말한다. 잦은 회의, 야근 그리고 휴일 근무도 가치를 올리지 못한다면 제거해야 할 낭비이다.
3) 과잉 기능은 전체 기능 중 80%의 가치를 제공하는 기능은 20% 정도이며 나머지는 과잉기능이다. 다른 회사에 있다는 이유만으로 추가를 해서는 안 된다. 만약에 마케팅 측면에서 필요하다면 '가치'를 추가하는 기능이기 때문에 '낭비'는 아니다.
4) 업무 전환은 한 사람이 동시에 여러 프로젝트에 투입하게 될 경우에 업무 전환 시간이 자주 발생하기 때문에 '낭비'로 본다.
5) 대기는 승인이나 검토 지연으로 인해 기다리는 것은 역시 가치를 올리지 못하기 때문에 '낭비'다. 또한 작업의 흐름에서 어떤 한 작업이 난이도나 리소스 부족으로 병목현상을 일으키는 후속 작업들이 '대기' 상태가 된다면 이 또한 '낭비'이다. 이런 작업은 전문인력을 투입하든, 외주로 처리하든 아

---

11 Mike Griffiths. "PMI-ACP Exam Prep." RMC.

니면 더 세부 작업으로 나눠서 진행함으로써 병목현상을 해결해야 한다.

6) 이동은 다른 사람과 커뮤니케이션을 위해 이동 시간이나 산출물의 이동을 말한다. 그래서 프로젝트 팀의 구성원들은 서로 가까운 곳에 배치하는 것이 바람직하다.

7) 결함은 '낭비'라는 것은 자명하다.

나는 먼저 프로젝트가 진행됨에 있어서 어떤 장애물이 있는지 파악하고자 했다. DR Tech는 매주 월요일에 업무 회의로 한주를 시작하는데 때마침 오늘이 그 날이다. 나는 양해를 구하고 그 회의부터 참석을 했다.

DR Tech는 사장님, 부사장, 관리팀, 기획팀, 마케팅팀, 영업팀, 고객지원팀, QA팀, 연구소장, 연구소 내에는 개발 1, 2팀으로 조직이 구성되어 있다. 월요일 업무 회의에는 이 모든 부서의 팀장들이 다 참석한다. 회의는 관리팀을 필두로 마케팅팀, 영업팀이 순서대로 먼저 이달의 매출 현황과 성과, 영업 이슈에 대해 발표를 했다. 그리고 고객 대응 내용, 이슈 등에 대해서 정리를 해서 발표를 했다. 중간 중간에 최 사장님이 영업 이슈나 고객 대응 이슈에 대해 연구소 개발팀들에게 원인과 대응 방안에 대해서 질문을 하고 개발팀의 팀장들은 사안에 맞춰 대답을 한다. 그리고 나서 개발팀이 발표를 했다. 각 팀의 소속 연구원 별로 지난 주 한 일과 이번 주 할 일에 대해서 발표를 한다. 사장님이 간혹 특정 연구원에 대해 어떤 일을 하고 있는지 묻는다. 문제나 지연된 사유에 대해 묻고 대응 방안에 대해 질문을 한다. 회의는 이런 식으로 대략 1시간 30분 정도 진행이 된다.

이런 식의 회의는 어떤 가치가 있을까? 내가 파악한 회의 진행의 문제점은 다음과 같다. 한마디로 하자면 보고용 회의 방식이다. 우선, 각 프로젝트의 진행 상황은 전혀 알 수가 없다. 각 팀에서 발표하는 내용을 토대로 추측만 될 뿐이다. 팀별로 발표하는 것보다 프로젝트 별로 발표를 해야 각 프로젝트의 현 상황이 어떤지, 어떤 문제가 있는지 그리고 프로젝트의 제약 사항인 비용, 일정, 품질12을 만족할 수 있는지 알 수 있다. 두 번째, 담당자 별로 일을 얼마나 하는지 확인한다는 느낌이 든다. 프로젝트 팀 단위로 업무 진행 속도와 성과를 확인해야 한다. 개인

---

12 애자일 방법론에서는 프로젝트 제약사항을 해결하기 위해 범위를 조정한다. 즉, 해야 할 일 혹은 태스크를 우선순위로 나열하고 제일 중요한 순서로 진행함으로써 일정과 비용을 맞추려고 한다.

별로 확인을 하게 되면 발생하는 문제가 다들 궂은 일 대신 회사에서 관심을 갖는 일만 하려는 경향이 생기기 때문이다. 프로젝트 팀 별로 확인을 하고 프로젝트 매니저가 각 구성원의 기여도에 따라 확인을 하는 것이 바람직해 보인다. 물론 여기서 한 가지 주의할 점은 실패를 했더라도 그 실패가 앞으로 더 발전할 수 있는 교훈적인 실패라면 질책을 해서는 안된다. 오히려 결과에 상관없이 어떤 가치를 만들어내는 일이라면 도전을 장려해야 한다. 마지막으로 다들 사장님 앞에서 솔직하게 상황에 대해 이야기를 하는 것이 아니라 내가 얼마나 일을 했는지, 우리 팀이 얼마나 일을 했는지 확인하는 자리로 느껴진다. 마지막으로 사장님이 질책을 하면 다들 변명하고 핑계 대기 바쁘다는 느낌이 들었다. 앞서 말한 것처럼 단지 실수했다는 이유만으로 질책을 해서는 안 된다. 오히려 리스크 관리라는 측면에서는 문제점을 빨리 제기를 하고 해결책을 모색하는 것이 프로젝트를 성공시키기 위해 필요하다. 회의 방식부터 바꿀 필요가 있다.

스크럼의 세 가지 축은 투명성(Transparency), 검토(Inspection) 그리고 적응(Adaptation)이다. 프로젝트에 관련된 모든 정보가 프로젝트에 참여하는 모든 사람들 특히 결과에 대한 책임이 있는 사람들에게 반드시 공개되어야 한다. 그리고 주기적으로 산출물을 검토해서 변경 사항을 찾아내야 한다. 때로는 프로세스나 진행 중인 작업을 조정하는 과정도 필요하다.

스크럼에서는 검토와 적응을 위해 '회의'라기 보다 이벤트(Event) 혹은 의식(Ceremony)이라고 한다. 네 가지 공식적인 이벤트는 '스프린트 기획 회의', '일일 스크럼', '스프린트 리뷰' 그리고 '스프린트 회고'다.

'스프린트 기획 회의'에서는 모든 이해 관계자가 모여 다음 스프린트에서 무엇을 전달 할 것인지 그리고 어떻게 그 작업을 할 것인지를 결정한다. 제품 책임자는 백 로그를 업데이트한다. 개발팀은 팀의 추정치, 능력 그리고 과거 성과를 토대로 어떤 작업을 할 것인지 예측한다.

'일일 스크럼'은 매일 정해진 시간에 15~20분씩 정해진 장소에 모여 다음 세 가지에 대해서만 각자 돌아가면서 이야기를 한다.

1. 지난 일일 스크럼 이후에 무엇을 했는가?
2. 오늘 하려고 하는 일이 무엇인가?
3. 일을 진행함에 있어서 방해하는 요소가 무엇인가?

스크럼 마스터는 '일일 스크럼'에서 방해 요소를 확인해서 제거하려고 노력해야 한다. '일일 스크럼'을 통해 개발 진척 상황을 업데이트 한다. 나는 개인적으로 '일일 스크럼'이 제일 효과가 좋았다. 하지만 적용하기 쉽기 때문에 너무 남용을 하면 애자일 도입의 실패 원인이 되기도 한다고 한다.13

'스프린트 리뷰'는 '스프린트' 동안 수행한 업무를 제품 책임자와 사용자에게 데모하고 설명을 하면서 피드백을 받는다.

마지막으로 '스프린트 회고'는 스프린트 종류 후 모두 모여서 개발 기간 동안 수행했던 활동들을 되돌아본다. 스프린트 동안 잘 수행했던 부분과 잘 수행하지 못한 부분을 도출하고 다음 스프린트에서 개선할 사항을 정리한다.

다음으로 일주일 동안 연구소에서 일이 어떻게 진행되는지 관찰을 했다.

요청사항이나 업무 지시 등 커뮤니케이션은 주로 메일과 사내 메신저로 이루어지고 있었다. 면대면(face to face) 커뮤니케이션은 찾아보기가 힘들다. 또한 메일과 메신저로 이루어지는 커뮤니케이션은 업무 시간 외에도 이루어지고 있었다. 밤에도 메일을 보내고 또 메신저로 하루 24시간, 평일 주말 가리지 않고 업무 지시나 요청사항이 전달된다. 그래서 대부분의 사람들이 메일과 메신저 알림을 꺼 놓는다. 그래서 너무 사소한 내용들이 메일로 주고받다 보니 정말 중요한 메일이나 메신저를 놓치는 경우도 많은 것 같다.

이해 관계자간 의사소통은 매우 중요하며 프로젝트의 성공과 실패의 중요한 요소이다.

왜냐하면 서로 의사소통이 원할하지 않으면 어느 누가 무슨 작업을 하는지 그 작업이 내가 진행하는 작업에 어떤 영향을 주는지, 프로젝트를 진행할 때 필요한 정보가 제대로 공유가 되는지 알 수 없다.

먼저, 이해 관계자 간의 의사소통을 커뮤니케이션 방법에 따른 효율성 측면에서 보자. <그림 6-11>에서 볼 수 있듯이 면대면 커뮤니케이션이 제일 효율적이다. 그리고 중요한 점은 기업에서 주요 커뮤니케이션 수단으로 사용하는

---

13 '일일 스크럼'의 남용은 그 의도와 목적을 따르지 않고 오랜 시간, 많은 인원을 참여시키고 세 가지가 아니라 더 깊은 내용을 말할 때 발생한다. 기술적이든 전략적이든 아니면 품질에 대해서 더 토의가 필요하다면 '일일 스크럼'이 끝나고 관련된 인원이 모여서 별도로 진행을 해야 한다. 그리고 '일일 스크럼'은 도입하기가 쉽기 때문에 애자일 방법론을 적용할 때 제일 먼저 사용하는 도구 중에 하나이다. 그러나 단순히 '일일 스크럼'을 한다고 애자일 방법론을 사용한다고 말할 순 없다.

e-mail은 효율성에서 상당히 낮다. DR Tech도 주 의사소통 수단이 e-Mail이나 메신저로 이루어지고 있다.

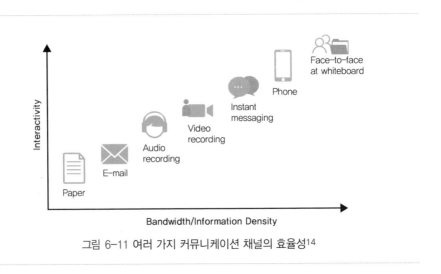

그림 6-11 여러 가지 커뮤니케이션 채널의 효율성[14]

공간적인 측면에서 검토를 해보면 가능한 프로젝트의 이해관계자들은 한 장소에서 일하는 것이 좋다. 그리고 작업 상황판과 번업 차트, 번다운 차트 등이 명확히 보이는 공간에서 일을 하는 것이 좋다. 번업 차트와 번다운 차트는 다음에 다시 설명을 하겠다. 즉 프로젝트의 최신 상태를 공유할 수 있도록 물리적인 배치가 필요하다. 그리고 '삼투압적 의사소통(Osmotic communication)'이라는 개념이 있다. 은연중에 이루어지는 의사소통이다. 한 사람이 어떤 문제나 변경 점에 대해 '혹시 이런 내용 아시는 분 있어요?'라고 외친다. 그 내용에 대해 건너편의 어떤 사람이 대답을 한다. 바로 옆에 있던 한 팀원이 우연히 이 내용을 들으면서 '아. 이런 내용은 이거구나'라고 생각하면서 '저는 저렇게 생각합니다'라고 끼어든다. 은연중에 정보 공유를 위한 커뮤니케이션이 이루어진다. 이렇게 삼투압적 의사소통이 되려면 서로 가까운 위치에 배치되어 있어야 한다.

---

14 Mike Griffiths. "PMI-ACP Exap Prep." RMC.

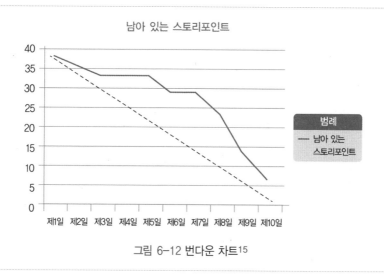

그림 6-12 번다운 차트[15]

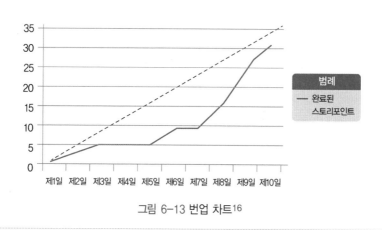

그림 6-13 번업 차트[16]

그 다음으로는 팀의 시니어 엔지니어인 박 수석에게 진행 상태가 어떻게 공유되는지 확인했다.

"박 수석. 어떤 프로젝트의 업무 진행 상태는 어떻게 공유가 되고 있나요?"

15 "애자일 실무 지침서(Agile Practice Guide)" PMI(Project Management Institute)
16 "애자일 실무 지침서(Agile Practice Guide)" PMI(Project Management Institute)

"네. 팀 내에서는 물어 보면 서로 말로 알려주고 있습니다."

"팀장에게 보고는 어떻게 하나요?"

"월간 회의가 있기 때문에 금요일에 업무보고를 올립니다."

"업무보고는 어떤 식으로 하는지요?"

"사장님께서 정해준 양식이 있습니다. 그 문서에 기록을 합니다."

"양식을 한번 볼 수 있을까요?"

아뿔싸, 열이 두 개가 있는데 첫 번째 열은 이번 주에 한 일 그리고 두 번째 열은 다음 주에 할 일로 적게 되어 있다. 그리고 행은 요일이 표시되어 있어 각 요일 별로 무슨 일을 했는지 앞으로 할 것인지 적게 되어 있다.

"이런 형태로 기록을 하면 일하는데 도움이 되나요?"

"아니요. 그냥 하라고 해서 하는 것뿐입니다. 적을 때만 열어서 봅니다."

옆에 있던 송 팀장에게 물어봤다.

"송 팀장님. 임원진들에게 진행 상황 보고를 할 때 어떻게 하시나요?"

"주간 업무 회의에 보고를 하는 게 답니다. 양식은 보셔서 아시겠지만 개인별로 한 일 위주로 되어 있습니다. 박 수석에게 말씀하시는 것 들었는데, 저도 몇 번이고 프로젝트 별로 발표하자고 제안을 했었습니다. 그런데 많은 사람들이 많은 프로젝트에 속해 있기 때문에 그렇게 하는 것은 불가능하다 라고 하시네요."

"그럼 처음에 프로젝트를 계획할 때 일정을 수립하시지 않습니까?"

"네 수립합니다. 간트 차트도 작성합니다. 그런데, 워낙 변경이 많아서 업데이트가 힘들어 진행할 때는 업데이트를 잘 안하게 됩니다. 가끔 마일스톤 즉 어떤 중요 시점을 확인할 때만 보게 되네요."

간트 차트. 1919년에 개발되었다. 프로젝트 진행할 때 필요한 업무를 나누고 WBS(Work breakdown structure)로 프로젝트 일정에 따라 시작일과 마감일을 정하고 작업 진행상태를 표시한다. 각 업무는 서로 종속 관계를 표시할 수 있다. 간트 차트는 아직도 많은 곳에서 프로젝트 관리를 위해 사용한다. 하지만, 변화가 심한 프로젝트에서는 사용의 어려움이 있다.

애자일 방법론에서는 <그림 6-12>의 번다운 차트와 <그림 6-13>의 번업 차트를 사용한다. 번다운 차트는 남아 있는 스토리17 포인트18를 보여줌으로써 프로젝트의 진행상황을 확인한다.

번업 차트는 완료된 스토리 포인트를 보여준다. 이 차트의 장점은 기준이 되는 선 즉 <그림 6-15>에서 MVP19라고 표시된 선이 어떻게 변하느냐에 따라 '범위 추가(Scope Creeping)'을 알 수 있다.

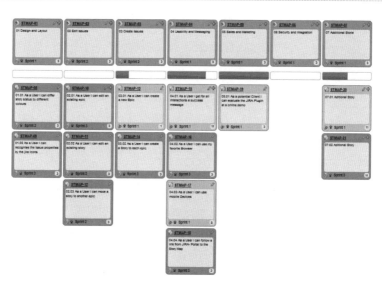

그림 6-14 사용자 스토리20

---

17 애자일 방법론에서 스토리는 더 큰 개념이긴 하지만 지금은 하나의 작업 단위라고 생각하면 이해가 쉽다.

18 예전에는 업무량을 산정할 때 그 업무를 수행하는데 필요한 시간으로 산정했다. 애자일 방법론에서는 시간 대신 포인트라는 개념을 도입했다. 하나의 기준이 되는 평균 정도의 난이도의 업무를 3포인트라고 가정한다면 그 업무 보다 조금 어려운 것은 5포인트, 쉬운 것은 1포인트와 같이 상대적인 기준이다. 각 업무의 스토리 포인트는 스크럼 기획 회의에서 개발팀에서 모여서 산정한다. 몇 번 반복을 하면 스프린트 당 처리 가능한 포인트를 계산할 수 있는데 이것이 해당 개발팀의 속도다. 이 속도를 기준으로 백 로그에서 다음 스프린트에서 처리할 업무를 정하게 된다.

19 MVP: Minimal Value Product의 약자. 고객이 요구하는 최소한의 기능. MVP가 되면 고객에게 배포를 한 후, 피드백을 받는 과정이 필요하다.

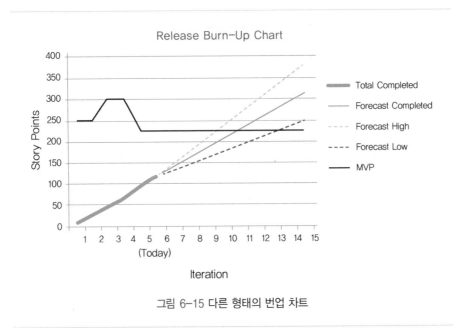

그림 6-15 다른 형태의 번업 차트

DR Tech의 신규 프로젝트도 계속 범위가 변경되고 있었다. 아니 변경이 된 것이 아니라 기능이 계속 추가되고 있다.

프로젝트 관리에서 범위 추가는 요구 사항 추가(Requirement creeping)라고도 불리는데 프로젝트 범위가 조금씩 계속 증가하는 것을 말한다. 범위를 제대로 분석하지 못했거나 진행 상태가 투명하게 공유되지 못했기 때문에 발생한다. 또한 고객과 커뮤니케이션이 제대로 되지 못했을 경우에 발생한다. 당연히 일정이 추가되거나 예산이 더 쓰이거나 중요한 작업을 수행하지 못하는 등 프로젝트의 악영향을 준다.

조직은 우선 팀 단위로 기능 조직으로 구성되어 있다. 새로운 프로젝트에 속한 개발자들은 기존 업무와 새로운 업무를 병행하고 있다.

서덜랜드는 '멀티태스킹을 하면 바보가 된다'라고 했다.[21] 인간의 뇌는 한 가지 일에만 집중할 수 있도록 되어 있고 실제로 동시에 일하는 것처럼 보여도 실제로는 OS에서 여러 작업을 처리하는 것처럼 하나의 사고에서 다른 사고로 계속 왔

---

20 https://commons.wikimedia.org/wiki/File:User_Story_Map_in_Action.png
21 제프 서덜랜드 "스타트 업처럼 생각하라 (김원호 옮김)" RHK.

다 갔다 한다고 한다. 또한 다음 표 <6-1>은 업무 변화로 인해 손실되는 시간의 비중이 동시에 진행하는 프로젝트의 수에 따라 늘어나는 것을 보여주고 있다.

이렇게 업무의 변화로 손실되는 시간이 있기 때문에 동시에 여러 가지 프로젝트를 진행하는 것 보다 하나씩 집중에서 끝내는 것이 시간을 절반 이상으로 줄일 수 있다고 주장했다.

표 6-1 동시 진행 프로젝트 수에 따른 시간의 비중[22]

| 동시에 진행하는 프로젝트들의 수 | 프로젝트 하나당 사용할 수 있는 시간의 비중 | 업무 변환으로 인해 손실되는 시간의 비중 |
|---|---|---|
| 1 | 100% | 0% |
| 2 | 40% | 20% |
| 3 | 20% | 40% |
| 4 | 10% | 60% |
| 5 | 5% | 75% |

이렇게 현재 프로젝트 진행 방법을 관찰하고 있는데 영업팀의 최 과장이 개발팀 김 전임에게 와서 말을 한다.

"김 전임. 신규 프로젝트에서 UI 구현 담당하고 있지? 어떤 고객이 이번에는 입력 단계를 좀 줄여 줬으면 좋겠다는데 가능하지? 개발할 때 반영해줘."
"언제까지 보여줄 수 있어?"
"먼저 동작 시나리오부터 정리를 해야 합니다."
"그럼 동작 시나리오 문서로 만들어서 나한테 보내줘."
"지금 당장이요?"
"빠르면 빠를수록 좋아. 고객에게 설명해줘야 하니."
"그런데 팀장님께 허락이 있어야 하는데요?"
"내가 메일 보낼게. 부탁해."

---

22 제프 서덜랜드 "스타트 업처럼 생각하라 (김원호 옮김)" RHK.

영업팀은 고객과 직접 대화를 한다. 나 또한 영업팀이 제안하는 기능은 귀담아 듣는다. 그런데 신규 프로젝트에 대한 일인데, 팀장에게 보고를 한다. 아무래도 프로젝트 중심의 조직 구조가 아니라 팀 중심의 조직 구조라 업무 요청 및 보고 체계에 혼선이 생기는 것 같다.

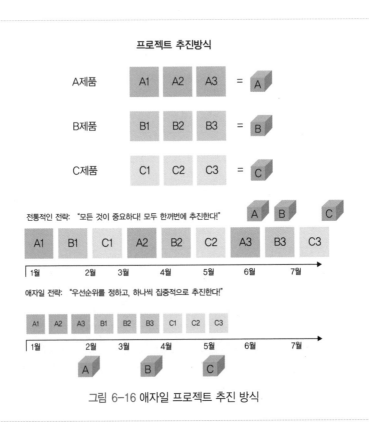

그림 6-16 애자일 프로젝트 추진 방식

그리고 처음에 사무실에 들어섰을 때 느꼈던 것처럼 대부분의 직원들은 습관적으로 야근을 한다. 야근뿐만 아니라 주말 근무도 가끔 한다고 한다.

스크럼의 창시자 제프 서덜랜드는 '낭비'는 사회에 대한 범죄라고 했다. 그리고 초과 근무는 일거리만 만든다고 했다.[23] 서덜랜드가 주장하는 내용은 근무 시간이 늘어날수록 업무의 효율성이 떨어지기 때문에 더 오래 일할수록 문제점 즉 버그를 만들어 낼 확률이 높아진다. 그러면 그 문제점을 해결하기 위해 또 다른

23 제프 서덜랜드 "스타트 업처럼 생각하라 (김원호 옮김)" RHK.

258

시간을 투입해야 한다고 주장한다. 그러면서 초과 근무는 성실함의 징표가 아니라 실패의 징표라고 강력하게 주장한다. 나의 경우에도 초보 개발자였을 때 열심히 한다는 각오로 새벽까지 일하거나 주말에 회사에 나가서 일을 했었다. 그 때 당시 나의 성실함에 윗사람들은 칭찬을 했지만, 지금 생각해보면 초과 근무 때 작업했던 것들이 실제로 문제점으로 다시 되돌아 왔고 나는 또 그것을 해결하기 위해 초과 근무를 했던 악순환이 생각난다. 경력이 쌓일수록 이런 비효율적인 업무 습관을 버렸고 업무 시간에 최대한 나에게 주어진 일을 끝내려고 집중을 하고 업무 시간외에는 휴식을 취하니, 오히려 실수가 줄거나 해결하지 못했던 문제가 그 다음날에 해결 방법이 떠오르는 경우를 많이 경험했다.

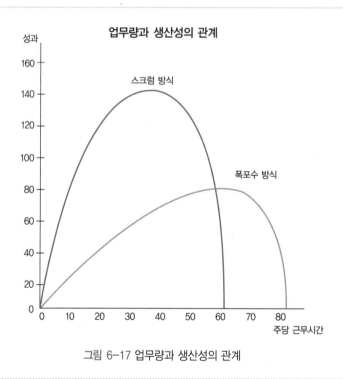

그림 6-17 업무량과 생산성의 관계

나는 우선, 이런 조직 문화를 개선하기 위해 기존 조직원들을 설득할 필요가 있었다.

**조직의 설득과 이해**

애자일은 방법론이라기보다 철학에 가깝다. 새로운 철학을 적용하기 위해서는 새로운 철학을 이해시키고 조직문화를 바꾸는 작업이 선행되어야 한다. 너무 성급하게 변화를 추구하면 오히려 부작용이 더 크게 나타난다. 그래서 나는 앞서 파악한 문제점을 하나씩 해결하면서 애자일의 장점을 느끼게 하고 싶었다. 그래서 최 사장님과 송 팀장에게 회의를 요청했다.

"사장님, 송 팀장님. 제가 며칠 동안 업무 환경 및 방법에 대해 관찰을 했습니다."
"어떤가요? 회사에서 지원을 많이 해주는데 왜 진척이 안 될까요?"

최 사장님께서 말씀을 하셨다.

"네, 사장님. 열정과 회사 지원 부족 같은 문제는 아닙니다. 다들 열심히 하고 있습니다."
"그럼 뭐가 문제인가요? 일하는 시간을 더 늘려야 하나요?"

송 팀장이 질문을 던졌다.

"아닙니다. 절대로 일 하는 시간을 더 이상 늘려서는 안 됩니다. 단지, 프로젝트를 진행하는 방법이 새로운 프로젝트와 맞지 않는 것 같습니다."
"그럼 어떻게 하면 좋을까요?"
"먼저 이 프로젝트 참여자들을 며칠 동안만 제가 교육을 해도 괜찮을까요?"
"프로젝트가 늦어지고 있는데 괜찮을까요?"

송 팀장이 걱정스러운 듯이 묻는다.

"지금 당장 느린 것처럼 보여도 결국 합리적인 시간에 맞게 마무리 할 수 있습니다."
"네 알겠습니다."

　나는 3일에 걸쳐 하루 8시간씩 애자일 방법론에 대해 설명을 했다. 특히 애자일의 가치에 대해 강조를 했다.
　교육이 끝난 후, 다시 최 사장님과 송 팀장에게 지원 요청을 했다.

　　"사장님. 조직 구조를 신규 프로젝트 조직과 기존 솔루션 운영 조직으로 개편하시면 좋을 것 같습니다."
　　"지금 각자 여러 가지 업무를 맡고 있고, 또 영업이나 고객지원팀에서 기존 솔루션에 대해 문의나 대응 요청을 할 때 문제가 있지 않을까요?"
　　"오히려 개편을 하는 것이 더 문제의 소지를 줄일 수 있습니다. 그리고 차차 다른 직원들에게도 제가 왜 새로운 조직이 필요한지, 왜 새로운 방법이 필요한지 교육을 하겠습니다. 주로 애자일과 데브옵스24가 되겠네요."
　　"네. 곧 관리팀을 통해 조직 개편에 대해 공지를 하겠습니다."

　대부분의 변화는 아래에서부터 시작해서 위로 올라간다. 하지만, 우리나라의 경우처럼 수직적 조직문화를 가진 기업환경에서는 쉽지 않다. 그래서 때로는 위에서부터 아래로의 변화도 필요하다. 최 사장님은 나보다 연배가 훨씬 많으시지만 항상 다른 사람의 의견을 귀담아 들으시기 때문에 이런 방식의 변화가 가능하다.
　중국 고전에 "겸청즉명 편식즉음(兼聽則明 偏信則暗)"이란 말이 있다. 당 태종이 위징에게 "군주가 어찌하면 훌륭한 명군이 되고 어찌하면 어리석은 혼군이 되는 것인가?"라고 물었다고 한다. 그러자 위징은 "두루 들으면 명군이 되고 한쪽 말만 들으면 혼군이 됩니다."라고 대답했다. 리더의 한 덕목은 직언을 잘 듣는 것이다. 물론, 귀가 얇으면 안 되지만 여러 사람들의 말을 많이 듣고 내정하게 의사 결정을 해야 한다.

---

24 데브옵스: Development와 Operation의 합성어. 소프트웨어 개발자와 정보기술 전문가 간의 소통, 협업 및 통합을 강조하는 개발 환경이나 문화를 말한다.

**팀 구성**

나는 프로젝트 매니저인 송 팀장에게 우선 이번 프로젝트를 위한 별도의 조직을 구성할 것을 제안했었다. 마케팅팀에서 한 명이 제품 책임자로, 안 팀장님이 스크럼 마스터 역할을 하고 기존 개발팀과 QA팀에서 이번 프로젝트에서 업무 비중이 높은 인원들로 개발팀을 꾸렸다.

일반적으로 애자일 방법에서는 팀에는 여러 가지 역할이 있다.

스크럼 방법을 기준으로 하면 '개발팀(Development Team)', '제품 책임자(Product Owner)', '스크럼 마스터(Scrum Master)'로 나눌 수 있다25.

개발팀은 주로 5−9명으로 구성이 되는데, 매 주기 즉 스프린트 마다 제품을 개발하는 그룹이다. 개발팀은 '자기 조직화(self−organization)'로 되어 있다. 즉, 누구에게 지시 받기보다 스스로 자기 자신의 업무를 관리할 수 있는 권한이 있다. 또한 스크럼에서 개발팀은 '교차 기능(cross−functional)' 적인데, 즉 'T'자형 멤버로 구성이 된다. 쉽게 말하면 한 팀원이 여러 업무를 처리 할 수 있다는 뜻이다(병행 업무가 아니다). 즉, 다른 팀원의 공백이 생기거나 아니면 업무가 지연됐을 경우, 다른 사람이 대체하거나 협력이 가능하다. 제품 책임자는 제품의 백로그나 '완료'된 기능 리스트를 관리함으로써 제품의 가치를 최대화 하는 역할을 한다. 프로젝트의 비전, 제품의 목적 그리고 작업의 상세한 내용을 공유할 의무를 가진다.

마지막으로 스크럼 마스터는 한마디로 '서번트 리더(섬김형 리더)'다. 전통적인 프로젝트 관리의 프로젝트 관리자와는 다르다. 각 팀 구성원이 애자일을 이해하고 효율적으로 사용할 수 있도록 도와주며 프로젝트를 진행함에 있어서 방해가 되는 요소나 낭비를 제거한다. 즉, 스크럼 마스터는 애자일 방법론이 효율적으로 적용될 수 있는 역할을 한다.

그리고 프로젝트 팀은 원활한 의사소통을 위해 같은 공간에 배치를 했다. 기존에는 팀 3층, 개발은 4층 그리고 영업과 관리, 사장님은 5층에 있었다. 이렇게 각기 떨어져 있다 보니 이동이 불편해서 이메일과 메신저로 서로 커뮤니케이션을 했던 것 같다. 그리고 눈에 잘 띄는 곳에 여러 개의 화이트 보드로 상황판을 만들

---

25 XP 방법에서는 코치(Coach), 고객(Customer), 프로그래머(Programmer), 테스터(Tester)로 역할을 나눈다. '코치'는 스크럼에서 스크럼마스터(Scrum Master)와 같은 역할이다. '고객'은 제품 책임자(Product Owner)와 비슷하다. '프로그래머'와 '테스터'는 개발팀(Development Team)으로 볼 수 있다. 제품 책임자(Product Owner)는 고객 대리인(Proxy Customer), 가치 관리팀(Value Management Team), 비즈니스 대표자(Business Representative)로 불리기도 한다.

었고 번업 차트를 설치했다. 그리고 두 종류의 칸반 보드를 설치했는데 하나는 개발팀 내에서 각자 서로 종속적인 일을 할 때 사용하기 위한 것이었고 다른 하나는 각 자 자신의 업무 진행 흐름을 확인 하는 용도로 사용했다.

**프로세스 변경**　나는 송 팀장과 함께 기존 프로세스를 변경하는 작업에 착수했다. 기존에는 <그림 6-18>의 전통적인 방법으로 프로젝트가 진행되고 있었다. 마케팅팀에서 기획을 해서 보고를 하고 임원 회의에서 진행이 결정이 되면 관련 팀의 팀장들을 소집한다. 그리고 그 팀장들이 참여해서 프로젝트를 계획한다. 계획은 대체로 프로젝트 종료 날짜는 정해져 있어서 역으로 산출한다. 범위 조정은 대체로 이루어지지 않는다. 영업팀에서는 하나라도 기능이 더 있어야 매출을 올리기 좋다는 논리를 폈다고 한다. 그래서 처음에 WBS 기반의 간트 차트가 프로젝트 계획 단계의 산출물로 나오더라도 실제로 프로젝트가 끝났을 때와 비교해보면 맞지 않는 경우가 많다. 그나마 다행인 것은 개발과 테스트 그리고 배포 단계 사이에는 어느 정도 반복이 이루어지고 있었다. 반복 횟수는 1주 단위로 2-3회 진행한다고 한다. 어찌 보면 문제가 있는 제품이나 서비스는 배포를 할 수 없기 때문에 반복 테스트를 하기 위해 자연스럽게 반복이 된 듯 하다.

나는 송 팀장과 함께 다음과 같은 개발 프로세스로 변경했다. 너무 자주 반복은 오히려 역효과가 나기 때문에 2주 단위로 스프린트를 진행하기로 했다. 프로젝트 종료 까지 대략 6번의 스프린트가 진행 될 것 같다. 한 달 단위로는 베타 테스트 용으로 배포하기로 결정했다.

그림 6-18 변경된 프로세스

　　대략적으로 변경된 프로세스를 살펴보면 먼저 진행하기 전에 제품(솔루션) 백로그를 다시 정리를 하기로 했다. 프로젝트가 진행되고 있는 상태였기 때문에 남은 기능 위주로 백로그를 작성했으며 기존에 구현했던 기능이라도 재개발이 필요하다면 다시 백로그에 올리기로 했다. 또한 테스트 담당자에게는 기존에 구현했던 기능을 테스트 한 후, 문제가 있는 것은 다시 제품 책임자인 송 팀장에게 이야기를 해서 백로그에 올렸다.

　　그리고 우선 순위를 조정했다. 스프린트를 시작하기 전에 해야 할 '백로그 상세화(Backlog Refinement)[26]' 했다. 개발팀은 형상관리 툴인 Git®를 사용해서 서로 소스 코드를 공유하고 이력을 추적할 수 있도록 했다.

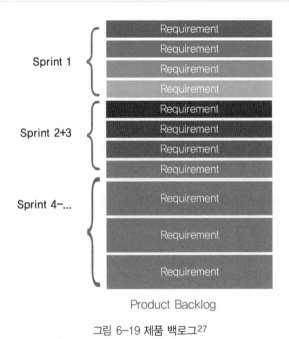

Product Backlog

그림 6-19 제품 백로그[27]

---

26 백로그 상세화: 제품 백로그 상세화(Refinement)는 제품 백로그 항목들에 대한 상세한 내용, 견적, 그리고 우선순위를 추가하는 활동이다. 이는 제품 책임자와 개발팀이 제품 백로그 항목들을 상세화하기 위해 협력하는 지속적인 과정이다. 제품 백로그 상세화 중에, 각 항목을 검토하고 수정한다. 스크럼 팀은 언제 어떻게 제품 백로그 상세화 작업을 완료할지 결정한다. 상세화 작업을 위해서 보통 개발팀 전체 가용 시간의 10% 미만을 사용하는 것이 좋다.

27 https://www.scrum.org/resources/what−is−a−product−backlog

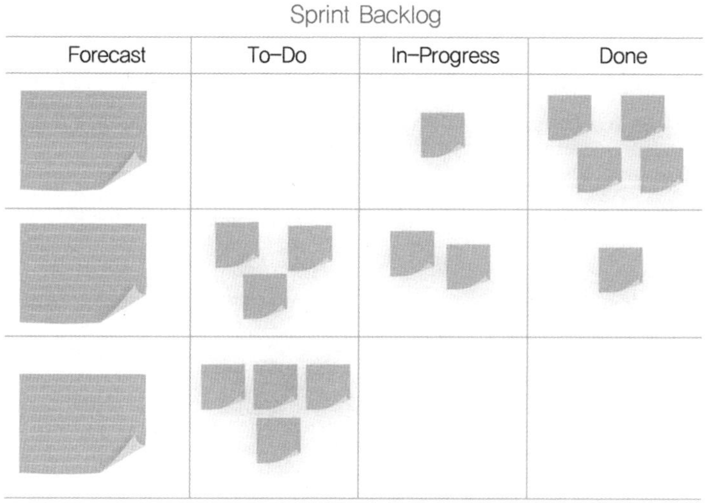

그림 6-20 스프린트 백로그[28]

개발 담당에서 하나의 기능이 완료가 되면 테스트 담당에게 테스트를 의뢰한다. 테스트 담당은 테스트 결과를 이슈 추적 시스템인 Jira®에 등록을 했다. 프로젝트 진행 시 필요한 자료는 사내 게시판을 이용했지만 부가적으로 Slack®을 사용했다. 그래도 면대면 커뮤니케이션을 제 1 순위로 했다. 한 스프린트의 종료 마지막에는 두 가지 활동을 동시에 진행했다. '스프린트 리뷰'와 '스프린트 회고' 인데 리뷰에서는 모든 이해 관계자에게 참여 요청을 했으며 간단히 구현된 기능을 보여주고 의견 수렴을 했다. 이 의견은 다시 송 팀장이 백로그에 추가를 했고 상세화 과정을 거치면 개발팀은 스프린트 시작 전에 스토리 포인트를 다시 산정했다. 그리고 아무리 바빠도 간단하게 회고를 진행했는데 주로 다음 스프린트에 개선해야할 내용에 대해 토의를 했다.

그리고 아무리 바쁘고 긴급한 상황이 발생해도 야근과 주말 근무는 하지 않도록 했으며 먼저, 스크럼 팀이 다 모여서 처리 방안에 대해 논의를 한 후 진행하도록 했다.

---

28 https://www.scrum.org/resources/what-is-a-sprint-backlog

**끝내면서** 이 프로젝트는 아직 진행 중이다. 성공할지 실패할지 아무도 모른다. 이 프로젝트의 초기 어려움을 극복하고 성공적인 결말을 위해서 나는 변화에 대한 적응성이 크고 유연한 애자일 방법을 선택했다. 많은 조직에서 애자일이 도입되길 바라지만, 애자일 방법론의 활용을 가로 막는 주요 원인은 다음과 같다고 한다.

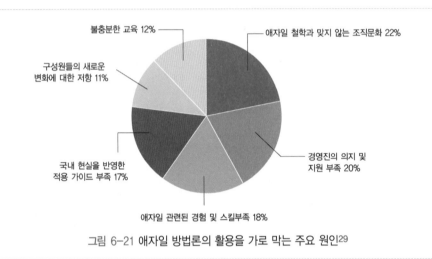

그림 6-21 애자일 방법론의 활용을 가로 막는 주요 원인[29]

애자일은 수평적인 조직 문화가 필요한데 아직까지 국내는 대부분 수직적인 조직 문화가 대부분이라 도입의 어려움을 겪고 있다고 한다. 또한 전사적인 지원이 아니라 팀 단위로 적용하려다 보니 이려움을 겪는다.

이런 어려움이 있더라도 국내 기업에서 애자일을 도입했을 때 효과는 다음과 같다.

---

29 "SW중소기업을 위한 경량 개발 방법론. 국내외 현황 분석" p.55 과학기술 정통부, NIPA.

팀의 생산성 및 업무
효율성 향상

변화하는 요구사항에
대한 조절 능력 향상

비즈니스와 IT간의
효과적인 소통

소프트웨어 품질 향상

프로젝트의 투명성
및 가시성 향상

시장 출시 기간 단축    프로젝트 예측력 향상

그림 6-22 애자일을 도입했을 때의 효과[30]

생산성 및 업무효율성 향상이 제일 큰 것으로 조사가 되었는데 저녁 있는 삶을 추구하는 최근 사회 변화에 적합하다고 할 수 있다. 또한 다른 효과 요소를 보면 변화에 대한 대응력이 향상되고 예측력이 향상 되는데 AI와 제4차 산업혁명으로 대표되는 기술 주도형 프로젝트에 적합한 것으로 조사가 되었다.

한 가지 분명한 것은 서두에서 말했듯이 "프로젝트를 성공하기 위해서는 반드시 이런 방법을 써야 해!"라는 것은 있을 수가 없다. 반복해서 말하지만 모든 프로젝트는 고객에게 가치를 전달해 줘야 하고 수행하는 조직에게 이익을 가져다 줘야 한다. '전통적인 방법은 다 틀리고 최신 방법이 다 맞다'라는 오류를 범해서는 안 된다. 때로는 전통적인 방법이 더 적합할 수 있고 극단적으로 프로젝트 관리를 안 하는 것이 더 적절하다면 관리를 하지 않아야 한다.

---

30 "SW중소기업을 위한 경량 개발 방법론. 국내외 현황 분석" p.40 과학기술 정통부, NIPA.

## 저자소개

### 김동욱

에피소드 "(A)broad project management" 저

現) 어린이재단 아동복지연구소 연구원

前) 어린이재단 국제개발협력2본부 개발협력팀

前) 어린이재단 르완다 사무소 소장

前) Protection Officer, Nonviolent Peaceforce South Sudan

런던대학교 킹스칼리지 국제분쟁, 안보, 개발 석사(영국 외무성 장학생)

고려대학교 문학사/정치학사

자격: Project Management Professional Certification(2018.07)

### 김상현

에피소드 "아침부터 퇴근하고 싶다, 분노의 화요일, 전화통에 불이 난다." 저

SK 건설 hynix Project Management Team/조달담당

PMI 한국챕터 정회원, 번역출판위원회 위원장

용인송담대학교 전기공학과/한양사이버대학교 경영정보학과

경력: 한국워터테크/Q&T International/UPIS

자격: CPSM. NDE Level(II), Intertek & TUV Nord Authorized
         Inspection Engineer 외

저서: 열정은 혁신을 만든다(박영사, 2019)

10여 년 간 EPC 산업에서 Project Procurement Engineer로 살고 있다.
현재는 Project Management & 지식 Consulting 분야에서 국내 최고의
전문가가 되기 위해 많은 활동을 하고 있다.

### 도성룡

에피소드 "프로세스 〈My Dream〉을 작곡하다" 저

상명대학교 특임교수

상명대학교 컴퓨터과학과 소프트웨어공학 박사

(사)PMI 번역출판 위원회 Book Project 위원

경력: 현대오트론(현대차그룹) 프로세스 엔지니어
         상명대학교 소프트웨어안전성보증연구센터 산학협력중점교수
         상명대학교 및 경기대학교 강사

자격: CMMI Associate(CMMI 심사원)
         Automotive SPICE Provisional Assessor(A-SPICE 심사원)
         FSCAE(Functional Safety Certified Automotive Engineer)
         DFSS MBB(Design For Six Sigma Master Black Belt)

저서: 감성과학 응용과 실제(학지사, 2019)
         디지털 기반 공유경제 활성화 방안 연구(서울디지털재단, 2018)

석/박사 과정을 통해 소프트웨어 공학, 특히, 프로세스를 전공하고, 자동차
전기전자제어시스템 개발 회사에서 품질경영시스템, 연구개발 프로세스,

항공, 의료 분야에서 프로세스와 안전성 컨설팅 및 소프트웨어 공학, 소프트웨어 프로세스, 컴퓨팅 사고 등의 대학 강의를 하고 있다. '귀찮아하지 않기'와 '지금이 가장 소중한 순간이다'를 마음속에 담고, 하루하루를 즐겁고 열심히 살아가고 있는 작가이다.

## 박헌수

에피소드 "좌충우돌 박팀장 R&D 프로젝트 하기" 저
現) (유)이안지오텍 해외영업부 상무
現) 사단법인 한국구매자재관리협회전문위원
現) e-Bay 파워셀러 (Since 2005)
단국대학교 경영대학원 e-SCM 석사과정 재학 중
한림대학교 수학과 (경영학과) 졸업
보유자격증: 무역영어 1급
저서: 열정은 혁신을만든다(박영사, 2019)
경력: ㈜대윤지오텍, ㈜이안 등
산업용 섬유 관련 신시장개척, 해외영업, 해외마케팅, 무역실무, 전자상거래 등을 15년 동안 중소기업에서 묵묵히 해 왔다. 중소기업에 최적화된 해외마케팅과 해외시장개척 등에 대해서 연구를 했고 중소기업 대상으로 무역컨설팅 및 무역실무에 대해 강의를 하고 있다.

## 정준우

에피소드 "프로젝트의 답 없는 평행세계" 저
現) 모베이스전자 Software Platform Development Team – R&D Process/Global QA engineer
現) (사)PMI 한국챕터 정회원, 번역출판 위원회 Book Project 위원
現) 국가기술표준원 주최 기능안전/SOTIF 국내대응위원회 전문위원 (Expert)
現) 자율주행차 표준화 포럼 표준분과 회원
한양사이버대학교 자동차IT융합공학과 재학 중
동국대학교 정보통계학과/경영학과 학사
경력: 자동차 부품 R&D 프로세스(A-SPICE, CMMi, ISO 26262) Manager, Global/Internal QA Engineer, ISO 26262 Assessor, 품질경영시스템
자격: Automotive-SPICE Competent Assessor(Candidate), Automotive-SPICE Provisional Assessor, ISO 26262 AFSP(Automotive Functional Safety Professional), PMI-PMP 외
자동차 부품 제조업 품질 부문에서 품질경영시스템, 표준, Q-cost등의 업무를 수행하다, ISO 26262(기능안전) 시스템 구축을 진행하였다. 이를 기반으로 현재는, R&D 소프트웨어 플랫폼개발 부문에서 Automotive-SPICE, ISO 26262와 같은 R&D 개발 프로세스 및 국내/해외 과제에 대한 QA Engineer로써 업무를 수행하고 있다. Process engineer를 넘어서서

Technical Engineer로써 더욱 발돋움 하고, Process와 실무 간의 갭을 줄이며 트렌드를 몸소 알기 위해, 자동차와 IT가 융합된 학문에도 열중하고 있다.

## 조원양

에피소드 "수렁에 빠진 프로젝트 구출하기" 저
(주)하이트론씨스템즈 책임 연구원
PMI 한국챕터 정회원
성균관대학교 산업공학과 학사, 석사
경력: ㈜성진C&C, ㈜아구스 ㈜프라비스, ㈜포커스
자격: PMP, PMI-ACP
저서: 열정은 혁신을 만든다(박영사, 2019)
20여년 간 다양한 분야에서 소프트웨어를 개발했다. 현재는 다양한 플랫폼에서 영상 감시 클라이언트 소프트웨어를 개발하고 있다. 효율적으로 개발하기 위해 '애자일' 방법론에 관심이 많다. 또한, 더 나은 엔지니어가 되기 위해 '머신러닝', 특히 '강화학습'을 공부하고 있는 AI엔지니어다.

**커런트:**
**프로젝트 바다에서 표류하지 않는 6가지 항해술**

초판발행       2020년 3월 30일

지은이        김동욱·김상현·도성룡·박헌수·정준우·조원양
펴낸이        안종만·안상준

편  집        장유나
기획/마케팅    손준호
표지디자인     박현정
제  작        우인도·고철민

펴낸곳        (주) **박영사**
              서울특별시 종로구 새문안로3길 36, 1601
              등록  1959. 3. 11. 제300-1959-1호(倫)
전  화        02)733-6771
f a x         02)736-4818
e-mail        pys@pybook.co.kr
homepage      www.pybook.co.kr
ISBN          979-11-303-0917-0   03320

정  가        14,000원